U0668989

走进五邑中小学

名师群落

之三

刘丽灯　朱登盼○主编

▼ 江门市基础教育系统第五批名师培养项目

▼ 广东第二师范学院基础教育教学系列研究成果之一

中南大学出版社
www.csupress.com.cn

图书在版编目(CIP)数据

走进五邑中小学名师群落之三 / 刘丽灯，朱登盼
主编. --长沙：中南大学出版社，2025.6. --ISBN 978-7-5487-6241-6

Ⅰ. G635.12

中国国家版本馆 CIP 数据核字第 2025RW5630 号

走进五邑中小学名师群落之三

ZOUJIN WUYI ZHONGXIAOXUE MINGSHI QUNLUO ZHISAN

刘丽灯　朱登盼　主编

□出 版 人	林绵优	
□责任编辑	刘小沛	
□责任印制	李月腾	
□出版发行	中南大学出版社	
	社址：长沙市麓山南路	邮编：410083
	发行科电话：0731-88876770	传真：0731-88710482
□印　　装	广东虎彩云印刷有限公司	

□开　　本	710 mm×1000 mm 1/16	□印张 18.5	□字数 373 千字
□版　　次	2025 年 6 月第 1 版	□印次 2025 年 6 月第 1 次印刷
□书　　号	ISBN 978-7-5487-6241-6		
□定　　价	78.00 元		

序言

教育作为民族振兴和社会进步的基石，始终承载着塑造未来、点亮希望的重任。好教师对个人、家庭、社会乃至整个民族的发展都具有重大价值。习近平总书记曾深刻指出："一个人遇到好老师是人生的幸运，一个学校拥有好老师是学校的光荣，一个民族源源不断涌现出一批又一批好老师则是民族的希望。"因此，培养一支具有坚定理想信念、高尚道德情操、扎实学识素养、深厚仁爱之心的"四有"好老师队伍，造就一批具有独特教学风格的专家型好教师，对推动区域教育高质量发展具有决定性意义。江门市第五批名教师培养项目正是在这样的理念下应运而生。

江门市第五批名教师培养项目自 2020 年 9 月启动，至 2023 年 7 月结束，历时三年，旨在加强江门市中小学教育人才队伍建设，培养具有独特教学风格的专家型教师。培训项目，遵循教师专业发展的普遍规律和阶段性特征，以弘扬"理想信念与道德情操、育人智慧与躬耕态度、仁爱之心与弘道追求"教育家精神为落脚点，通过理论研修、学科研修、省外跟岗、示范带学、课题研究"一体设计、三阶递进、多元协同"培养模式，为每一位学员凝练教学思想、教学风格提供了全面而深入的指导和训练。培训项目实现了"培养一个名师，带动一门学科，凝聚一支队伍，产生一批成果"的工作目标。

在项目实施过程中，我们见证了学员们从自我反思到行动实践，从个性培育到持续发展的蜕变。他们不仅在教育教学思想上得到了升华，在教学风格上形成了鲜明个性,更在教育实践中取得了显著成效。本成果集便是对这一培养过程的总结与展示,它记录了学员们的成长历程、教学风格的凝练以及在教育实践中的创新与探索。

在此,特别感谢所有参与本项目的专家、导师和学员,正是他们的智慧和努力,让这份成果集得以问世。我们希望,这份成果集的出版,能够为更多的教育工作者提供启示和借鉴,共同推动教育事业的发展。我们期待,江门市第五批名教师培养项目的成果能为江门市乃至更广泛的地区教育改革发展贡献一份力量。

刘丽灯

(江门市教育研究院副院长)

2025 年 5 月

前 言 ○ ⬤

　　兴国必先强教，强教必先强师，习近平总书记指出，"要把加强教师队伍建设作为建设教育强国最重要的基础工作来抓"。在全面建设社会主义现代化国家的战略背景之下，教育应如何变革，如何全面提高基础教育质量，加强教师队伍建设，提升教师专业素养，是每位教育工作者应不断追问和思考的问题。

　　广东第二师范学院作为江门市第五批骨干教师培养项目的承办高校，既是教育部校长领航工程基地、教育部教师国培计划基地、广东省中小学党建研究基地，同时广东省中小学教师发展中心、广东省中小学校长培训中心、广东省中小学德育研究与指导中心、广东省中小学教师校本研修项目办公室、广东省中小学教师信息技术应用能力提升工程办公室等机构也设在我校。我校在全国及广东省基础教育发展中勇于担当、积极探索、锐意创新，在设计江门市第五批骨干教师培养项目时，充分发挥自身优势，结合长期服务广东省各地市基础教育教师专业发展的经验，围绕江门名师的独特风格，扎根本土教育教学实践，凝练集体教育智慧，在《走进五邑中小学名师群落之一》《走进五邑中小学名师群落之二》的基础上，生成本系列成果的第三册。

　　"教无定法，贵在得法"，教学方法不是千篇一律的，具有自己独特的教学风格是名师的标识。江门市又称五邑，作为粤港澳大湾区的重要节点城市，它的教育有其独到之处。一方土地有自身独特的文化符号和民俗特征，这种底蕴是经过历史的积淀并通过教育一代代传承而来的，同时又赋予这方土地的教育风格以地域烙印。这种地域特色对江门市的教育而言是一种共性，这也是本系列丛书能够出到第三本的原因。但是对于江门的每一位教师而言，只追求共性而没有个人色彩是无法成为教育家型名教师的，因此走上名师的必由之路就是要凝练自己独特的教学风格。这种教学风格是在一定的教学理念指导下，通过长期的教学实践形成的，表现为创造性地运用各种教学方法和技巧，呈现出一种个性化的教学风貌和格调。

本项目引领教师"认识风格、凝练风格、展示风格、反思风格、升华风格"，这是一个不断学习与批判、实践与反思、建构与解构的过程。在"破"与"立"反复交替、螺旋上升之中，帮助教师从原来无序的简单经验总结，到现在有高度的理论引领的特色凝练，"课堂性格"得以形成和巩固，这种鲜明的个性外显为优秀教师的教学风格。

最后，由衷地感谢江门市教育局和江门市教育研究院对本地教育事业的发展所倾注的努力，以及对本项目的策划组织给予的大力支持。同时广东第二师范学院的专家团队也在为期三年的培训中投入了大量心血，蒋友梅副教授负责本项目具体的方案策划和组织实施；翟雪梅老师在本项目的沟通联络与材料整理上做了大量工作；本项目实施过程中的一众专家导师更是提出了中肯的修改意见。作者们也非常重视本书的出版，前期经过多轮的撰写、修改、指导，只为向读者呈现五邑名师的风采。但是由于水平有限，本书仍有许多不足之处，敬请各位同行批评指正。

朱登盼

（广东第二师范学院）

目 录 ◯ ◉

躬行有智

● 江门市培英高中　陈　华(高中语文)

● 一、导读语

>>>

　　陈华，男，中学语文正高级教师，现任教于广东省江门市培英高级中学。从教 22 年来，我扎根教育教学一线，潜心研究"智慧育人"，努力探索用思想引领学生成长、用智慧激发学生智慧的教育教学之路，在高中语文教学、教研和班主任工作方面形成了鲜明的个人特色，先后获评"江门市青年岗位能手""广东省名班主任""全国优秀班主任"等荣誉，并获得广东省优秀班主任专业能力大赛一等奖、广东省普通教育教学成果奖二等奖、江门市哲学社会科学优秀成果奖三等奖、江门市课堂教学比赛一等奖、江门市青年教师教学能力大赛一等奖等奖项，先后在《中学语文教学参考》《语文教学与研究》《广东教育》《班主任之友》等刊物发表教育教学论文 35 篇，出版专著 1 部。

● 二、名师成长档案——为伊憔悴终不悔

>>>

　　教师之家的长期熏陶，让我从小就对教坛充满了向往。从小学时在数学老师的指导下给同学们出应用练习题，到初中时在班主任的推荐下给学校出宣传栏，再到高中时在语文老师的引荐下担任县一中的文学社社长，我成长的每一个阶段似乎都是在前辈的引领下为教书育人所做的预演。

因此，在师范毕业后正式踏上讲坛的那一刻起，我就把"做一个有理想、有思想、有风格的优秀教育者"作为自己的奋斗目标。

（一）探索：山重水复疑无路

但我朝这一目标前进的征途并不顺利。还记得我大学毕业后初登讲坛之时，所有的领导在给青年教师开会时讲的话中和自己的结对子师父的谆谆教导中，都有一个中心：作为一名新教师，首先必须想方设法站稳讲台，得到学生的认可。

我深以为然。而且，热情满满的我还给自己加了一个要求：不但要得到学生的认可，还要被学生喜欢。我觉得，只有这样，才能算真正站稳讲台。

那怎样才能得到学生的认可甚至被学生喜欢呢？反思自己在学生时代所经历的很多沉闷的课堂，我给自己定下了一个目标：把课上得有趣！

为此，我努力在备课中发掘教材里的趣味内容，努力采用趣味化的导入设计，采用分小组加扣分竞赛等组织形式，经常插入他们喜欢的生活语言，还常常应学生要求在课堂上播放他们喜欢的图片、歌曲、小动画等作为奖励和调节气氛的手段……

确实，我的课很快就赢得了学生的"青睐"，轻松、热闹的课堂气氛也让我陶醉在"被学生喜欢"的愉悦中。

但是，"有趣"的教学却似乎并非"有用"：不但平平如也的考试成绩给我的教学热情浇上冷水，就连学生的学习状态也让我气馁和不解。因为，我发现，学生的热情和兴趣似乎只聚焦于那些"有趣"的素材和话语上，一碰到真正涉及语文知识点的分析，特别是需要进行深层次的思考和探索，以及在课后需要自己独立思考完成相关作业，特别是需要书面表达时，同学们不但常常像鸵鸟一样缩起了脖子、闭上了嘴巴，而且常常像没有情感的机器人一样，老师推一步他才走一步。

为什么？为什么我努力打造的课堂"趣味"并未能真正调动学生的主动性和积极性，也未能真正激发学生思考、探究、表达的欲望？为什么我千方百计考虑学生的喜好却未能真正引导他们产生做学习的主人的自觉性？我苦苦思索，广泛听课，主动学习各种理论知识，课堂教学在"趣味"和"应试"之间左右徘徊。

（二）成长：柳暗花明又一村

直到一次竞赛课的实践我才慢慢开始找到方向。

那是2005年江门市的一次阅读竞赛课，参赛指定篇目是杜甫的《登高》。

在备课时，我曾一度非常苦恼，因为上课对象是名校的学生。面对这样文化素养较高的教学对象，该选择什么样的教学方式呢？该如何在极短的时间里迅速调动他们的学习兴趣呢？该如何让这堂课生动而有效呢？

在逐字逐句品读文本时，我突然找到了灵感：为何我不试着改写这首诗，让学生进行对比鉴赏呢？于是，我把原诗改写成了下面的模样：

登高

风急天阔猿啸鸣，渚清沙白鸟飞回。

满树落叶纷纷下，滚滚长江汹涌来。

万里悲秋长作客，一生多病独登台。

颠沛流离繁霜鬓，潦倒唯剩浊酒杯。

这堂比赛课，我就以改写的《登高》与杜甫原作的对比鉴赏为主线，引导学生们一起就场景描绘、意境营造、情感表达、格律、炼字等方面比较两者的优劣。带着"找碴"的心理，所有学生都兴致勃勃地投入了主动学习和思考讨论；因为改写版文本的内容设计注意了知识点的层次差异，所以几乎每名学生都能在比较鉴赏中有所发现和表达；因为发言结果是在自主阅读和讨论交流基础上的真实、自我的表达，所以最后老师进行的总结和纠正也就更能激起学生们的共鸣。

这堂课获得了成功。评委点评中的"这堂课的设计充满智慧，老师很有思想"这句话给了我很深刻的启发。分析总结这堂课的教学过程，我意识到：无论是追求有趣，还是追求有用，课堂教学的设计和组织都应该以激发学生的自主阅读、自主表达为前提，都应该以实现学生的知识内化、情感陶冶、思维提升为宗旨，而不应该只是对学生喜好的迎合，也不应该只是老师的闪光独角戏。只有这样，才能让趣味不至于变成肤浅的热闹好玩，也才能让学生既从零碎、沉闷的知识中摆脱出来，又在自主思考表达、积极讨论交流中实现思维碰撞，进而实现知识的内化和思维的提升。

而这，就需要教师的思想和智慧！

（三）追寻：万紫千红总是春

这堂课的成功让我开始探索属于自己的教学风格。

我意识到：对学生的迎合并不是对学生主体的真正的尊重！激发学生的内驱力，才能让学生真正成为学习的主人。古人云，授人以鱼不如授人以渔。简单授"鱼"确实便捷，但低效且无益，绝非长久之计。同样，着眼于考试成绩的快速提升，着重于对应考试的知识点的直接授予，就是"授人以鱼"，当然无法帮助学生真正学会学习，无法促进学生的一生发展。而我之前为了让学生能喜欢听课而进行的"趣味"式迎合，其实也是一种换了花样的"授人以鱼"。

我要转变自己的教学方式，努力授学生以"渔"！更要千方百计、大胆引领学生入海，让他们在与风浪的搏击中，在对鱼儿习性的主动探索中，自己织网，自己捕鱼！

我还要努力让自己——教师——语文教学的主导者真正发挥个性鲜明、内涵丰富、生动活泼的主导作用。

我要努力找到一条用我的思想去引领学生成长，用我的智慧去点燃学生的智慧火花的教学之路！

明确方向后，我开始了在语文教学、教研和班主任工作三个方面的积极探索和实践。在实践和反思中，"智慧教学"的特色越来越鲜明，我对自己也越来越自信，收获了教学、教研和德育工作的诸多成绩和荣誉。

当然，独立、鲜明、科学的教学风格的形成永远在路上，这是一条探索永无止境的艰辛、曲折的道路。

而且，随着社会和时代的发展，学生的身心发展状况与日俱新，与教育学、心理学、语文学科等有关的知识和理论也日新月异。每一位教育人都面临更多、更高的要求。要适应变化，不断进步，就需要我们认真思索、勇于实践、敢于创新。我们每一位教育人都要拒绝做知识的搬运工和解释知识的教书匠，而要努力做有文化、有情怀、有思想、有智慧的名师。

我将会在接下来的教学之路上，不断完善"用智慧点燃智慧"的教学风格，努力做习近平总书记提出的"智慧型教师"！

三、学科教育观——用智慧点燃智慧

教育的本质是唤醒学生的潜能，引导他们学会思考、学会学习、学会成长。我们应注重培养学生的核心素养，不仅关注知识的传授，更注重思维能力的提升和人格的塑造。所以，我相信，教育的最高境界是让学生成为有智慧、有情怀、有责任感的人。

在这一理念的指导下，我把智慧教学作为自己学科教育观的核心，努力探索用智慧的方法设计教学、管理教学，把激发学生的智慧这一目标渗透进阅读教学、作文教学和语文课外活动的各个方面，以此逐步确立了自己"用智慧点燃智慧"的教学风格：

（1）启发思维，激发潜能：我善于通过问题引导、情境创设和互动讨论，激发学生的好奇心和探究欲，培养他们的批判性思维和创造性思维。

（2）因材施教，尊重个性：我尊重每个学生的独特性，注重因材施教，帮助学生在适合自己的节奏和方式中成长。

（3）注重实践，知行合一：我将语文学习与生活实践紧密结合，引导学生在真实情境中运用知识，培养他们的实践能力和解决问题的能力。

（4）情感浸润，以文化人：我注重语文教学的人文性，通过经典文本和文学作品的解读，引导学生感受语言之美、文化之韵，培养他们的审美情趣和人文情怀。

具体来说，我的教学风格体现在以下四个方面的教学实践中。

（一）关注生活，孕育智慧

（1）在作文教学中，我针对城市高中生学习压力大、生活节奏紧张、生活面非常狭窄的情况，创造性地开展"素材讨论课"，引导学生关注生活、思考生活，从生活中发掘素材，在素材分享和讨论中分析素材、理解生活。在这个每周一次的活动中，我引导、鼓励学生把一周以来亲身经历的、听说的、从阅读中获得的或是从信息多媒体中获知的有意义、有意思的人、事、物用简洁的语言与同学们分享，并说出触动自己心灵的是什么，自己领悟到了什么道理。其他同学可以对此说出不同的感受和观点，也可以联想相似或相反的事例进行分享。活动中，学生有听、有说、有思，每一个人都是主角。一个个事例因为不同的见解而呈现出丰富多彩的意义，一个事例又往往触发多个相关的事例，许多被多数学生忽略的平凡事例经慧眼发掘而不断涌现出来，并呈现出深刻的意义。

（2）我让语文教学走进社区大舞台，组织学生成立"语言纠察队"，利用周末浩浩荡荡奔赴社区，对社区内所有暴露在外的错字词、病句等不规范语言进行彻底"大扫荡"，记录、拍照后在班上张贴出来，举行生动的成果展览，并据此写成调查报告提供给社区工作人员和存在语言问题的单位、店铺，既生动地促进了学生对语言问题的关注和对自身语言问题的反思，又引导学生化学为用，从而进一步激发学生学习语文、使用语文的兴趣。

（二）引导探究，激发智慧

我常常采用皮亚杰的"认知冲突"理论，挖掘和营造各种"认知冲突"，激发学生在语文学习中进行自主探究的欲望，以此提升其思维能力和语文素养。

比如，在《项羽之死》一课的教学中，针对"项羽为何不渡乌江、自刎而亡?"这个文本分析的重难点，我一反常规地提出：是众多小人物一步步将项羽推向了死亡，而且直接决定了其死亡的方式。已经在预习中借助各种参考书了解到关于项羽之死的主流观点的学生们，立刻被我这一观点激发了思考讨论的兴趣。于是，我引导学生就文中的"田夫""亭长""吕马童"这三个小人物进行分析，并在小组讨论后派代表与我当堂进行师生辩论。

在讨论后，我们明确：虽然最终走上绝路，主要是因为项羽自尊、自傲、敏感的个性，但是几个小人物的影响不可忽视。他们既在现实中把项羽一步步推向绝路，也在心理上一步步刺激着项羽内心的自尊自傲，使其走向极端。这种极端在与现实的无情、背叛发生激烈碰撞后，便激发出项羽万念俱灰的绝望，决定了那悲壮而豪迈的一刎！

在此基础上，我引导学生深化认识：在历史的重要时刻，小人物常常起到出人意料且非常关键的作用。文学作品中的小人物，往往也对情节的转折、伏笔的设置、主题的凸显、主要人物性格的展示起到非常重要的作用。这是我们在教学中常常容易忽略的。其实，引导学生关注这些小人物，既能使教学和思考独辟蹊径，又能使我们获得全新的历史、人生感受，利莫大焉。

这一堂上成了师生辩论赛的语文课全程气氛热烈，同学们激情四溢地阅读、分析、讨论，不仅有小组代表与我激烈辩论，还随时有组员补充。虽然最后还有些同学不同意我的观点，但让学生主动阅读、积极思考表达的教学目的已经顺利达成，让学生在主动学习中得到思维提升的教学境界也已实现。在我的引导下，有些同学的创新思考和独特见解让我刮目相看、受益匪浅，真正实现了教学相长。

(三) 促进自主，夯实智慧

应试是高中语文教学改革难以跨越的一道坎，因为所有教学措施的探索和实践最后必然要接受应试的检验。如何把智慧教学的理念融入应试训练中，让学生在这个环节中也能体会智慧教学的乐趣，实现素养的提升呢？

为此，我组织进行了考试创新教育实验。我不再纠结于要不要教学生学会考试技巧，而是充分尊重学生的学习主体地位，让学生也参与考试命题和组织，引导学生在考试训练中学会提升自己的思维和能力。

我首先结合现行考试模式的弊病和素质教育中发挥学习者主观能动性、培养创新思维和创造能力的重要性，让学生明白参与考试命题和组织的重要意义。同时，鼓励学生树立责任意识，当好"命题老师"。

在完成思想动员后，我进行了命题指导：针对一些经典的优秀题目，向学生分析一道优秀、有创意、符合要求的题目应注意哪些问题，让学生明确如何根据考试范围和重难点出好题。在此基础上，学生分组以竞赛形式对单元知识点进行命题，并选择对手组进行公开互考，考后还要进行讲评。

经过上述步骤后，我对学生所出试题进行筛选、改造、完善，再加上教师所出试题，编制成完整试卷，对学生进行整体测试，并在测试后以学生为主体进行试卷讲评和考试总结。

通过这样的创新实验，学生的考试态度发生显著改变。学生从被动应试转向了主动研究，不但在实践中掌握了考试的技巧，而且成了考试的主人。在进行几个单元的实验后，我对学生进行了学情调查。从调查结果看，90%以上的学生对平时测试的看法有了改变。其中接近三分之二的学生认为平时的测试"有益""有趣"。而平时，在老师宣布某某时候要进行测试后，学生也不再像以前那样愁眉苦脸或者唉声叹气。相反，在一个单元或一个章节的学习将要结束时，就有很多学生主动向老师打听何时测试——他们渴望自己出的试题能选到测试卷中。在每次测试后，学生也不再是看了分数就了事，将试卷束之高阁；相反，更多的是拿着试卷相互讨论谁的题出得好、这道题还可以怎样回答、那道题还可以怎样出等。而班上各科的优秀分子和积极分子还自发组织了各科的学习兴趣小组，上网查资料，向老师要资料，自编试卷测试，小组集体讨论讲评。整个班级学习气氛高涨，学校电视台也对此进行了报道。

（四）以文化心，升华智慧

中华优秀传统智慧不仅是语文教学的资源宝库，更是熏陶师生心灵、升华语文教学智慧的重要抓手。我积极探索以文化心、升华智慧的教学方法。

比如，我从"拆字"这一传统文化活动中得到启发，引导学生将这一古老的文字游戏引入作文审题，和学生们一起结合高考作文题开展有趣的拆字审题游戏，在拆字中触摸作文立意、在拆字中搭建作文创新结构等。这种活动有趣好玩、充满智慧，既让学生领略了中华传统文化的魅力，又让学生得到了思维的锻炼，更在这一过程中启发学生善用传统、古为今用，进行创新式学习。

四、育人故事——以爱为魂，用智作翼

在班级管理和学生个体指导中，如何用智慧的教育方式促进学生内驱力的觉醒和运行，是我在向"智慧型"名师目标奋斗过程中努力探索的课题。

我曾巧妙利用传统文化中的"姓名学"知识和现代教育心理学知识，组织"开学先'解名'"活动，下面是其中一次的过程叙事：

高一新生入学第一天，我这个班主任干些啥呢？讲我们学校？讲纪律要

求？讲高中学习与初中的不同？讲高中生活的精彩？……年年老一套，我都烦了。估计这帮将要与我见面的、经过十年左右校园生活"磨炼"的、"见多识广"的孩子们也多少会有些烦。己所不欲，勿施于人嘛！我一定要整点孩子们没见过的、又能让他们动情动心的新花样。

我一边看着手里的新生名单，一边喝着茶琢磨着。当我不小心瞟到书架上那本《说文解字》时，灵感来了：明天报到注册完了，我就给这帮孩子解解名字！

于是，第二天，完成报到注册的琐碎事务后，面对着五十多张新鲜的面孔，我说："同学们，欢迎大家来到培英高中，开始自己全新、精彩的高中生活！"果然，虽然我和蔼可亲、情感充沛，但是孩子们都没有太大的反应。我接着说："今天是第一天，我不讲纪律，也不讲学习，我来给大家解解名字！"这话的效果就不同了，绝大多数孩子的眼睛发光了——好奇的光，有几个孩子还歪过头说了几句悄悄话。

我让孩子们一个个上台在黑板上写下自己的名字，随后一个个地解起名字来：

"谢贤杰！"这个帅气的男孩看起来有些调皮，刚才走上讲台的过程中就跟旁边的女同学有些小动作。"我真要感谢你的老爸老妈给我送来了一个杰出的好孩子，一看这闪闪发亮的眼睛，就知道你聪颖过人！但是别忘了，要做人杰，先需贤德哟！所以你老爸把'贤'字给你放在'杰'字的前面，那是希望你不仅要聪明，更要用高尚的品德和良好的修养来让大家尊敬你！"

"蓝美玲！"这是很文静的一个女孩子，粉笔字写得很潇洒，比我写得好，语文功底一定好。"我上届有一个学生叫蓝海玲，她语文特好，还获得过市书香节征文一等奖。我看你不但名字比她更秀美，相信你的语文功底也一定比她更厉害！"文静的蓝美玲本来低着头，听了我这话立刻惊喜地抬起头，竟然大声问："老师，您是怎么知道的？所有科目中，我最喜欢语文了！"

我神秘地一笑："天机不可泄露！"

"廖振兴！"这是一个来自乡下的男孩，看起来有些不太自信。"看你的名字，就像在看一则标语，振兴家乡！振兴中华！你看，多么响亮有力、激动人心、催人奋进！你的家族，你的人生的振兴，都寄托在你这高中三年的拼搏里了！老师相信你一定会人如其名！"

"余子杰！"这是一个阳光男孩，但是嘴角明显露出一股傲气。"杜甫字子美，你字子杰，有志气，敢和诗圣一较高低！但是，我可不想整个班就剩你一个人杰，我希望你用自己的阳光和拼搏，带领全班同学都成为人中之杰！"

"吴剑萍！"这是一个来自乡下的女孩，虽然她看上去没有她的名字听上去那样的"侠女"风采，但是刚才发书时我就已经注意到了她的泼辣和正气，应该是纪律委员的好人选。"多么英姿飒爽的名字！剑是正义的象征，萍是随遇而安的豁达与随和，刚才发书时已经有很多同学见识到吴剑萍这种豪爽可爱的性格了。我相信她一定能成为我们班的侠女，建议大家在班干选举时投她一票！"

……………………

时间在不知不觉中飞逝了，直到放学铃声响起，还剩下 5 个孩子的名字没来得及解读。我宣布另找时间继续，没想到竟遭到全班学生的共同反对，那几个孩子也大叫"不公平"。我一听，心里偷乐，我还巴不得呢！于是又在其他班学生的围观中解起了名字。

后来，在第一周的周记中，谢贤杰写道："我绝不能让高中三年的学习和生活侮辱了我的名字！"廖振兴写道："我一定能人如其名！陈老师，我不会让您失望的！"吴剑萍写道："我从没见识过这样的班主任，过瘾！"蓝美玲写道："开学第一课，我喜欢！"余子杰写道："我行！全班都行！"……

我知道，开学第一天这解名解到孩子们的心里去了！因为，孩子们的内驱力已经觉醒，期待效应已经在我的智慧设计中开始释放魅力！

其实，除了这个案例，我还利用"异性效应"进行男女生宿舍卫生的监督管理，利用"浴袍效应"来逐步有效促进后进生的转化，利用"距离效应"来引导学生正确处理青春期感情萌动的问题，等等。

这些都是我在"智慧教育"之路上的不断尝试。未来，我将一如既往地探索不息、反思不止，不断完善自己的教育教学，躬行有智，智慧前行！

铸魂育人，润物有声

● 江门市第一中学　徐先善(高中政治)

一、导读语

徐先善，男，高中政治正高级教师，中共党员，现任江门市第一中学政治教师。三尺讲台耕耘廿二载，我始终坚守"倾心教育，铸魂育人"。在高中思想政治课教学中，我秉持"简约不简单，平实见深度"的教学理念，将抽象的哲学原理转化为生动的课堂对话，把复杂的时政热点解构成清晰的思维导图。课堂没有浮华的表演式教学，而是通过精准的问题链设计，引导学生从"社会生活"这本大书中发现理论的生命力。我常把学生课间热议的校园现象转化为课堂思辨案例，让社会主义核心价值观在真实情境中自然生长。备课本上密密麻麻的批注，记录着我二十三年来对教材的反复研磨与时代化重构。教育是静待花开的过程，我愿继续做那个深耕不辍的园丁。

二、名师成长档案——激扬生命的政治课实践者

2002年我毕业于华中师范大学思想政治教育专业，从此开启我的教育生涯，如今已有23年。教育即生长，生长就是目的，在生长之外别无目的。我将怀抱教育者的初心，继续砥砺前行！

（一）教育理念的觉醒

从初登讲台的激情到深耕教育的沉静，22 年教学生涯始终以"激扬生命，以生为本"为信仰坐标。在应试与素养的碰撞中，我逐渐领悟：政治课不应是知识点的搬运，而应是生命成长的催化剂。通过"案例创新教学法"，让我的政治学科中的抽象理论与学生的青春困惑对话，让课堂成为价值观淬炼的熔炉。

（二）教学实践的深耕

新课改初探时，我用"时政辩论擂台"点燃课堂；在国家提倡核心素养实践时，我努力开发"模拟联合国、模拟政协提案"等校本课程，让学生在角色扮演中理解"全过程人民民主"。同时，我带领学生走出校园进行社会实践活动，把"小课堂"与"大社会"的思政课高度融合。我也先后获得市优质课比赛一等奖、省现场授课比赛二等奖。

（三）师生关系的重构

坚持用成长型思维构建师生共同体，珍藏多届学生校园剪影，虽是回不去的青春，但看到他们不断地成长成才，我也收获了幸福的泪光。特别是疫情期间，我创设了"云端共进会"，用思想政治课特有的温度陪伴学生度过精神困惑期。

（四）专业成长的突围

从市教学一等奖到省骨干教师、省教材培训专家及省正高级教师，我始终以"学习者"姿态突破边界：17 篇教学论文、3 项省级课题成果及 4 项市级课题成果，见证着我对"高效课堂"的求索。2023 年，我入选第七批"广东特支计划"教学名师"揭榜挂帅"项目，将"思政课一体化"的实践经验转化为可复制的育人智慧。

● 三、学科教育观——"简约、平实、和谐"

>>>

不同的教师有着不同的教学风格，有的教师喜欢讲课深入浅出，条理清楚，层层剖析，环环相扣，用思维的逻辑力量吸引学生的注意力，用理智控制课堂教学过程。有的教师讲课喜欢亲切自然，朴素无华，娓娓道来，细细诱导；有的教师讲课情绪饱满，把对科学文化的热爱和追求融于对学生的关爱和期望之中。有的教师如同朋友般，与孩子们融为一体；有的老师的课堂朴实无华，能将复杂的问题简单化；有的老师的课堂设计巧妙，引导学生对简单的问题进行深入的思考。平常我听其他老师的课，常常被他们的精彩之处打动，在教学中总是想将他们的优点集于一身，最终却做不到。我想，教学风格没有好坏之分，只有高低之妙，一名教师的教学风格不仅与其个人性格有关，还与其个人际遇、个人知识素养有关。只要有利于学生的知识与技能的掌握，有利于学生心智的开发，有利于促进学生思维与情感的发展，那么采用什么样的教学方法、形成什么样的教学风格都是好的。

说起来实在惭愧，我参加教育教学工作这么多年了，从来都没有考虑过自己的教学风格或者自己追求什么样的教学风格的问题，我觉得那是教育家才达得到的层次，高山仰止，望尘莫及。直到 2020 年参加广二师主办的江门市第五批名师项目的培训学习，并阅读了相关书籍——《如何形成教学风格》，我才细细地去思考这个问题。读了此书，再对照自己教学生涯中的一些案例和反思，我才明白原来教学风格的形成并没有想象中那么高深，只要有经验、有积累、有思考、有追求、有提炼，每一位教师都可以形成自己独特的教学风格。那么，我的教学风格是什么？什么样的教学风格才适合我？回顾我从教近二十三年走过的路，从初出茅庐的稚嫩与青涩，经过了在教学中的探索与努力，到现在的平和与成熟，虽然还不明确自己的教学风格是怎样的，但我已经开始认真地观摩自己历年的一些课堂实录，反思自己的教学特色，梳理和提炼自己的教学风格。我的性格内敛不张扬，最适合我的应该是理智型或平和自然型的教学风格，在轻松愉快的教学中引领学生走向知识的海洋。通过了解经常听我的课的老师对我的教学评价，以及征求部分我教过的学生对我的课堂教学感受，他们也都认同我的教学方法与风格。综合自我反思与学生评教、同行评价与建议的结果，最终提炼出我的教学风格是"简约、平实、和谐"。

简约不同于简单，是摒弃一切不需要的奢华与作秀，从而使课堂变得更为简洁、深刻，进而达到优质和高效。"简约"是我对课堂状态的最高追求。简约，体现在对细节的把握上。讲解课堂上每一个知识点，都要深思熟虑、精工细作，要深入浅出、化繁为简、化难为易、水到渠成，从而使课堂变得更为简洁、深刻，进而达到优质和高效。布鲁纳认为：任何学科的内容都可以用更为经济、富有活力的简便方式表达出来，从而使学习者易于掌握简约课堂的理念即顺应了这一要求，是指教师对课堂教学的情境创设、素材选择、活动组织、结构安排、媒体使用、语言表达等教学要素的精确把握和经济妙用，从而使课堂变得更为简洁、清晰、流畅、丰富、深刻，以实现课堂教学的优质和高效。所以，简约课堂并不是脱离以往经验的重新建构，而是以新课改理念和先进的教学思想为指导，对当前的课堂教学进行反思和提升，以简驭繁，剥离冗余，从而使课堂教学达到审美化、艺术化的教学效果，实现我们省时高效的教学理想。

平实是指平和严整，朴实无华。平实的课堂不需要华丽的多媒体课件，也不必设置热闹的讨论场面，教师娓娓道来，引导学生认真地听、静静地想，师生间、生生间有着平等的互动、清晰的争论，把概念和规律的教学落到实处。平实也是一种美，平实的课堂教学更注重实效、实用，更关注学生的发展。平实是政治课堂教学的至高境界。这种境界，是朴实，是真实，是扎实，是和谐。它绝不是平淡无味、平庸浅薄，也不是波澜不惊、无心灵之花迸射的遮掩；不是浅尝辄止、蜻蜓点水的肤浅，更不是轻描淡写、含糊其词的粗糙。平实，是平实淡雅的教风，是精益求精的学风，是一丝不苟、抓好本真教育，凸显政治本色的工作作风。这种境界，体现在有意无意之间。时下很多名师提倡教师上裸课，这一举措体现了新课程标准实施过程中教学艺术水平的提升。它剥去了多媒体设施和技术给课堂教学披上的那层华丽的外衣，使课堂教学活动真正发生在人与人之间，把人的情感渗透进教学中；它舍去了传统优质课里的打扮与做作，把教师和学生在教学中的地位和角色进行了重新归位，让课堂日趋平实。教师的垄断地位被打破，承担起启迪和激发的职责，履行参与和指导的义务；学生的主体地位被巩固，成为课堂的真正主人，做到了"我的地盘，我做主"。师生关系走出上下级式的"统治—服从"结构的羁绊，谈，师生一起谈；论，师生一起论；读，师生一起读；辩，师生一起辩；思，师生一起思！自主、合作、探究成为最为主要的教学方式，课堂成为学生成长的乐园。平实的课堂还表现在以"生"为本的人际关系的确立。传统的思品课堂是优生表演才华的场所，教师的眼睛戴上了有色眼镜，教师的心态戴上了认识枷锁，所谓"差生"也就应运而生，成为教育的诟病。而在平实的课堂里，所有的学生都处于同一个学习小组里，每名学生都具有了同等的思考权、发言权和参与权，课堂成为名副其实的学习场所！

和谐是指教师按照系统论的观点，在教学活动中，力求使教学过程诸要素之间以及教学过程与教学环境之间始终处于一种协调、平衡的状态，从而提高课堂教学的效率，促进学生的核心素养与情感态度价值观的发展。它不是研究某一学科或某一学段的分科教学法，而是研究各个学科、各个学段教学的综合教学法。和谐是教学的指导思想。在教学的过程中，各种教学要素如果配合得合理、恰当，达到一种和谐的状态，就会形成一种合力，促进课堂教学质量的提高和学生素质的健康发展；相反，如果它们配合得不够合理，就会形成一种分力，每种要素不但不能发挥自身的优势，还会抵消别的要素的功能，直接影响课堂教学的效果。所以在上课之前，教师要考虑如何使教学的各种要素之间以及教学过程与教学环境之间达到和谐的状态，这是教师从备课到上课一直贯穿的思想。和谐是动态的优化过程。在教学过程中，各种教学要素总是处于不稳定、不平衡的矛盾状态，和谐是暂时的、相对的，而不和谐是绝对的。在教学过程中，各种要素从"不和谐"到"和谐"，又会出现新的"不和谐"，从而在更高的层次上达到一种新的"和谐"。正是这种矛盾运动，推动了教学过程的不断发展，使教学过程处于一种动态的平衡与协调状态。教师的作用就在于准确把握各种教学要素和环境的变化规律，及时地调整各种要素的搭配关系，使教学过程始终处于一种动态的和谐状态。这就好比一支乐队，而教师是这支乐队的指挥。每一个乐手都想充分显示自己的特长，而任何不和谐的音符都会影响整首乐曲的效果。指挥的作用就在于协调各个乐手的演奏，使他们既能最大限度地发挥自己的功能，又必须与别的乐手密切配合，促使整体的功能大于部分的简单组合。和谐是教学的最高境界。和谐是一种完美，是自然界、人类社会、人类思维存在的最理想状态。夏里兹博夫在《杂想录》中说："凡是美的都是和谐的和比例合度的，凡是比例和谐的和比例合度的就是真的，凡是既美又真的也就在结果上是愉快的和善的。"这段话揭示了和谐与真善美的关系。教学的最终目的，就是使学生的基本素质和个性品质得到全面、充分、和谐的发展。一般说来，教学过程有四个最基本的要素，即教师、学生、教材、方法。这四个要素的相互配合，构成了六种关系，即教师与学生的关系、教师与教材的关系、教师与方法的关系、学生与教材的关系、学生与方法的关系、教材与方法的关系。其中，师生关系是一条主线，这六种关系只有处于和谐状态，才能实现课堂教学的优化，提高课堂教学的效率。

虽然已经明确自己的教学风格，但在"简约、平实、和谐"这条教学路上，我才刚刚迈步，还有很多认识上的局限和具体实施上的不足。只有不断学习，不断改进、反思和提炼自己，不断突破自己，我的教学风格才能逐渐形成。今后我将不断探索，在积极实践、不断反思中进一步完善自己的教学风格，使之更具有个性，跟上时代的步伐。

四、育人故事——一束光的生长轨迹

2018年秋的走廊转角，那个总在政治课后默默擦黑板的身影引起了我的注意。T同学档案里"父母双下岗"的备注与月考56分的政治成绩形成鲜明对比，但科代表悄悄告诉我，他每天帮值日生整理讲台，只为多蹭一会儿我的答疑时间。"老师，哲学课本里说事物发展是螺旋式上升的，可我的政治成绩怎么总在原地画圈？"晚自习后他攥着错题本发问，让我看见困在物质与精神双重困境里的倔强灵魂。我们开启了特殊的"走廊课堂"，我把《经济与社会》中的价值规律换算成他家早餐摊的盈亏账，用矛盾分析法拆解他文理偏科的烦恼。他逐渐学会用"主要矛盾"思维调配学习时间，将"量变质变规律"刻在错题本扉页。2021年早春的某个清晨，他把华南师大思政专业的报考志愿拍在我办公桌上："您把《共产党宣言》讲成照亮人生的火炬时，我就想成为这样的擎炬者。"最后三个月冲刺，我们以"脱贫攻坚"专题破解经济模块，用"全过程人民民主"案例吃透政治概念。当高考政治96分的喜讯传来时，他发来信息："原来马克思主义的真理力量，真的可以改变普通人的命运轨迹。"

如今在华南师大的他，总在教师节寄来思政课教案求教。那个曾经在知识迷雾中摸索的少年，正将我赠予他的《习近平谈治国理政》扉页寄语传递给学生："思政教育不是注满一桶水，而是点燃一团火。"这或许就是教育最动人的模样——当我们在学生心里埋下信仰的种子，它终将在岁月里长成滋养更多生命的绿荫。

五、教学现场与反思——各学段融会互通，一体化协同育人 >>>

课题：坚持党对一切工作的领导
授课时间：2022年11月24日 星期四
班级：高二(16)班
教学方式：小组合作学习
主要教学过程实录
课前下发本节课的导学案一份

(一)教材分析

党政军民学，东西南北中，党是领导一切的。党的十八大以来，习近平总书记围绕坚持党对一切工作的领导的重大意义、方向原则、体制机制、方式方法等重大问题进行深刻阐述，极大深化了我们党对共产党执政规律、社会主义建设规律、人类社会发展规律的认识，为我们坚持党的领导、加强党的建设提供了根本遵循。本框主要是让学生认同中国共产党领导和执政地位的确立是历史和人民的选择；坚持党的领导是中国革命、建设和改革事业不断取得胜利的政治保证；中国共产党是中国最高政治领导力量，中国共产党的领导是中国特色社会主义最本质的特征。坚持党对一切工作的领导，确保党始终总揽全局、协调各方，坚持以人民为中心以及"四个意识""两个维护"；立足学生实际，贴近学生生活，我们可以从理论逻辑——是由党的性质决定的，历史逻辑——是历史和人民的必然选择，实践逻辑——是民族复兴的保证等三个层面构建注重培养学生核心素养的一体化教学。

（二）学情分析

学生经过义务教育阶段的学习，对中国共产党的执政和领导地位有一定程度的了解，但不够深入，特别是难以从理论和实践两个层面进行深入剖析。同时，学生处于青春期，辩证思维发育尚不成熟，面对网络上良莠不齐的信息，缺乏足够的能力理性对待，容易对中国共产党产生误解。因此，需要通过教师的引导，坚决落实思政课的"八个统一"，不断推进思想政治理论课改革创新；加深学生对中国共产党执政和领导地位的理解，以及加强学生辨别是非、理性认识中国共产党的能力。

（三）教学目标

政治认同：使学生能够拥护党的领导，领会中国特色社会主义最本质的特征是中国共产党领导，中国特色社会主义制度的最大优势是中国共产党领导，中国共产党是最高政治领导力量。

科学精神：使学生能够运用辩证的思维分析问题，作出正确的判断和合理的选择。

法治意识：使学生理解法治是先进的国家治理方式，理解中国共产党在建设社会主义法治国家进程中所发挥的作用。

公共参与：使学生具备担当精神，激发学生主人翁意识，提高政治参与能力。

（四）教学思路

以教学内容与形式为一体，本框题以铸魂育人、培养时代新人为目的，设计通过两条线（明线——以"中国共产党的执政历程"为话题，以情景与议题相结合的方式；暗线——以培养学生学科核心素养为目标，遵循"感悟—明理—导行"的规律）铸魂育人；以课前、课中、课后形成预习、讲授、练习为一体，理论与实践为一体，以导入、感悟、明理、导行、总结等"教、学、评"为一体，实现全员育人、全程育人、全方位育人。

（五）教学过程

导入：播放音乐《没有共产党就没有新中国》，引出议题。

议题一：为什么中国共产党的执政和领导地位具有必然性？

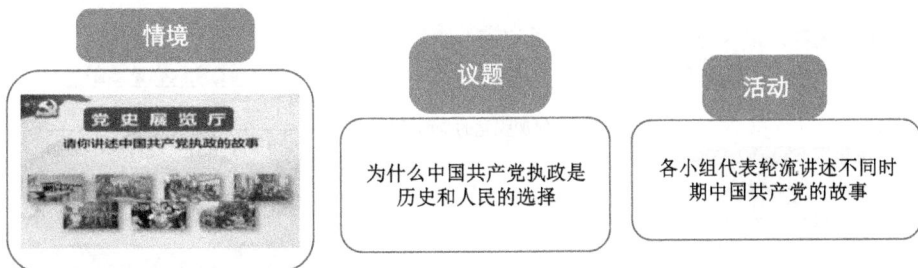

设计意图：通过开展党史展览厅的形式，让学生课前收集中国共产党执政的故事；故事抓住几个关键时间点，如1921年(成立中国共产党)、1949年(建立中华人民共和国)、1978年(党的十一届三中全会)、2012年(党的十八大)，以其中一个关键人物的事迹讲述共产党的那些年、那些事。通过真实的故事、动人的讲述，让学生感受中国共产党带领中国人民和中华民族从站起来到富起来再到强起来，感悟中国共产党的初心，理解中国共产党的执政和领导地位是人民的选择，具有历史必然性，在情感共鸣中达到政治认同。

议题二：为什么要坚持和加强党的全面领导？

设计意图：从党的执政理念、执政能力、执政方式、执政绩效四个方面打分，每个方面25分，总共100分。随堂观察学生的评分情况，随机选取高、中、低三个层次分数的学生代表分别讲述评分理由；不管学生评分多少，都是学生主动参与的，也可以让学生站在不同角度，以不同社会角色打分。通过评分以及阐述理由的方式，直面中国共产党在发展过程中所取得的成绩与存在的不足，引导学生用辩证的思维理性地看待中国共产党的执政，理性地看待中国共产党的发展，从而培养学生理性的政治认同以及科学精神素养。

议题三：如何加强党的全面领导？

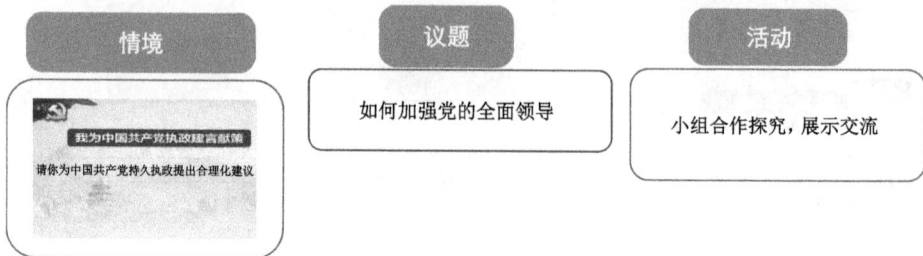

情境	议题	活动
我为中国共产党执政建言献策 请你为中国共产党持久执政提出合理化建议	如何加强党的全面领导	小组合作探究，展示交流

设计意图：通过为中国共产党提建议，让学生理解中国共产党是中国革命、建设和改革的领导核心，同时激发学生的主人翁意识，培养政治认同和公共参与素养；展示"党的建设"相关资料，让学生理解中国共产党为完善自身所作出的努力，增强学生对中国共产党执政的信心。引导学生从现实层面思考中国共产党可以怎么做，应该怎么做，深刻理解党对一切工作的领导。

总结升华：结合时政，用中外防疫数据凸显社会主义制度的优越性，增强学生的制度自信。习近平总书记指出，防控工作取得的成效，再次彰显了中国共产党领导和中国特色社会主义制度的显著优势。没有对比就没有突出，之前我在课堂上为学生讲解制度自信时，会缺少一些学生理解认同的鲜活素材。而在这次疫情防控中，党中央坚强有力的统一指挥、统一协调、统一调度，中国共产党强大的组织动员能力，全体党员强大的执行能力，国家集中力量办大事等多方面优势时刻彰显，再对比西方国家的政令不畅、各自为政、消极防疫等情况，我国社会主义制度的优越性显而易见。这种鲜明对比有利于增强广大青年学生的制度自信。接着用"90后""00后"同辈的抗疫事迹讲理想信念。"90后""00后"这群人以前是被人保护、被人照顾的一代人，现在他们冲锋在前，成为救死扶伤的战斗员、各个岗位的志愿者，变成保护大家的人。在援鄂医疗队中，许多医护人员是"90后""00后"，他们用实际行动证明了自己勇敢地担负起社会责任。正如习近平总书记指出的那样，广大青年用行动证明，新时代的中国青年是好样的，是堪当大任的！作为当代学生的同龄人，他们的抗疫事迹更容易打动学生，为学生树立理想信念提供了学习的榜样。最后，全班起立朗诵习近平总书记对青年的寄语。

情境

习近平总书记对青年的寄语

> 青年兴则国家兴，中国发展要靠广大青年挺膺担当。年轻充满朝气，青春孕育希望。广大青年要厚植家国情怀、涵养进取品格，以奋斗姿态激扬青春，不负时代，不负华年

活动

学生齐声朗诵

设计意图：通过朗诵习近平总书记对青年的寄语，让学生明白自己身上所肩负的责任和使命，激发学生努力提升自己的动力。同时，号召学生们，特别是学生志愿者去基层、社区采访身边的党员，撰写采访报告，让学生的学习、课堂、课下、校内、校外知行统一。

(六) 教学反思

高中思想政治课以社会主义核心价值观为引领，以"富强、民主、文明、和谐"为主旨，基于高中学生的认知基础和思维特征，学生政治认同、科学精神和公共参与法治意识核心素养的培养，是一个"外塑—内化—内生—外化"的一体化过程，传统的说教教学难以真正触动学生的心灵。因此，在设计这节课时，我坚持以学生为主体的理念，力求避免枯燥的说教，把课堂教学看成是动态的、生成的、师生共同成长的过程。采用"学生听音乐、学生讲故事、学生评分数、学生提建议、学生诵寄语"的方式，把课堂的大部分时间给予学生，让学生充分参与到课堂中，在参与中潜移默化地培养学生的政治认同、科学精神、法治意识、公共参与等核心素养并落实教学目标。在实际的课堂教学过程中，学生的课堂表现超出了我的预期。首先，在学生讲故事环节，不仅故事的内容切合主题，能够突出"初心"这一核心关键词，学生的讲述更是生动感人，甚至有讲述者流下感动的眼泪。听众的课堂反应(眼神、表情)也体现出他们确实被故事打动了。这说明学生的课前准备十分充足，自主学习效果良好，也说明了体验式的课堂设计真正实现了从"外塑"到"内化"的转变，提升了学生的政治认同等学科素养。然后，在学生评分数环节，大部分学生对中国共产党给出了很高的分数，甚至有不少学生给了满分；在分析原因时，学生能够充分肯定中国共产党所取得的成绩，也能够用发展的眼光看待中国共产党所存在的不足。这说明学生对中国共产党有较为全面的了解，也说明了评价式的课堂设计给予了学生充分的思考空间，让学生能够多维度、全面地思考问题，有效提升了学

的科学精神素养。最后，在学生提建议环节，学生能够针对中国共产党在带领中国人民实现中华民族伟大复兴的中国梦过程中面对的困难，提出具有建设性的意见。这不仅说明学生关注了中国共产党的执政，更反映出学生对民族复兴和祖国发展的密切关注和深厚情感，同时还说明了建议式的课堂设计能够充分调动学生的生活体验和知识储备，有效提升了学生的公共参与素养。但这一教学设计也存在一些不足，比如：第一，学生在听完故事后深受触动，如果此时笔者能够抓住这一教育契机，让学生分享自己的感受，那么，学生的情感会得到进一步激发，政治认同也会得到进一步升华；第二，由于时间问题，课堂上只展示了学生和我对中国共产党的评分，如果能够拓展到国际环境及全球新冠疫情的防控，中国共产党始终以人民为中心，把人民的生命、健康放在第一位，凸显我国的社会主义制度优势，则更有利于引导学生理性评价中国共产党。

追求有思维的、利于学生成长的生物教学

● 江门市第一中学景贤学校　谢文龙(高中生物)

一、导读语

>>>

1999 年 7 月,我从华南师范大学生物系生物学教育专业毕业,随后便投身于江门市的中学生物学教学及相关工作。在过往的职业生涯中,我曾担任生物学科实验员、备课组长、科组长以及市生物学科兼职教研员等职务。

在二十余年的教育实践中,我始终秉持着以发展与培养学生为宗旨的教学初心,不懈努力提升自身的教学能力。我虚心向前辈、同行以及专家学习,积极钻研教学问题,注重理论学习与实践创新的结合,致力于提升教学品质。我热爱生物学教学,重视不断充实自身的生物学知识,丰富教学素材。我的课堂例证丰富,启发性强,课上与课后都与学生保持较多的互动,常与学生共同分析讨论生物学的学习。因此,学生们对我的课堂充满喜爱与期待,学习效果也较为显著。

初中生物学教学具有鲜明的特点:它与自然紧密相连,与生活息息相关,同时又具备科学的严谨性,强调科学证据。因此,我常常深入思考,需要向学生传授怎样的生物学知识,培养他们什么样的能力,以及如何引导学生形成正确的价值观、科学态度、健康意识和社会责任感。

培养和发展学生的核心素养是教学的关键。学生不仅要获得生物学知识,理解生物世界的奥秘,更重要的是要运用科学思维能力去解析问题,并初步通过科学探究方法解决真实情景中的问题。生物学教学不应仅仅是生物现象或事实的罗列,还应启迪智慧,增长见识,落实立德树人根本任务。回顾二十多年的生物教学经历,我逐渐形成了如下教学风格:追求富有思维深度、有利于学生成长的生物教学。

● 二、名师成长档案——追寻有利于学生成长的鲜活生物课 >>>

　　成为一名教师，是我中学时期就种下的梦想。彼时，语文老师抑扬顿挫的诵读、精辟入微的课文分析，让我觉得老师仿佛是文学大师；数学老师在坐标图上将函数表达式化为图形，宛如精妙工程的建造者；化学老师演示实验时试剂颜色的奇幻变化，如同神奇魔法师的魔法；而物理老师指导电路设计和组装，展现出天马行空的创造力，是奇思妙想的设计师。老师们传授的不仅是知识，更留下了知识之外的诸多风采，教师的美好形象早已深深烙印在我的心底。1995年，我踏入师范大学生物学教育专业的殿堂，大学老师们严谨的治学态度、深厚的专业学识以及对学生既严格又充满热爱的教育方式，深深感染了我，让我更加坚定了成为一名优秀生物学老师的决心，他们为我树立了榜样。1999年，我正式步入教师行业，怀揣着对教书育人的无限期望。然而，刚入职时，学校安排我主要负责管理生物实验室和生物园，上课任务仅有两个班。那时，我内心充满了失落。幸运的是，在老科组长和同事的鼓励下，我逐渐认识到，只有不断提升自己的教学能力，才能成为教学骨干，机会自然会随之而来。我非常珍惜每一次上课的机会，暗暗下定决心，一定要成为学生喜欢的老师。我初登讲台，经验不足，但满腔的工作热情和强烈的求知欲让我迅速适应并站稳了讲台。听课成为我第一年工作的常态，除了听师父的课，我还尽量挤时间去听其他年级的生物课，甚至其他科目的课，只要有机会，我就绝不放过。不同风格的老师，都为我提供了丰富的教学养分。我积极主动参与集体备课、科组学习、听评课等活动，从最初上讲台时的紧张不安，到能够从容讲授，仅用了两个多月的时间。在第一年学校组织的青年教师公开评比中，我凭借努力获得了一等奖，得到了肯定和好评。第二学年，学校增加了我的授课班级，这让我对教学充满了信心。然而，能站稳讲台并不意味着已成为优秀的教师，这仅仅是成为好老师的第一步。怎样的课才算是好课？怎样授课才能更好地促进学生的发展？随着教学经验的积累，我开始思考更为深入的问题。有同行曾调侃道："讲授生物课，不能上成呆板的课，没有生气的生物课，那样的课不是'生'的'活'的生物课，而会变成'死物'课。"这句话深深触动了我。曾有教育家说过，要上好一节课，需要用一辈子的时间去备课！当时我还不太理解其中的深意。刚从事生物教学的几年里，我同时兼任实验室的工作。我充分利用这一便利，重视将生物实验和鲜活的生物材料引入教学。讲授细胞内容时，我会寻找各种可通过光学显微镜观察的材料，如植物叶的表皮、果肉细胞、池塘里的水等，在课上和课间让学生观察；学习植物生长时，我会带领学生从种子开始种植蔬菜，观察种子萌发、茎叶生长，开展蒸腾作用和光合作用的相关实验；学习人体生理知识时，我会尽可能地从市场找到猪的心脏、小肠和肾等器官，让学生进行学习和解剖。在我的生物课堂上，学生获取生物学知识的渠道是多样的，生物课变得鲜活而有生命力。在进入生物学教学的前两年，我还组织和带领学生积极开展生物科技活动。其中，我指导学生参加广东省青少年环保科技创意大赛时，有两项设计项目获得了省一、二等奖。生物学知识范围广泛，属于自然科学，科学实验是生物学科的基础。如果仅满足于在课堂上向学生传授生物学的学科知识，显然偏离了生物学的本质。生物学中有许多鲜活的素材来源于生活、真实情境之中，同时又要以实际证据作为支撑，其中蕴含着诸多生命观念，需要更为理性和系统地思考其意义。需要从科学的视角来学习和教授生物学，重视用科学的思维和探究活动来理解生物学的内容。刚开始教学的几年里，我对这一点的认识并不深入，虽然我也常常在生物课堂里联系生活实例，引入许多生物材料进行教学，尽可能地将生物实验与理论结合，但只能让生物课的教学停留在更有趣味、内容更丰富的层面。因此，工作几年后，我逐渐认识到，若要更上一层楼，教学实践和教学理论都是不可或缺的。于是，我的书桌上逐渐堆满了教学理论的书刊，我常常研读《生物学通报》《生物学教学》《中学生物学》等各类生物学期刊，钻研教育类书籍，如《教育心理学》，加涅的《教学设计原理》《学习的条件和教学论》，苏霍姆林斯基的《给教师的建议》，李镇西的《民主教育》《爱心与教育》《做最好的老师》，余文森的《有效教学十讲》，佐腾学的《学习共同体》《教师的挑战》等。从这些书刊中，我汲取了丰富的营养，增长了理论知识，也指引着我对教育、教学的深入思考。我努力丰富生物课堂，提升教学品质。随着教学能力的不断提高，我抓住机会多次参加了省、市的优质课比赛或创新教学比赛。2008年，在广东省中学生物实验教学研讨会中，我的课例"饲养和观察蚯蚓"获得中学生物实验教学课广东省一等奖。在这一课例中，我把学生的学习贯穿于课前、课中和课后，大胆引导学生以小组为单位观察、动手设计小实验来探究蚯蚓，并且利用信息技术，通过论坛的形式开展师生和生生间的有效交流与评价。2009年，在广东省生物教研室举办的实验能力展示会中，我的创新实验"烟草浸入液和茶叶浸出液对小鱼生活的影响"获得广东省二等奖。2010年，在广东省教师教育技术能力建设项目教学应用大赛中，我与科组的沈毅敏老师合作，课例"未来我们吃什么"获得广东省二等奖；2013年10月，我有幸参加中南六省(区)生物教学研讨会，代表广东省上了一节初中生物的展示课"细胞的生活"。除此之外，我还常常代表市、学校上展示课。经过不懈努力，2005年，我被评为中学生物一级教师；2009年9月，我开始担任学校生物科的科组长；2012年，我获得了参加广东省初中生物骨干教师培训的机会；2013 年 12 月，我被评为中学生物高级教师；2017 年，我被聘为江门市生物学科兼职教研员（初中学段）；2018 年，我被中央电化教育馆和广东省教育技术中心聘为"一师一优课，一课一名师"初中生物"优课"评课专家。此外，我一直带领学生开展课堂之外的生物科技活动，指导多名学生参加广东省和市、学校的科技创新活动，获得了诸多优秀奖励。对于青年教师的培养，我也毫不吝啬地分享自己的经验和对生物学教学的理解，共同研讨生物学教学问题，指导过李仕生、黄文远、肖乐倩、王静杰等老师参加省、市教学或创新实验比赛，均取得了优异成绩。经过二十多年的教学实践与探索，我始终追寻着有利于学生成长的鲜活生物课，也收获了一些成绩。这一路走来，我始终怀揣着一颗真心为学生的心，努力让每一堂生物课都充满生命力，陪伴学生成长。

三、学科教育观——让科学思维之翼赋予有灵魂的生物教学

中国拥有五千多年的历史文明，农耕技术和传统医药技术曾领先世界，这些技术与生物学科知识密切相关。然而，生物科学作为现代科学之一，并非发源于中国。至少从 17 世纪欧洲自然科学的兴起来看，其与实证和思维推理的重视密切相关。例如，人体结构的认知和发展，17 世纪英国医生哈维通过大量人体解剖实验，尤其是对心脏及血液流向的科学分析推理，破解了人体血液循环的正确路径；法国科学家巴斯德，既能设计巧妙的实验，又能严密地利用证据进行演绎和推理，从而得出科学结论，他在微生物的发现和利用方面作出了巨大贡献；奥地利科学家孟德尔通过长达七年多的豌豆杂交实验，运用科学统计、分析和推理，得出了经典的遗传规律；进化论的开创者达尔文则通过证据与科学思维的逻辑分析，提出了自然选择学说，这一学说对后世产生了深远影响。在现代生物科学的形成过程中，欧洲普遍形成的博物学重视具体生物个体的观察和分析之间的联系，如瑞典科学家林奈，他是现代生物分类的发明者，还有英国动物学家廷伯根，他是现代行为生物学的奠基人之一。科学思维对于生物学科的发展至关重要，对于学习生物科学而言，也是必须具备的能力素养之一，甚至是最重要的能力素养之一。作为一名一线教师，尤其是对青年教师的培养，我始终强调科学思维的重要性，并将其贯穿于生物学教学的全过程。

（一）运用科学的视角、方法和态度进行生物教学

生物教师不仅要让生物课生动有趣，让学生喜欢，传授生物学知识，更应该让学生用科学的视角、方法和态度去看待生物世界，甚至去研究生物学问

题。生物教师的作用，我认为正是如此。多年的教学经验告诉我，常有一些学生认为，生物学知识只要背一背、刷一刷典型试题就可以应付。然而，通过这种学习方式肯定无法真正学好生物学。道理很简单，生物学知识看似零散，甚至联系并不紧密，但其背后有着自身的规律，有着严谨的科学研究过程和实验证据支撑。只有深入理解，才能融会贯通。随着《普通高中生物学课程标准（2017年版）》的颁布，以及2022年4月教育部颁布的《义务教育生物学课程标准》，生物学教学的重心逐渐落在了生物学科的核心素养上。遵循教育、教学规律，落实立德树人根本任务，发展素质教育的目标进一步明确，这让从事生物学教学的教师方向更加清晰，责任也更加重大。生物教学不再是简单地教授一个个知识点，而是应上升到让学生领会生命观念，初步学会科学探究方法，认同并履行相应的社会责任。通过学习，学生应拥有正确的价值观、必备品格和关键能力。在实际的生物教学中，如何通过具体的教学内容发展学生的核心素养？我始终以发展学生的科学思维为核心，贯穿于生物学教学的全过程。例如，在教学"鸟类适于飞行的原因"这部分内容时，学生需要记忆外形、骨骼、肌肉、消化、循环和呼吸等特点。对于大多数学生来说，这些内容不仅繁多，而且难以理解，即使通过多次重复记忆下来，也未必真正理解其原因。生物的形态、结构与其功能的适应性是有关联的，如果教师能有意识地从这个视角去引导学生分析和思考，学生对鸟类适于飞行的原因会有更深入的理解，知识点之间也会形成联系。运用比较、归纳、综合及联系等思维方法，不仅让学生理解了鸟类适于飞行的原因，更重要的是让学生体会到运用生命观念去思考问题，认识和理解真实世界是如此奇妙和重要。生物概念的理解同样不是简单背诵下来即可的，也需要用科学的方法与态度去学习。例如，种子萌发的环境条件，教材最后给出的结论可以总结为一句话：种子萌发的环境条件是需要充足的空气、一定的水和适宜的温度。虽然记住这个结论并不难，但这并不是科学的方法和态度。为什么种子萌发需要特定的环境条件？这个结论又是如何得出来的？怎样理解这个结论？要探究这一系列问题，需要通过科学实验，科学地处理实验数据，并进行逻辑思维的分析。只有通过这样的学习过程，学生才能真正理解结论，并将其应用于具体的新情境问题。例如，在相同的温度条件下，不同类型的种子萌发率却不一样，为什么呢？在不同温度条件下，同一批种子的萌发率会有差异，怎样找到适宜的萌发温度？作为一名一线教师，我对生物学教学始终保持着孜孜不倦的态度。我深知，科学思维的培养是生物学教学的核心，而核心素养的提升则是教育的最终目标。通过不断探索和实践，我努力将科学思维融入每一堂课，为学生打开一扇通往科学世界的大门。同时，我也致力于青年教师的培养，将自己的经验和对生物学教学的理解毫无保留地分享给他们，希望他们能够继续传承和发扬科学思维的教学理念，让更多的学生受益。

（二）科学思维成为具体生物学情境问题与生物学理论的桥梁

人民教育出版社的吴成军老师在《试论科学思维及其在生物学学科中的独特性》一文中对科学思维进行了精辟的定义：科学思维是指人对自然界中客观事物的一种认识行为、认知方式和认知品质的反映。在中学科学教育层面，科学思维不仅包含对客观事实的认知与分析，还应激发学生"崇尚真知，追求科学知识"的认知动机。其显著特征包括：崇尚真知、尊重事实和证据、正确的逻辑分析、质疑和批判等。在现实情境中，问题往往是复杂且多变的。如何运用生物学理论知识解决这些问题？我认为，科学思维是重要的手段和方法。科学思维能够帮助学生将抽象的理论知识与具体的现实问题相结合，从而实现知识的迁移与应用。例如，在教学中，我们常常会遇到这样的问题：青蛙喜欢生活在温暖潮湿的环境中，而蜥蜴却能在沙漠环境中生存。这两种生物的生活环境差异显著，如何分析其产生的原因？如果没有正确的思维方向，要找到一个全面且合理的解释可能会比较困难。然而，运用科学思维来处理这一具体问题，就会变得容易许多。青蛙属于两栖动物，而蜥蜴是爬行动物，从两者的结构特点、生理功能特点与适应性入手，学生可以较容易地分析出产生问题的原因。例如，青蛙的皮肤湿润且需要保持水分，因此它适合生活在潮湿的环境中；而蜥蜴的皮肤干燥且具有防止水分蒸发的结构，使其能够在干旱的沙漠中生存。通过这样的分析，学生不仅能够理解生物的适应性，还能够掌握科学思维的方法。再如，光合作用和呼吸作用是生物学中的重要概念，记住它们的反应式并不难，但在农业生产中，如何利用光合作用增加农作物的产量，同时减少呼吸作用的消耗呢？这需要学生运用科学思维，将理论知识与实际情境相结合。例如，通过增加光照强度、提高二氧化碳浓度等措施，可以促进光合作用的进行；而通过控制温度和湿度，可以减少呼吸作用的消耗。只有通过科学思维的引导，学生才能真正理解这些概念，并将其应用于实际问题中。作为生物学教师，我们不仅要深入理解科学思维的内涵，还要在教学中有效渗透科学思维。这不仅是为了传授知识，更是为了培养学生的科学素养和解决问题的能力。我们不能仅仅拿着教材教知识点，还应通过实证、探究和科学思维的分析，帮助学生建构生物学知识体系。这需要我们在实际教学中，结合具体的教学内容，设计多样化的教学活动，引导学生主动思考、积极探究，从而实现知识与能力的双重提升。在多年的教学实践中，我深刻体会到科学思维在生物学教学中的重要性。通过将科学思维融入教学过程，我不仅帮助学生更好地理解生物学知识，还培养了他们解决实际问题的能力。我相信,只有通过科学思维的引导,学生才能真正掌握生物学的核心素养,成为具有科学精神和实践能力的未来人才。

(三) 科学思维是发展学生生物学核心素养之翼

怎样做到有思维的课堂呢?

1. 以"问题解决"为核心,激发学生的探究热情

将"问题解决"作为生物学课堂的核心,引导学生主动发现问题、提出问题,并通过科学探究的方法解决问题。例如,在学习"动物的行为"时,可以提出问题:"为什么鸟类在迁徙过程中能够准确导航?"引导学生设计实验,探究鸟类导航的机制。这种以问题为导向的教学模式,不仅能激发学生的学习兴趣,还能培养他们的自主学习能力和批判性思维。

2. 以实验为基础,设计探究性主题活动

生物学是一门以实验为基础的学科。将探究活动设计为生物课堂的主题,通过实验和实践活动,让学生在动手操作中训练思维能力。例如,在学习"细胞的结构与功能"时,可以组织学生进行显微镜观察实验,探究不同细胞的形态和功能。在实验过程中,学生需要记录数据、分析结果,并通过讨论得出结论。这种教学方式不仅增强了学生对知识的理解,还培养了他们的科学探究能力。

3. 关注学生个体差异,促进思维碰撞

重视不同层次学生在课堂活动中的参与度,引入更多生动的生物现象和真实情境,激发不同学生的思维潜能。例如,在学习"生物的进化"时,可以引入不同生物的进化历程,引导学生思考生物适应环境的方式。通过小组讨论和互动探究,学生可以从多角度思考问题,拓宽思维视野。此外,及时有效的评价与反馈,能够为学生的思维与能力发展提供明确的方向,帮助他们不断进步。一个富有思维深度的生物课堂,能够激发学生主动学习的热情,培养他们对生物学的浓厚兴趣,并赋予他们解决问题的思维"钥匙"。例如,在学习"生态系统的稳定性"时,通过分析一个具体的生态系统(如森林生态系统),引导学生思考生物与环境之间的相互关系,以及人类活动对生态系统的影响。这样的课堂能够真正实现"授人以鱼,不如授人以渔"的教育理念,帮助学生掌握学习方法,提升综合素养。

四、育人故事——躬耕力行与授之以渔：与学生一起学花的结构

初中生物学的内容，并非如有些人所认为的那样，仅靠背诵便能掌握，尤其是概念性的或具有规律性的知识，若未经实践、未对各种现象进行抽象概括、分析综合、推理论证等过程，那么背诵得来的知识往往是机械的、死板的、生硬的，学生难以真正理解，更谈不上真正学会、弄懂。被子植物花的结构是七年级生物教学中的一个重要内容，许多学生在学习这一部分内容时觉得十分困难。从表面来看，花的结构繁多，对于七年级学生而言，这些结构相对复杂。然而，问题的深层原因远不止于此。简单分析，主要有以下几点：其一，被子植物的花形态千差万别，类型繁多。在现实生活中，学生所见到的花与教材中的例子（教材中以桃花作为实例）差别较大，学生很难将教材中的桃花的结构与现实中的花的结构对应起来，无法通过信息加工真正形成对花的结构的概念。其二，学习花的结构时，并非桃花开放的季节。很多时候，学习花的结构时，学生只能对着图片，有时辅以视频进行学习，缺乏具体观察的材料，更没有对花进行解剖的过程，也没有对不同形态的花的结构进行归纳总结的过程。其三，从开花到结果是一个连续的过程，教材中仅用一张花与果实的图片来表示，未能展现出这一动态变化的过程。

正因如此，对于七年级学生来说，这样抽象的内容是难以理解的。找到问题产生的原因后，我深知必须做出改变！

首先，要解决观察材料的问题。教材中用于观察的桃花，在授课时正值十一月的初冬，由于季节不合，不太可能找到桃花。然而，我身处南方城市，这里四季都有鲜花盛开。于是，我踏上了寻找合适观察材料的旅程。我所要找的花，必须比较常见、花朵不能太小，要比较典型且便于解剖观察。在准备正式上课前的一两周内，我利用课后和下班时间，走遍了市区和郊外的各大公园、街道、花店、花圃。花店里的百合，行道路边的紫荆、黄槐，公园和绿化带里的大红花、悬铃花，果园里的柑橘花，还有公园、郊野里的许多野草野花，都成了我的观察对象。此外，我还提前让学生在课余时间观察家中种植的植物所开的花、小区或公园里的花，并结合教材初步认识一下花的结构。

其次，要解决如何学的问题。具体形象的事物，学生通过对内容的建构、比较与分析，同时与同伴进行交流，通过知识内化，然后再运用知识解决具体情境问题。思路明确了，接下来就是具体设计教学活动及实施。教学中，我分以下几个步骤进行：首先，布置学生初步识记花的结构，要求学生依据生活中所见的花，对教材中的结构名称进行识记。接着，我提供两种常见花的实物供

学生解剖，通过解剖操作进一步识记花的结构。要求学生将解剖下来的各结构粘贴在白纸上，并标明名称，最后进行展示(该环节以小组合作完成)。然后，每小组需要解剖两种花，要求比较两种花的结构特点及相同之处。之后，各小组间相互点评，最后由我点评和总结。在教学过程中，我遵循科学思维重视实证和逻辑的求真务实的特点，引导学生基于大量具体生物学事实总结规律；在一定情境下，运用所学知识对某一生物学问题提出疑问或论证，对真实情境问题依据已学知识加以解释和分析。

然而，教学至此并未结束。第一课时的学习，学生通过事实进行了归纳知识的学习，但要能应用和有机融合新旧知识，并有自己的见解和创新，才是进一步学习的关键。如果有质疑之处或新问题呈现，那么学习效果会更好。在此后的学习中，我采取复习巩固与实践运用的策略，同时又提供新情境让学生分析，启发学生发现新问题和继续探究。我运用第一课时解剖后的花，让学生再次解剖和巩固花的结构，同时展示花的模式结构图，让学生填写名称，使学生熟悉。在此基础上，我又提供第三种花(生活中常见的花，如大红花)给学生解剖，指出名称及作用，谈一谈它和其他花的异同。然后，我又提出新的情境，通过图片展示南瓜的花(雄花和雌花)，让学生辨识南瓜花的结构。这是一个新的具体的情境，而且与之前学习的内容有差别，因为典型的花是同时具有雄蕊和雌蕊的。这是知识的扩展，也是新情境，对于学生能力的提升和思维能力的培养大有裨益。

学习花的结构后，我还鼓励学生去寻找生活中的花，去观察和识别其他的花，同时希望学生提出自己的疑问。我启发学生思考：被子植物的花的形态和结构与其利于繁殖后代的功能密不可分，从开花到结果是一个连续的过程，花的哪些结构与果实的结构有联系？花获得传粉的方式有哪些？这样的花有什么特殊结构吗？我的这一后续布置，进一步激发了学生学习的动机，使学生不满足于教材的学习内容。这样一来，不仅学生在本节课的学习效果上优于仅用教材素材和单纯记忆结构的学习方式，而且在学习过程中，学生的参与率、主动性、探究能力和科学思维等方面都得到了很好的发展。

通过与学生一起学习花的结构这一部分内容，我深深感受到，教授学生生物学知识，首先要深入了解学生的学情、学生的认知层次情况；其次要深入分析教学内容，提供恰当适用的教学素材和设计适合的教学活动；最后，在教学过程中，要及时了解学生学习的状况，进行知识与能力的拓展。

五、教学现场与反思

课题：两栖动物的生殖和发育

【素养目标】

(1)探究和明确两栖动物的生殖和发育的过程及特点。

(2)分析资料，了解两栖动物生殖、发育与环境的关系。

(3)试着绘制一张两栖动物生殖、发育与环境相关的知识导图。

【课堂学习】

1.课题导入

情境导入：金蟾蜍这个物种在1998年就已灭绝，假设梦幻星球的弗格王子要复活它，请地球的人类给他介绍两栖动物生殖和发育的相关知识。

2.知识回顾

你知道两栖动物吗？

[理由]　学生在八年级上册已学过两栖动物的主要特征，通过复习进入课题，承上启下。

学生活动

(1)学生查阅：◆论坛"生物教学网"(http://www.shengwujiaoxue.com)

(课前完成)　◆互动百科、百度百科等

　　　　　　◆八上生物教材[复习两栖动物的主要特征]

(2)学生抢答。

①看图说说这些是哪一类两栖动物(见PPT)：

＿＿＿＿＿＿、＿＿＿＿＿＿、＿＿＿＿＿＿、＿＿＿＿＿＿

②两栖动物的主要特征：

＿＿＿＿＿＿＿＿＿＿＿＿＿＿＿＿＿＿＿＿＿＿＿＿＿＿＿＿＿＿＿

3.研讨学习

小组合作分析【阅读论坛：了解青蛙的生殖发育过程】

(1)资料查阅、解决疑问。

问题一：说出青蛙的生殖季节和场所。

问题二：谁发出蛙鸣声？目的是什么？

问题三：青蛙抱对有什么意义？

问题四：青蛙有怎样的受精方式？其受精卵有什么特点？

(2)检查、分析、小结。

①根据图片信息写青蛙的生殖过程：

②图形知识连线：

幼　蛙

成　蛙　　　　生活在陆地上，用肺呼吸

蝌　蚪

受精卵　　　　生活在水中，用鳃呼吸

4.小组合作分析

【资料分析：两栖动物的生殖发育与环境条件】

问题一：环境的变迁对两栖动物的繁衍有什么影响？

问题二：出现畸形蛙，可能是什么原因造成的？

问题三：非生物因素和生物因素如何影响两栖动物的生殖？

问题四：从这些资料中，你怎样进一步理解生物与环境的关系？

5.闭卷回味

通过以上的学习，你学到了什么？

6.思维拓展

为弗格先生的梦幻星球画一幅两栖动物生殖发育的思维导图。

【重点反思】

1.课程(文化,含地域文化)资源开发与教学设计

对于两栖动物的生殖和发育这一节课的教学设计,我注意到以下几点问题:

(1)两栖动物的生殖与发育在动物界有其独特性,其是从水生到陆生的过渡类型,比鱼类高等,但又比爬行动物低等,其生殖特点也能反映出进化上的这个特征。另外,两栖动物的生殖属于体外受精、体外发育,这与其进化地位相对应。因此在教学中,需要用对比和发展的观念进行教学设计。

(2)两栖动物的生殖属于体外受精和发育,其与环境的关系是密切相关的。因此,教学设计中需要有联系的观念,不可单纯讲生殖而不考虑环境因素的影响。

(3)教学情境的引入,将学生带入情景中,增强了学生学习课程的兴趣和主题拓展性。

对于资源的开发,除了视频、图片,青蛙发育过程的标本材料也是非常重要的,让学生能更为直观地了解青蛙发育的独特之处,理解两栖动物的"两栖"的含义。

2.课堂教学对话与教学生成

本课设计了一个虚拟的情境环境,同时充分考虑到八年级学生的想象能力强、思维活跃,由此引出的话题便于学生开展探究。学生以小组的形式开展学习,课前老师还开设了专题的论坛进行问题收集与回帖,在课堂上通过主题探究与合作学习、思维导图的总结与分析、拓展问题的讨论等环节,使得课堂形式丰富,内涵也紧扣课标要求。

3.教师教学风格与教学艺术

本课以学生为主体,以发展学生核心素养为出发点进行设计,设计的虚拟情境同时也紧扣课标要求,重视科学思维的训练;运用了对比、归纳、综合与逻辑分析等思维方法,有效地训练了学生核心素养。教学过程始终以发展学生思维能力为主线,通过问题导学和一系列学习活动,由浅入深地开展教学。

学生学习本课后,不仅了解到两栖动物生殖和发育的特点、生存与环境的关系等具体生物学内容,还理解了生物学中结构与功能、进化与适应、生态平衡等概念。教师应本着教学内容始终服务于学生成长的原则,以思维培养为突破口,让生物教学活起来,使生物真正成为科学教育的重要学科。

自然亲和，灵动丰盈

● 江门市培英实验幼儿园　张巧彤(幼儿园)

一、导读语

> > >

　　张巧彤，女，幼儿园高级教师，现任江门市培英实验幼儿园副园长。30年来我敬业爱岗，恪尽职守，善于利用生活契机开展教育，走进孩子生活、倾听孩子心声，是孩子们的心灵之友。课堂中，我善于用自己的真性情与孩子们进行思维碰撞和情感交流，激发孩子们的学习兴趣，点燃他们的心灵火花，挖掘他们的学习潜能，让课堂"灵动有趣"，逐步形成了"自然亲和，灵动丰盈"的教学风格。

二、名师成长档案——做教育路上的追梦人

> > >

　　在每个人的心灵世界里，都住着一个儿童。小时候，我最喜欢做的事就是学着老师的模样给小伙伴们上课。从那时候起，教师梦就如同一粒种子在我的心中生根发芽。我忘不了每一位曾给予我教导与启发的老师，而如今，我也成了他们中的一员。三十年的教师生涯，让我对"老师"这个称谓有了更深的理解，它代表着理想、责任、奉献与不求回报。

（一）缘起：钢琴梦

记得小学毕业那年暑假的一天，我在同学小马家里欣赏了其姐姐的钢琴演奏，她灵活的手指在琴键上跳动，优美的琴声让我不能忘怀。整个暑假，去小马家听姐姐弹琴成了我假期的"必修课"，后来我了解到小马姐姐就读于江门幼儿师范学校，而钢琴是学校的必修艺术课程。为实现我的"钢琴梦"，报读幼师成了我初中三年的奋斗目标。经过三年"寒窗苦读"，我终于以优秀的成绩入选并通过面试被幼师录取，踏入我梦寐以求的幼师之门，实现我的"钢琴梦"。

三年的幼师生活，不仅成就了我的钢琴梦，还让我练就了一身的好才艺。重要的是，在与孩子的交往中，我找到了内心深处的那份坚定——成为一名幼儿教师。

（二）看见孩子、笃定梦想：走进孩子"心灵"

工作中我体会到了当一名教师的快乐和价值，同时也深感责任的重大，这份沉甸甸的责任让我不敢有丝毫的怠慢，我暗下决心要成为孩子们的"启明星"。一直以来，我坚持做到尊重每一个孩子，生活中给予他们关心和帮助、鼓励，而我也渐渐地成了孩子们的大姐姐、贴心教师以及家长们信任的教师。

教育的本质是自然而然的心灵沟通，是日常生活的点滴，而不是只在课堂上刻意安排，这也是我一直追求的"不教而教"、"亲和"而有力的教育效果。灵动的课堂是互动性强、充满快乐的课堂氛围。课堂中，我坚持启发引导，师幼互动。创设良好的师幼关系能让教育充满爱，让教育有温度，让孩子喜欢你、信任你，同时你也会体验到与孩子心灵的碰撞，感受心灵的成长、"亲和"的魅力。

（三）立足课堂，勤耕不辍：追求"简约""好玩"而不乏"丰盈"

在课堂中，你可能会发现，有时我们花费大量时间准备的一大堆活动材料，只是"昙花一现"；准备了多种游戏的方法，孩子们并不买账；往往是简单的纸皮箱、满地的落叶，却让孩子们爱不释手。就如"树叶大变身"活动，孩子们把捡来的树叶制作成树叶小标本、标签、印画，在树叶上挖洞来吹泡泡，用树叶当"货币"、电影票等，这一活动更是孩子们延续一周时间继续探究的对象，而这样的事例也是屡见不鲜。这让我深刻体会到课堂的开放、灵动有趣，不再是花哨的材料准备及零碎的环节拼凑，而是教育回归本真、回归生活，让学习更贴近自然、贴近生活。"简单""好玩""本真"，师法自然，让教育贴近孩子生活、让教育追随孩子，回归自然，这也逐渐成为我的教学风格——自然灵动而不乏丰盈。

(四)案例引领，智慧同升：打造"智慧课堂"

作为一名管理者，我的课堂战场不再是面对孩子，而是面对一起共事的"大孩子"。教师感兴趣的问题有很多，怎样的教学方式才是有效的？怎样的教研更富启发性？实践中，我利用"小视频""故事"的形式开展教研，以案例分析为引领，通过呈现最真实、最直观的教学现场，记录幼儿的探究行为和教师的指导、评价，让幼儿在活动中充分探究和体验，凸显活动的主动性和积极性。罗杰斯曾说："自由愈高的学习，身心投入程度就愈高。"这种"探究式"学习的课堂模式，能真正触动学生心灵、激发学生兴趣、引发学生思考，体现教师的"放"和"慧"，让课堂充满智慧，自然简约却不乏灵动。

(五)研究思维，创生教学："学思见长"，重在创生

"学思见长"，重在创生。科研，给了我另一双眼睛，它带给我的不仅是一种科学的思维，更是一种不同的教育人生。所以，课堂并不是唯一的战场，我以承担课题研究为抓手，积极参加市级、省级乃至国家级的教科研课题，大胆改革创新，积极开展教研，让课题内容落到实处。教师的探究聚焦主题，幼儿的学习贴近实际、发挥潜能，让课程研究更具生命力。如参与广东省教育科学"十三五"规划项目"幼儿教育生活化的实践与研究"，让教师们在工作中积极探索生活化的教育课程，感受大自然、大社会课堂的魅力；参与广东省学前教育"新课程"科学保教示范项目"地方特色儿童主题博物馆课程的构建与实践研究——以江门侨乡为例"的研究，深深感受侨乡文化的魅力，让爱国、爱乡教育成为幼儿园一张亮丽的名片。

(六)内修外炼，收获芬芳：在沉淀中提升

在提升自我的同时，我还关注教师成长，开展"世界咖啡""智慧教研"等多形式的教研活动，给青年教师压担子，使其参加教学观摩和优质课的示范活动及省、市级的技能大赛，带领教师走进自然课堂，走进儿童世界，聆听孩子们的成长故事，记录孩子们的成长片段，让教研"自然发生"，让我们的观察和沟通"亲和有力"，让课堂"朴实""灵动"，让我们的学习"百花齐放"，让我们的收获"幸福满园"。带着思考，我在工作中也得到了提升，收获了不少的惊喜：多次参与指导教师教学技能"说课""说播课"比赛，获得江门市首届美育教师基本功比赛一等奖，指导团队也荣获"优秀指导团队"称号。

三、学科教育观——幼儿为本、生活为源

(一) 我的教学风格

自然亲和，灵动丰盈是教师对于课堂教学目标意识的体现；是教师对幼儿充分尊重的诠释；是教师对教育事业充满热情，潜心钻研的结果；也是我一直以来追求的教学风格。

1. 自然亲和

(1) 自然让课堂回归本真。

"简单""好玩""本真"，师法自然，回归本真，是我教育活动的追求，也是我教学活动的特质。自然朴实的课堂要求我们立足现实，回归自然，回归本真，尊重儿童，遵循童心，注重实际操作和生活体验。活动材料尽量取材于生活，注重简约和创造性使用。自然的课堂指的是不刻意渲染，不复杂化，尽量用生活中简单、好玩的方式来达到教学目标，凸显"玩中学，学中玩"的教育理念。

(2) 亲和让教育有温度。

教育应该是有温度的，像春天的阳光一般温暖。这种温度来自教学过程中的"亲"与"和"。"亲"是心灵的传递，是走进孩子的内心世界，俯身倾听，思想交融的行动。幼儿有一百种语言，童言稚语中透露着他们独特的想法，一言一行中表达着他们的兴趣所在。这些都是需要教师用心去体会的，只有俯身聆听才能真正亲近孩子的心灵，做到彼此信任。"和"是温柔地等待，耐心地教导，教师需要有一颗温柔等待的"心"，放手让幼儿自己去"学习""体验""成长"。很多时候，教师总是急于让孩子知道，缺乏耐心和爱心，从而剥夺了孩子独立思考、尝试体验的权利，而这些恰恰都是孩子成长的过程。一个会放手、和蔼可亲、会等待的教师才能让孩子健康成长。

2. 灵动丰盈

(1) 灵动让课堂有色彩。

灵动是能够灵活地与幼儿开展互动、有效提升幼儿经验，营造出灵活生动的课堂氛围。教师可以通过创设游戏情境，激发幼儿的学习兴趣；以开放式提问，让幼儿的回答多种多样，调动课堂氛围；通过灵活的回应，启发思维、拓展经验，把握课堂节奏；开展多维的互动，挖掘幼儿潜能，增添灵动色彩；通过实际操作和游戏体验，体现课堂的"活"，寓教于乐。

（2）丰盈让课堂有智慧。

丰盈的课堂体现的是教学设计的创意、课堂内容的丰满、课堂应变的灵活，教学结构的安排，教学评价的睿智，凸显教学内容的丰富、教师的活力和魅力。智慧挖掘具有教育价值的题材生成教育，让孩子的学习更富挑战，注重活动的延伸，有利于孩子深度学习，拓展思维，获得愉快的情感体验及更深层次的发展。

（二）我的教育主张

1. 幼儿为本——相信幼儿，让教育充满创意

一直以来，我都信任孩子，在教学活动中"放手""放权"，让孩子们学会自我规划、自我管理、自我学习，而我则是他们背后的"军师"。如开展"我是新闻小主播"的活动，我会让孩子们在活动前分组、分工、设计广告语、商量内容及人员安排；活动时，我成为被邀约的"观众"，同时也是活动的参与者、活动后的"点评嘉宾"。这样的活动，不仅培养了孩子的统筹能力，同时也提升了他们学习、交往、解决问题的能力，而他们良好的意志品质也在快乐的游戏活动中不断地提升和发展，这样的教育更显智慧和温度。

2. 儿童立场——尊重幼儿，让课堂回归本真

教育的本质是求真，在教育教学中释放孩子的天性，让孩子真正成为学习的主人，回归天性，发挥潜能，启迪智慧。

教学实践中，我喜欢以"大姐姐"的身份与孩子相处，蹲下与他们对话；在游戏中更是遵守游戏规则，经常会受到"惩罚"；跟他们一起打水仗、滚泥巴，欣赏每个孩子的"奇思异想"，关注课堂的生成，做活动的引导者、支持者和合作者。如"神奇的线"创意美术活动，孩子化身绘画大师，各种线条创意画、线条造型图、粗细线条的游戏，把我们带进线的"博物馆"，感受不同创意的美，让活动不仅灵动有趣，更是创意无限。

3. 生活为源——回归生活，让教育回归本真

有这样一句话"儿童的本能生长总是在生活中展开的"。正如著名教育家陈鹤琴先生所说"大自然、大社会都是活教材"，生活中的环境、一切的事物都可以是学习的教材。如：有时你会发现，我们在让孩子们忙着用各种材料学习点数、测量的时候，往往会忽略了如何引导他们用生活中常见的各种工具(绳子、棍子、树叶……)测量周边的树有多粗、小菜园的菜苗长高了多少，称一称挖的番薯有多重，比比谁摘的花生多等，这些恰恰是生活中最好的素材。如何

在真实的情境中，引导孩子去发现和探究，感受生活教育的力量，这也是我一直在做和延续的追求。

(三) 他人眼中的我

1. 学生眼中的我 (学生：杨逸的评价)

张老师待人细心体贴，每当我有困难的时候，她总能耐心倾听我的需求，给予我指导和支持，帮助我建立自信。我喜欢她真情投入、活泼开朗的样子，总会让课堂保持轻松、愉悦。张老师还积极与我的父母交流，为我的学习和成长提供建议。在张老师的教导下，我在快乐中学习，健康地成长，并成了一个积极向上、乐观的人。

2. 家长眼中的我 (学生家长：罗力珩妈妈的评价)

张老师热情、耐心，是气氛的调剂师。她和学生相处耐心细致、循循善诱，专业知识与技能总能恰如其分地在每次课堂教学或游戏中呈现出来，使学生在游戏中学习，在学习中游戏。与家长相处，她随和贴心，是他们的好军师、好伙伴。我喜欢她常说的一句话："心向暖阳，静待花开。"

3. 同事眼中的我 (江门市培英实验幼儿园：梁莲笑老师的评价)

您是一位充满智慧和耐心的优秀领导和老师。您的真诚、善良、细心关注和周到安排，让每个孩子都得到了充分的关爱和呵护。您的课堂组织自然亲切、活泼有趣、内容丰富，可以用很少的资源带来意想不到的创意。

4. 同行眼中的我 (开平市三埠长沙幼儿园：李卫英副园长的评价)

张巧彤是一位有想法、有干劲的名教师，她常说"我们要保持初心如磬，做有温度、有力量的教育"。她不断地充实自己的能量，始终坚持学习，秉持"以爱育人"的目标，坚持以幼儿为本，以教学质量提升为中心，给我们带来榜样的力量。

四、育人故事——一路向阳，静待花开

小昌是一个来自单亲家庭的孩子，从小缺失父爱，在婆婆和妈妈的呵护下长大，形成沉静、乖巧的性格，完全没有一丝男孩子果敢的表现。由于家庭的"包办代替"，3 岁的小昌完全不会自理，上厕所、穿衣服、进餐都是在老师的帮助下完成的，特别是"吃"的问题，他只吃糊状的东西、打烂的饭菜，不会咀嚼，所以每次进餐就是小昌最为焦虑的时候，需要我们示范着教他咀嚼。也正

因为小昌平时缺乏咀嚼，影响了他的发音和语言的表达，他咬字不清，讲话还结结巴巴的，变得非常不爱讲话、不自信和不合群，每天总喜欢"黏"着老师。

为了让小昌能适应幼儿园生活，我成了他的知心好友及其家庭的"教育专家"。每天，我都会跟家长反馈小昌在幼儿园进餐、生活的情况并向家长提出改进的建议，争取家长的配合；在幼儿园里耐心地教小昌如何"吃"，成了我每天重复的工作；生活中我经常与他对话，教他讲述，从两个字慢慢到讲一句话，然后再有意识地让同伴跟他沟通、做游戏……经过一年多的努力，进入中班的小昌，不仅能大胆表达自己的意愿，讲述的能力也得到大大提高，他参加幼儿园的小主播活动能一字不落地完成讲述，给了我们大大的惊喜；生活中的小昌，不再一个人发呆，而是和小伙伴有说有笑，还经常给其他人讲故事，是大家喜欢的"故事王"；更惊喜的是，小昌还是个有号召力的孩子，他总会召集小伙伴帮助老师收拾玩具、派发教具；游戏中，小昌总会想出有创意的玩法，这也打破了我原有的课堂认知及思维模式，我相信教育是有温度、充满力量的。

小昌的成长，让我学会走进孩子内心，挖掘孩子潜能，静待花开。在毕业当天，站在家长、孩子们眼前侃侃而谈、泪流满面的竟是小昌，而且他说完感言后，竟给了我一个深深的鞠躬和大大的拥抱，那时的我却变成了"小白"，在大家的掌声中回应了一个微笑和鞠躬礼。就是这样的孩子，让我深深体会到了当教师的那种幸福，感受到"爱"的魅力，做有温度的教育，滋润学生，收获幸福。

五、教学现场与反思——大班美术活动：神奇的线

此次美术活动源自大班主题活动——"神奇的线"中的绘本故事《跟着线走》。

【设计意图】

学情分析：在"线"的探索活动中，幼儿们尝试用线玩各种游戏，喜欢用线进行艺术创作，尤其对复杂、抽象的线条画线感兴趣。基于大班幼儿善于用艺术的方式表现自己的想法，喜欢在创作中表达情绪情感，具有一定的艺术表现力与创造力的特点，把绘本与美术有机整合，既能提升幼儿的美术素养，又能关注领域间学习与发展的整合性。

教材分析：绘本故事《跟着线走》，作者用一根线创作出简单明了、想象力十足、细节丰富、充满童趣和思维挑战的一系列画面，在趣味的基础上更能激发大班幼儿的想象力和创造力。

1. 活动目标

(1)欣赏用一根线所创造的画面，感知新奇独特的艺术表达方式。(重点)

(2)尝试用一根线创作作品，大胆表现自己的想象力和创造力。(难点)

(3)在合作、分享中，体验大胆想象及成功创作的乐趣。

2. 活动准备

(1)经验准备：课前开展欣赏外国名家作品的活动，如欣赏梵高的《星空》、草间弥生的《南瓜》，同时欣赏中国名家作品，如瓷器上的线描花纹、建筑中的线条花纹等。

(2)材料准备：绘本《跟着线走》、音乐《菊次郎的夏天》及 PPT 课件、各种各样的线、白纸、海绵纸、吸音板、彩色笔、描线笔、滴壶等。

3. 活动过程

(1)欣赏导入，激发兴趣。

①教师出示一根线："如果你有一根线，你会用来干什么？"(幼儿自由发言)

②教师通过生动的语言及熟练的技能，在白板上展现直线、斜线、螺旋线等常见的几种线条带来的独特画面，引导幼儿感受线条组合画面独特的美。

(本环节教师通过生动的语言及流畅的描绘，给幼儿展现出一幅富有情节的线条画，在帮助幼儿加深对各种线条认识的同时，感受线条画的创作美，启发思维，引发幼儿创作的兴趣和欲望。)

(2)欣赏 PPT《跟着线走》课件，感知用一根线进行艺术表达的独特方式。

①师："这根线可神奇了，它会带我们去什么地方？现在，请大家一起跟着线走，看看你有什么发现。"(观看 PPT 课件)

②"线宝宝带我们去旅行，它带我们去了什么地方？发生了什么有趣的事情？"(幼儿自由发言，教师结合幼儿的回答出示相关画面的 PPT)

③"这根神奇的线带领我们走过了这么多地方，每个地方都讲述着好听的故事。你们有没有发现，线宝宝走过的地方、留下的画面，有什么特别之处？"(欣赏教师的创作，加深幼儿对一笔画创作的了解)

(这是对重点知识点的解读，幼儿在欣赏教师作品美的同时，也会发现这根线在"走"的过程中一直没有离开画面，连续不断地完成作品。让幼儿了解一笔画创作的关键，明确创作要求，为创作做好铺垫。)

(3)大胆创作，体验一根线创作的乐趣。

①师："如果你也有一根神奇的线，它会带我们去什么地方？会遇到什么

有趣的事情?"(幼儿思考,说出想法)

②提供多种创作的材料,在《菊次郎的夏天》音乐中,引导幼儿选择不同材料进行创作(颜色多样、粗细不同的线、毛线、水彩笔、颜料、滴壶、刮画纸、大画纸……)。

(本环节,教师通过提供丰富的、生活中自然的、常见的材料和开放的形式,让幼儿在轻松、愉悦的环境中释放天性,自由或合作创作,充分体验创作的乐趣,体现了课堂的自然灵动,较好地突破教学难点。)

(4)欣赏、交流作品,感受成功的快乐。

①展示幼儿的作品,引导幼儿欣赏作品。

②请个别幼儿在集体中分享自己的创意作品。

(本环节让幼儿在分享交流中感受不同作品的生命力,学会评价和分享,提升审美能力和表现力,且感受到成功的快乐。本环节体现了教师把评价、分享的自主权归还给幼儿,在尊重幼儿的同时,更注重幼儿情感及其他能力的培养。)

【活动评价与反思】

(1)活动来源于幼儿的生活,自然而生。内容以一根线的旅行为主线,通过动态的情景,将情景的感染和艺术欣赏融为一体,充分调动幼儿多种感官参与,使"一笔成画"的新奇独特艺术表达形式更加生动有趣。在多媒体课件与音乐的配合下,课堂更灵动有趣,体现了"活"的教育理念。

(2)整个活动体现"以幼儿为主体"的教育理念,把新奇独特的艺术体验渗透在活动中,尊重幼儿个性化的表现,使幼儿在充满"惊奇"的情境中尽情享受探索、发现和创作的乐趣,在欣赏、创作及分享中提升艺术的感受力、表现力和创造力。活动更是以开放式的教学模式、融洽的师幼关系开展,让课堂丰盈、充满生命力。

自然，自主，活力

● 江门市第一幼儿园　古冬云（幼儿园）

● 一、导读语　　　　　　　　　　　　　　>>>

　　古冬云，女，幼儿园高级教师，"南粤优秀教师"，现任江门市第一幼儿园教研主任。30多年来我扎根教学一线，关注幼儿的整体发展需求，尊重幼儿的个体差异，因材施教，始终坚持遵循陈鹤琴先生的教育理念，将自然与生活融入课堂，让幼儿们在课堂中自由探索、主动实践，在活泼的氛围里思考与创造，让每位幼儿在原有的基础上不断提升，实现可持续性发展，同时逐步形成了"自然，自主，活力"的粤派教学风格。

● 二、名师成长档案——不忘初心，逐梦前行　　>>>

（一）侨乡滋养，幼教梦萌芽

　　我出生在江门，这座城市环境优美，物产资源丰富，建筑艺术独特，拥有崇文重教的优良传统。江门人勤劳上进，对各种先进文化和思想都持包容态度。作为土生土长的五邑侨乡人，我深感自豪。家乡如一位默默奉献的母亲，在潜移默化中哺育我成长，不仅让我萌生了投身幼儿教育事业的梦想，更坚定了我传承五邑侨乡传统文化精神的信念。

(二)家风为笔，筑成长底色

我的家庭虽普通，却充满温暖与力量。爸爸作为老党员，妈妈身为技术工程师，姐姐是小学党员教师，他们以身作则，从小教导我听党的话、诚实做人、踏实工作、积极进取。爸妈常说："既然选择做一件事，就要全力以赴，是金子总会发光的！"在这样优良、正直的家风熏陶下，我养成了认真学习和做事的习惯。

小时候，姐姐常把学生作业和卷子带回家批改，我帮她制作奖励给学生的小红花贴纸和学具，听她讲述学校里的趣事。受姐姐影响，我爱上了幼儿教师这一职业，憧憬着为孩子们打造一个自然、轻松、快乐且充满活力的学习环境。

(三)校园逐梦，汲取"活"养分

1991年9月，我踏入江门幼儿师范学校，开启了逐梦之旅。在校园里，我如饥似渴地学习幼师必备的弹琴、跳舞、画画等技能技巧，以及各种文化理论知识。在此期间，我接触到陈鹤琴先生的"活教育"理论，他认为大自然和大社会是知识与生活的宝库，是孩子们的"活教材"，"做"是学习的基础。这让我开始思考如何结合幼儿的年龄特点，引导他们在自然和社会中主动学习。

(四)磨砺提升，破茧迎曙光

1994年7月，我顺利进入江门市第一幼儿园工作。初入职场的我满心兴奋，可现实却给了我沉重一击。由于缺乏班级管理经验，班级活动组织混乱，孩子们不听指挥，告状声不断，家长也对我不信任，我顿时手忙脚乱、灰心丧气。

关键时刻，园长和前辈老师们伸出援手。他们分享自身经历，给予我温暖关怀，指导我从一日生活管理入手，如通过在进餐时放轻柔音乐、午睡前讲故事、排队时利用标记线等方式帮助孩子们建立活动常规。课堂上，他们亲自示范，指导我备课、组织活动和管理课堂；在家园共育方面，他们向我推荐相关讲座和书籍，鼓励我多学习、多反思。在他们的帮助下，我的业务能力显著提升，课堂开始变得有趣了，孩子们愿意参与，家长也逐渐认可我了，我体会到了作为幼儿教师的幸福与成就感。

(五)探索创新，创活力课堂

我并不满足于此，开始思考如何让课堂更具活力。我尝试运用陈鹤琴先生的"活教育"理论，挖掘大自然和大社会中的教育素材。我结合侨乡葵文化园本课程，带领家长和孩子们走进葵博园，收集葵艺物料，通过游戏让孩子们感知葵文化。我把课室布置成葵艺馆，让孩子们自主体验创作，并将他们的作品展示在主题墙上。这不仅激发了孩子们对葵文化的兴趣，还提升了他们的自主学习、动手、想象和创造的能力。打造"自然，自主，活力"的课堂成为我的不懈追求。

（六）把握机遇，促风格形成

1. 竞赛促技

为了提升自己，我积极抓住每一个成长机会。对于幼儿园举办的教师技能比赛、生活组织管理比武等活动，我都认真备赛，努力展现自己。2010年，我参加了江门市首届幼儿园教师德育专业能力大赛，主动请教，反复练习，最终获得二等奖，教学技能得到迅速提升。

2. 工作室拓能

2014年，我加入广东省名园长李爱东创办的江门市第一幼儿园幸福幼教名师工作室。在这里，我承担美术、数学、科学的学科带头人工作，多次向全国同行开放教育教学活动。如在展示大班科学活动"盒子里有什么"时，我引导幼儿自主探索，通过多种感官判断盒子里的物体，课堂设计生动有趣，获得专家和同行的肯定，我的教学技能也日渐成熟。

3. 课题助研

在教学实践的同时，我积极参与课题研究。以《幼儿园教育指导纲要》和《3—6岁儿童学习与发展指南》为指导，我从实际出发开展教科研活动。在江门市重点课题"幼儿园角色游戏与人际交往能力发展的实证研究"中，我运用"活教育"理论，与家庭、社区合作，引导幼儿了解各行各业的劳动，帮助幼儿树立正确的劳动观念，养成良好的劳动习惯，最后该课题获优秀结题，我撰写的活动案例获一等奖。

另外，我参与的省级课题"建构性玩具对幼儿心理发展的促进研究"也收获优秀研究成果奖。课题研究不仅解决了我教学中的问题，还提高了我的教育教学和科研能力，促进了我的专业成长，同时，我的"自然，自主，活力"的教学风格也初步形成。2015年，我荣获"南粤优秀教师"称号，这既是对我的肯定，也是对我的鞭策。它让我更加清醒地认识到自己的优势与不足，也激励着我继续探索如何充分发挥幼儿的学习自主性，优化教学策略，打造更具活力的课堂。

三、学科教育观——生活教育，自主探索，活力课堂

>>>

我以"生活教育，自主探索，活力课堂"的学科教育观为核心，打破传统教育的束缚，为幼儿创造更加丰富、多元且充满活力的学习环境。生活教育强调教育与生活的紧密联系，让幼儿在真实的生活场景中汲取知识；自主探索注重激发幼儿的主观能动性，培养他们独立思考和解决问题的能力；活力课堂则致力于营造轻松愉悦的学习氛围，让幼儿在积极参与中享受学习的乐趣，助力他们成为具有创新精神和实践能力的新时代优秀儿童。

（一）教学风格剖析：启思于生活，育自主之才

1. 生活情境，开启知识探索之门

陶行知先生说："生活即教育。"在教学中，我深刻领悟到生活是教育的富矿，其中蕴含着无尽的知识宝藏。以大班主题活动"船"为例，我积极为幼儿创设充满生活气息的学习情境。我带领幼儿来到西江边观摩江面上来回穿梭的船只，他们好奇地观察着不同船只的形状、大小和用途，有的幼儿兴奋地指着货船，好奇它能装多少货物；有的幼儿则对游船的外观设计充满兴趣。在这样的生活场景中，幼儿自然地开启了对船的探索之旅，他们的好奇心被充分激发，主动去发现关于船的各种问题。这种将课堂融入生活的教学方式，能让幼儿在真实的环境中感受知识的魅力，增强他们对知识的理解和记忆，使学习变得更生动有效。

2. 自主引导，激发内在学习动力

"教学生学"的关键在于引导学生自主学习。在"船"主题活动中，我充分尊重幼儿的主体地位，当幼儿对船产生诸多疑问时，如"不同的船有什么作用""为什么船装了很多东西也不会沉"，我没有直接给出答案，而是引导他们自由分组去寻找答案。每个小组根据自己的兴趣和想法，制订探索计划。有的小组在家长的带领下，探访江门船厂旧址，实地观察船坞的构造，了解船只的建造过程；有的小组走进海事局，与船员交流，深入了解船的内部结构和航行原理，他们的主观能动性得到了极大的发挥。幼儿主动思考、积极探索，学习不再是被动接受，而是内在需求的驱动。因此，幼儿不仅获取了知识，还培养了自主学习的能力和团队协作精神。

3. 多元实践，培养综合学习能力

为了让幼儿更全面地了解船的知识，我鼓励他们通过多元实践的方式进行

学习。除了实地观察，我还组织开展了各种科学游戏，如"浮与沉""载人小船"等。在"浮与沉"的游戏中，幼儿通过操作不同材质的物品，观察它们在水中的沉浮现象，进而思考船能浮在水面的原因。在制作"载人小船"的实践中，他们尝试用各种材料，如泡沫板、塑料瓶等不断改进小船的设计，以实现小船载人的目标。通过这些实践活动，幼儿们不仅掌握了科学知识，还锻炼了动手能力、解决问题的能力以及团队协作能力，真正实现了在实践中学习、在学习中成长。这种多元实践的教学方法，能满足幼儿不同的学习需求，促进他们综合素质的提升。

(二)教学主张阐释：践行生活教育，培育自主探索者

1. 以生活为教材，拓展教育边界

我将生活视为最生动、最丰富的教材。在日常教学中，我不局限于课本内容，而是积极挖掘生活中的教育资源。除了"船"的主题活动，在开展与季节相关的教学时，我还会带幼儿走进大自然，观察四季的变化。春天，一起去公园观察花朵的绽放，感受生命的复苏；秋天，到果园采摘果实，体验丰收的喜悦。通过这些与生活紧密相连的活动，让幼儿明白知识无处不在，生活就是最好的课堂，打破了传统教育的边界，拓宽了他们的视野。生活中的教育资源丰富多样，能够为幼儿提供更加直观、真实的学习体验，让他们在潜移默化中获取知识、增长见识。

2. 以自主为核心，构建活力课堂

培育自主探索者是我的重要教学目标。在课堂上，我营造宽松、自由的学习氛围，鼓励幼儿积极参与、大胆质疑。例如在一次关于环保的讨论活动中，我提出问题后，让幼儿自由发表观点。有的幼儿提出可以减少使用一次性塑料制品，有的则建议进行垃圾分类宣传。他们在讨论中相互启发，不断完善自己的想法。这种以自主为核心的课堂模式，让幼儿成为学习的主人，他们的思维更加活跃，课堂也充满了生机与活力。这激发了幼儿的学习兴趣和创造力，让他们在学习中体验到成就感，从而更加积极主动地参与学习。

3. 以探索为途径，提升学习品质

探索是幼儿获取知识、提升能力的重要途径。我为幼儿提供丰富的探索机会，引导他们在探索中发现问题、解决问题。在手工制作活动中，我只给出一个主题，如"我的梦想家园"，让幼儿自己思考用什么材料、如何设计。幼儿们充分发挥想象力，用彩纸、积木、黏土等材料，创造出一个个独具特色的作品。

在这个过程中，他们不仅锻炼了动手能力，还培养了创新思维和坚持不懈的学习品质，真正实现了从"学会"到"会学"的转变，为未来的学习和生活奠定坚实的基础。探索活动让幼儿不断挑战自我，突破思维定式，培养他们解决实际问题的能力。

(三) 他人眼中的教学成效：生活教育下的活力课堂风采

1. 幼儿喜爱，享受探索乐趣

从幼儿、家长、同事、同行以及领导的评价中，可以清晰地看到我的教学实践所取得的成效。幼儿眼中的我，是那个能把生活中的平凡事物变成有趣玩具的老师，他们喜欢我的课堂，因为在这里可以自由探索、快乐学习。就像文悦然小朋友说的："古老师会变魔术，她把很多平常没有用的东西变成好玩的玩具让我们玩，让我们能学到很多本领。"这简单的话语，生动地体现了我的教学风格和活力课堂对他们的吸引力。幼儿的喜爱是对教学效果最直接的反馈，说明这种教学方式能够满足他们的学习需求和兴趣爱好，让他们在快乐中学习、成长。

2. 家长认可，助力全面发展

家长们对我的教学活动给予了高度认可。"大手拉小手——走进江门侨乡陈皮村"这一活动，不仅让家长和幼儿们体验到亲子活动的快乐，还让他们深入了解了家乡文化。区钰琪的妈妈评价道："古老师组织的活动非常有意义，既增进了亲子情感，又让幼儿们了解家乡的传统文化。"这表明我的教学活动不仅关注知识传授，更注重培养幼儿的综合素质。家长的认可为教学活动的持续开展提供了有力支持，也体现了教学活动在促进幼儿全面发展方面的积极作用。

3. 同行赞誉，彰显教学实力

同事们称赞我善于挖掘生活素材，课堂设计巧妙，能充分调动幼儿的积极性。同行们对我的课堂提问和道具投放给予肯定，认为活动效果显著。领导也对我的教学和育人成绩给予了充分的肯定，认为我形成了独特的教学风格，发挥了良好的引领作用。这些来自不同方面的好评，是对我践行生活教育、打造自主探索活力课堂的最好见证，也激励着我在教育道路上不断前行。

四、育人故事——不爱说话的女孩

>>>

我尊重每名幼儿的人格和权利，注重保护和发展幼儿的个性和学习兴趣，充分利用生活中的教育资源，努力使幼儿在原有的基础上得到提高。

记得有一年，我接手了一个中班，班级里有一个非常特殊的小女孩。她经常一个人孤单地坐在课室的角落，不跟老师、同伴说一句话，开心的时候也只是咧开嘴笑一笑。后来，我在幼儿园医疗室了解到小女孩有语言障碍、智力障碍。而家长对孩子的保护意识很强，特别爱面子，不正视问题，曾经还因为小孩子之间的小事和老师、同班小朋友及家长都闹了别扭，因此还换了几位老师。小女孩不能自如地控制大小便，经常一天尿湿五六条裤子，有时甚至就在课堂上大便失禁，小伙伴们都不喜欢她。

本着不放弃每一个孩子的信念，我端正心态，给予小女孩最大的关心、爱护和帮助。我到小女孩的家里了解情况，主动和家长沟通。在幼儿园里，我给孩子们播放江门人划龙舟的比赛视频，给他们讲团结友爱的故事。我通过游戏和体验活动让孩子们学会换位思考，明白同伴之间要互相关心、团结一致。每次在教学活动快结束的时候，我都会提醒小女孩赶紧去厕所。结合小女孩对本土语言比较熟悉的实际情况，我找来朗朗上口的粤语儿歌、童谣、故事等，引导家长在家里反复播放，为小女孩营造学习语言的氛围，培养她学习发音的兴趣。我还经常利用空余时间和小女孩玩"照哈哈镜"的游戏，一遍又一遍地做出夸张的嘴形，不厌其烦地给她念词语，让她模仿、学习。有一次我们画"小鸟天堂"，小女孩在白纸上画了一条歪歪扭扭的线，我说："哟！这是小鸟天堂里的湖水吗？真漂亮！小鸟们一定很喜欢！"我给她盖上"加油"的印章，不断地鼓励她。慢慢地，小朋友们开始接受她了。小女孩学会发几个单音节了，以前她一天尿几次裤子，现在她一个星期才尿一次裤子，脸上的笑容越来越多了。

期末要到了，天空突然放晴。这天清晨我像往常一样向每一个进入课室的孩子问好。见到小女孩，我依旧热情地说："早上好！炜炜。"小女孩并没有像以往那样直接走回座位，而是停了下来，迎着我期待的目光，怯怯地、艰难地吐出了一句话。虽然只有短短的三个字，虽然声音很小，但这是从她口中第一次表达出来的完整意思，让我激动，让我欣喜若狂！小女孩说："老师，好！"

五、教学现场与反思——大班科学活动：让土豆浮起来

【设计意图及学情分析】

结合江门本地"江门船厂"资源，开展"小船"探究活动，幼儿由此认识了各类小船，对制作小船热情高涨，尤其好奇"哪些材料能浮起来？""如何让沉的材料变成浮起来的材料？"等问题。本班幼儿具有较强的动手能力，但合作能力有

待提升。因此设计本次活动，引导幼儿探索沉与浮现象及影响因素，尝试让土豆浮起来，培养幼儿解决问题的能力，激发幼儿探索的兴趣。

【活动目标】

(1)感知沉与浮的现象以及影响沉浮的因素。
(2)尝试用各种方法让土豆浮起来，创造性地解决问题。
(3)勇于挑战，体验成功的喜悦，喜欢探究。

【活动过程】

(1)导入活动，唤醒前期经验，激发新的探索兴趣。
师：上一周，我们认识了小船家族，谁来介绍你认识了哪些船呢？
幼：我认识游轮、货船、客船、救生艇、龙舟、独木舟……
师：如果想要制作属于自己的小船，你知道要使用哪些材料吗？
幼：可以用木头、铁块、塑料板、泡沫板、积木片……
师：这些材料都能浮起来吗？
幼：有些材料可以浮起来，有些材料不能浮起来。
师：老师给小朋友们带来了许多材料，我们把它们放进水中，检验一下哪些材料会浮或者沉。

(2)幼儿进行第一次操作，通过实验区分能浮沉的物品。
师：这是"浮与沉记录表"，请小朋友将物品逐一放入水箱中验证你的猜想，并用自己喜欢的方式记录实验结果。
幼：有的材料轻，放入水中可以浮起来；有的材料重，会沉下去；有的材料比较大，浮起来了；有的材料很小，也会沉下去。
师小结：不同材质、不同重量、不同大小的物品放入水中，有的浮，有的沉。

(3)提出新的实验任务，激发深度探究：如何让土豆浮起来？
师：有什么办法可以让本来沉下去的土豆变成浮起来的呢？
幼：可以把土豆放在纸皮上，或者装在塑料瓶子里，土豆有可能会浮起来。
师：老师准备了透明胶、绳子等材料，你们试一试，然后记录下来。
幼：我把土豆放在纸皮上，开始浮起来，后来纸皮吸水，它们一起沉下去了。
幼：把土豆挖成小船状，开始浮着，进水后沉了。

(4)帮助幼儿梳理经验，在原来的基础上改造材料，再次尝试。
师：能不能更改材料，让土豆浮起来？比如怎样让纸片不吸水？大家试试。

幼：用透明胶包住纸皮，土豆放上去就浮起来了。

幼：把土豆切成小块塞进瓶子，或切成片轻放在水面上，都能浮起来。

幼：把土豆挖空，像小船一样能浮，还能载玩具小人。

幼：用透明胶把木板和土豆粘贴，土豆能浮起来。

幼：用牙签把土豆固定在泡沫板上，让土豆浮起来。

师：小朋友们借助材料或改变土豆形状、重量，让土豆浮起来了。

（5）播放生活中的浮与沉视频，帮助幼儿提升经验，同时抛出新的问题，激发幼儿进一步探索的兴趣。

师：生活中有很多浮沉应用，我们来看视频。

幼：老师，为什么潜水艇又能浮又能沉？

师：带着这个问题回家和爸爸妈妈探讨，再和老师、小伙伴分享答案。

【教学反思】

教师注重保护幼儿的好奇心与探究欲，鼓励其探究行为，提炼问题组织讨论，支持幼儿的想法与行动。教师为幼儿提供充足的时间和材料，辅助幼儿记录总结探究过程，做好课前书写准备。教师贯彻《3—6岁儿童学习与发展指南》和《幼儿园教育指导纲要》，尊重幼儿身心发展规律，发现兴趣点和关键问题，放手的同时给予适当支持。在整个活动过程中，幼儿能够积极参与、勇于挑战、解决问题，体验成功的快乐，获得自信。

觅"情意数学"教研之路

● 江门市蓬江区教师发展中心　黎康丽（高中数学）

◎ 一、导读语

　　黎康丽，女，江门市蓬江区教师发展中心中学数学教研员，中学数学正高级教师，广东省中小学"百千万人才培养工程"初中理科名教师培养对象，广东省名师工作室优秀学员，广东第二师范学院兼职教师，五邑大学硕士研究生校外导师，江门市名师工作室主持人，江门市名教师优秀学员，江门市名教师优秀班委，蓬江区教育系统名教师，蓬江区首批智库教育专家，首批蓬江教育人才。

◎ 二、名师成长档案——结缘蓬江 领航蓬江 筑梦远航

（一）启航——结缘蓬江，梦想启航

十年乡村教学，打下扎实教学根基

1.初登讲台，春暖花开

　　2001年7月自师范专业毕业后，我怀揣教育梦想，来到蓬江区荷塘镇一所初中任教，担任七年级数学老师和班主任。现在回想起来，当年的我运气真的很好，所任教的班级教学成效凸显，学生学科素养高。同时，我也得到了领导

与同事的认可，对未来充满了无限遐想，从此便与蓬江教育结下了"浪漫情缘"。

2. 第一次挑战，首战告捷

当年，镇里的教研气氛相当浓厚，为了使我们这批新教师迅速成长，尽快站稳讲台，每一学年都进行新教师课堂教学基本功大比武。2001 年 11 月，仅有 3 个月教龄的我参加第一次全镇基本功大赛，心里难免有点慌张，但凭借着个人的刻苦与努力，我认真揣摩教学内容、大胆尝试新教法、反复多次试教，在全体数学科组智囊团的鼓励下，以最高分的成绩顺利地取得了全镇第一名。

勇于承担公开课、示范课任务，围绕教得巧妙、教得有效、教出美感、教出个性开展课堂教学研磨，欢迎同行走进课堂多听自己的课，乐于听取别人对自己的建议并从中找出自身的不足与差距，同台竞技、磨课、研课、赛课、分享经验，以公开课为契机，是实现教师专业发展及展示自己的良好方法与途径。2004 年 9 月，我第一次获得了广东省初中数学优秀课评比二等奖、江门市中学数学青年教师说课评比一等奖。首战告捷，这为我继续勇攀教学的高峰打下强心针，为我继续前行扬起了自信的风帆，领导、专家对我课堂的肯定与赞赏，深深地鞭策着我。

3. 第二次挑战，一盆冷水

每个人心中都有一个舞台，心有多大舞台就有多大，目标有多远，你就能走多远。转眼间到了 2008 年 9 月，广东省初中数学教师优秀课评比拉开帷幕，我暗下决心，一定要冲出江门，再次站在广东省初中数学教师优秀课评比的舞台上。那段时间，我几乎每天都是凌晨 2 点才睡，等小孩入睡，便开始用心备课。可是，2008 年 12 月，宣布比赛结果的当天，我只获得江门市初中数学优秀课评比二等奖，无缘省赛。没有得到预期的结果，我深受打击，上课没有得到肯定，这种滋味真的很难受。委屈与难受，刺痛了我的内心深处。经过一段时间后，我对这堂课进行深入的反思，切中肯綮，找出自己与别人的差距，发现自己的课件制作得过于花哨，使人眼花缭乱。教师教学技能精湛的体现并不是在课件的技巧方面，而是落实在数学知识生成的深度、高度与广度上。

4. 第三次挑战，渐入佳境

2012 年 2 月，学校收到了广东省初中数学教师优秀课评比的通知，要派一名八年级的数学教师参加蓬江区初赛，学校教导处潘蔚主任第一时间找到了我："黎老师，你的教学功底不错，你代表学校参加比赛吧。"听到这个消息，我回想到自己四年前失败离场的情境，心里面酸溜溜的，于是委婉地拒绝了。

潘主任拍拍我的肩膀，关切地说："年轻人应该有永不言败的闯劲，要从失败中寻找目标与方向，有哪位名师一直走过来的路都是一帆风顺、风平浪静的？只要你能翻越心中那道艰难的坎，失败就能成为你成长的动力，机会总是留给永不服输、不断努力付出的人。你一定要好好把握机遇，武装好头脑，重新出发。"正当我低头沉思的时候，潘主任继续鼓励我说："你是个有灵气、有天分的老师，真正优秀的名师，从来就不是因一时的顺遂铸造而成，都是经历过百般的磨炼，拥有迎难而上的勇气，才会变得越来越优秀，走得越来越远。用开放的心态和改变自我的意愿去参加这次评比吧，我相信你会表现得更好！"

潘主任这番暖心的话，激励着我重新出发，继续前行。2012年5月，我获得了广东省初中数学教师优秀课评比一等奖、江门市初中数学优秀课评比一等奖的成绩，出色的表现给教师们留下了深刻的印象，受到所教学生及与会教师的高度认可。

(二)领航——领航蓬江，带动团队

十二年教研工作，潜心研究教学

2012年5月，当我还沉浸在获得广东省初中数学教师优秀课评比一等奖的喜悦之中时，一通电话拨过来："喂，你好，是黎康丽老师吧，我是蓬江区教研室韦思扬，今天你有空过来区教研室一趟吗？有些事要和你商量一下。"我心里有些小激动地回答："好的，谢谢韦主任！"

见面的那刻，韦主任对我说："黎老师，首先祝贺你获得省优秀课评比一等奖，区教研室需要一名中学数学教研员，希望你加入我们的团队，致力于蓬江教研。"我诚恳地回答："感谢韦主任对我工作的支持与信任，我会尽最大的努力把工作做好。"就这样，我翻开了教研工作的新篇章。我深深地感谢蓬江区教研室韦思扬主任，是他引领我从一名教书匠逐步转变为研究型教师，给予我参与研究的机会、平台与空间。

1. 教而不研则浅，研而不写则空

做一名研究型教师，既要"教"，又要"研"，还要"写"。"教"是"研"的前提和基础，"研"是"教"的总结和提高，而"写"则是"教"和"研"的概括和升华。教而不研则浅，研而不写则空，潜心研究教学，改革课堂教学，教师只有以研究者的心态置身于教育情境，以研究者的目光审视自己的教育理论和现实，以研究者的精神不断发现问题和解决问题，才能成为自觉的实践者。

2. 以课题为船，以学习为帆

脚踏实地，以科研助教研。把课题问题化，把工作科研化，教育科研才能亲近教学，才能走进课堂，借助科研力量、群体智慧，以研促教，使自己的职业生涯焕发出别样光彩。积极投身教育科研，对一名教师的成长与进步具有至关重要的影响。教育科研是教师成长与进步的杠杆，也是教师加速成长与进步的必由之路。以课题为船，以学习为帆，走出一条"学习—实践—反思—总结"之路。

3. 带动团队，助力青年教师成长

作为一名教研员，我积极汲取教育专家学者的智慧精华，不断提升自身的教研、科研水平，充分发挥自身辐射、示范作用，带动团队，引领别人，为青年教师的快速成长做贡献。近几年，工作室培养了200多位教师，他们分别在国家级、省级、市级各类优质课、精品课、说课、说播课、数学讲授核心片段等评比活动中获奖。同时，以先进教研组为抓手，引领课题促发展，我区先后共有90多个数学科组及备课组被江门市教育局授予示范教研科组、优秀备课组等荣誉称号。

4. 名师工作室成立，扬帆鼓劲明方向

工作室的建设思路为"围绕名师、搭建平台、全程参与、培育骨干"。第一是提供教育科研舞台。采取"三重"（即重培训、重研究、重实践）成长模式，构建名师成长立体舞台。推行"走出去，请进来"的策略，前往区、市名校学习交流，邀请名师来校送课讲学，使成员增长见识，提高专业水平；在多层面多形式的历练下，成员实现了从教书匠向科研型教师的转变。第二是构建数学课堂教学模式。工作室以实际课堂教学为载体，围绕省级课题开展研修，形成课堂的范式。第三是构建名师成长模式。工作室力推名师成长公式＝读书+研修+反思+写作，注重成员反思、总结和提升。第四是形成独特的教学风格。工作室以先进理念为指引，依托课题研究为载体，立足课堂教学为主阵地，以探究教学研讨为主要内容，打造"以情触教，以艺深雕"的课堂教学风格。

（三）远航——潜心研究，筑梦远航

研修让视野开阔，研磨让寂寞开花

人生没有最高峰，只有永不止步的教育理想和追求。从2017年开始，我便开始了一拨又一拨的培训，如广东省商庆平名师工作室学员跟岗培训、广东省

中小学"百千万人才培养工程"初中名师培养对象、广东省"强师工程"提升教师能力计划、江门市第五批名教师培养项目、江门市首期青年教师培养项目等，不仅搭建了与名家名师交流对话的平台，也搭建了破茧而出的支架，筑梦远航。

1. 省名师工作室培养，不断追求新高

2018年9月，我加入了充满活力、充满教育情怀的广东省商庆平名师工作室团队。省名师工作室的启动，让我深深地感受到各级领导对数学教学工作、数学教学研究、数学教师专业发展的重视和殷切希望。同时，省名师工作室为我们搭建了良好的交流平台，既是为我们解决教学中困惑的平台，也是切磋与研讨的平台，更是成长与发展的平台。经过这三年的跟岗培训，我满载而归，并在2021年4月获得广东省名师工作室优秀学员的称号。

2. 江门市名师、省百千万人才培养，驶入专业发展快车道

2020年11月与2021年6月，通过层层选拔，我分别成为江门市第五批名教师培养对象、广东省中小学"百千万人才培养工程"初中名师培养对象。正当感到无法进一步突破自我，达到瓶颈的时候，我很幸运抓住了这次高端的深造培训机会，驶入了专业发展的快车道：通过专家讲座，拓展教育理论水平；通过课题研究，增强教师职业灵气；通过读书分享，阅读催生教育智慧；通过聚心练笔，写作积淀专业素养；通过深入课堂，读课历练思维能力。我全面提升自己的教学实践及教科研能力，凝练出自己的教学风格、教学主张，逐渐形成自己独特而系统的教育思想。同时，我发表或出版较高水准的研究成果，努力成为具备教学智慧、教育艺术精湛的教师，在全市乃至全省有一定的知名度和影响力，发挥示范引领作用。

三、学科教育观——凝练教学风格与教学主张 >>>

我的教学风格——以情触教，以艺深雕

具有自己独特的教学风格是名师的标识，从教20多年，我从初出茅庐的新教师逐步成长，凝练出"以情触教，以艺深雕"的教学风格。

1. 以情触教，善导勤诱

"动人心者，莫先乎情。情不深，则无以惊心动魄。"以情触教，将情感贯穿于教学的各个环节，以情激发学生的创造性、发散性思维，并以此去感染学

生，拨动学生心弦，对提高课堂教学质量起到极其重要的作用。我相信，真教育是师生相互呼应的活动，教师只有从内心出发，才能打动学生的心灵深处。教师其身不凌驾于学生之上，而融于学生之中；其心不孤高自傲，而走进学生心灵之中与其心心相通；其所施，不欲独霸课堂，而欲把学生推上主人的地位，犹如春雨般渗入学生心田，润物细无声，给人心旷神怡的感受。

在课堂中，我会以打磨艺术品的心态上好每一节课，特别善于挖掘艺术情感型教材中的情感因素、形象因素，设置与教材相应的情景，让教学语言富有形象性、鼓动性和感染力；对学生态度热情、真挚；性格开朗、情感奔放、风度潇洒。我在反思、总结、提炼中表达出自己的教学风格，促进自己成长为具有领军地位和发挥示范作用的专家型教师。

在教学中，我举一反三，点拨开窍，灵活处理教材，从学生实际出发，切中时机地提出富有启发性的问题，巧妙点拨学生的"悱""愤"之处；能循循善诱，启迪思维；尊重学生的意见，促进学生主动学习，使学生有疑而入，无疑而出；教学语言精练、谐趣；能画龙点睛、一语破的，使学生明规律，得方法；教学风度挥洒自如、宽容和谐。

在学习中，我营造轻松、民主、互通的课堂氛围，注重学生的独立性和参与性，给予每一位学生充分的选择机会和发展的空间，善于发现学生的闪光点，多给予学生表扬和鼓励，使其形成良好的、稳固的学习习惯。走进学生的情感世界，倾听他们的心声，理解他们的学习，真诚地多给予他们关注和关心。发现问题及时了解情况，学生能自己解决的，鼓励和指导学生自己解决；学生解决不了的，我及时帮助解决。

2. 以艺深雕，激趣引思

教学不仅仅是简单的"传道、授业、解惑"，还是一门复杂、高超、具有特殊性的艺术——培养人才的艺术，即"教学艺术"。以艺深雕，用工匠之心雕刻艺术之美。教学本身是一种艺术，艺术最本质的东西是以情动人。我以打磨艺术品的心态上好每一节课，情绪饱满，讲到动情之处，甚至慷慨激昂、扣人心弦，使学生产生强烈的情感共鸣，共同营造出渴望知识，探索真理的热烈气氛。学生在获取学科知识的同时，也得到了人格和情感上的陶冶。

在设计中，我注重深入浅出，条理清楚，层层剖析，环环相扣，构建结构严谨的框架，注重用思维的逻辑力量吸引学生的注意力，用理智控制课堂教学进程，用激情培养学生对数学的热情。我重视创造性思维的培养，讲究教学思路的出新、教学设计的创意性。在教学方法上，我常常是新意迭现，彰显了教师教学的活力和魅力，体现了教师对教材的独到见解、对规律的正确把握、对变化的灵活处置等方面的睿智和聪慧。

在导学中，我追求自然流畅，讲究顺势而为，因势利导；注重激发学生兴趣、引起学生思考，根据学生的思维活动组织教学；营造和谐氛围，倡导有效参与，使学生的学与教师的教产生共鸣，形成学习合力。课堂教学追求真情真实，力图在抽象的数学内容中还原其直观的意义。从教学习惯来讲，我较多地采用对话式教学，重视讲清讲透，强调在追问中自然形成真理性认识，体现原生态的数学味。

在讲授中，我充满机智，各种教学方法、技巧信手拈来，运用自如，恰到好处，丝毫不带有雕琢的痕迹。整个课堂教学的结构就像一种设计好的程序，过渡自然，组织严密，搭配合理，有条不紊。我的课堂讲授体现出教师对各种教学方法的合理运用和对知识重点、难点的准确把握。这是一种高效率的教学风格，是教师课堂教学所实施和追求的一种境界。

我的教学主张——支架式教学下"深究细研，思维灵动"的深度课堂

作为一名初中数学教研员和引领全区的"教练员"，我深知：要想提高全区的教学质量，务必先提升教师队伍的业务素养。结合本区教学实际，"三线"联动，打造名师团队，联动省级课题组成员、片区教研组长、区名师工作室成员，我提出了"深究细研，思维灵动"的教学主张，助力全区师生提升数学素养，发挥数学教育对教师专业发展的促进作用。

1. 深究细研，构建支架式教学

深究细研：深入研究，仔细钻研，有严谨的科学态度，孜孜不倦地研究探索。采用支架式的课堂结构，以"五步五环"教学法为载体，立足于学生最近发展区，利用思维导图构建引领知识体系，通过搭建支架，从基础知识着手，带动学生回顾知识，夯实能力。借助展开支架，提炼解题的方法与技巧，由易到难，循序渐进。活用支架部分，基于课标要求和学情达成度，精心研判、规划、设计、反馈教学内容。最后撤销支架，让学生感悟数学思想，把书本知识纳入自己的认知系统中。

"深究细研"构建支架教学育人新模式，使数学走出常规，走进生活，走向应用，走大众数学之路，实现人人学有价值的数学的新路径。立足数学基础，更新教学观念，聚焦发展学生核心素养，研出精彩、研出创新、研出水平、研出新高度！利用数学解决实际问题，挖掘数学教材内容，展开深层次探索。构建支架式教学新视角，凸显应用，成果丰厚。从生活到数学，从数学到生活，实现对课本知识的拓展与延伸，弘扬传统文化，研究社会热点，结合课堂，落实

"双减"，丰富"双减"下的数学课堂形式。

2.思维灵动，达到深度学习效果

思维灵动：善于迅速地发现和解决问题的思维特征，不呆板，富于变化，表现在观念的流畅性、表达的流畅性和联想的流畅性等方面。通过教师提供学习支架或师生共同构建支架，以单元为主题的递进式学习、以数学问题链为基本指向、以数学思想为基本线索，达到课堂深度学习效果。让学生在认识数学知识的同时形成科学数学观，改变学生对数学刻板、冰冷、枯燥等的消极看法；让学生理解数学，提高数学思维能力；让数学学习自然、顺利，提升学生学习兴趣，让学生感受趣味性、领悟数学的美、获得一种情感上的熏陶和共鸣。课堂设计灵活，思维方法变化灵活，学生学习活跃；技能生成多，正确率提升，课堂容量大且成效快。

让思维作为数学课堂的主线，用灵动的教学语言、教学手段、教学方法构建课堂立体桥梁，点燃学生对数学学科的热爱，让学生逐步学会用数学的眼光观察现实世界、用数学的思维思考现实世界、用数学的语言表达现实世界。主要表现为：抽象能力、运算能力、几何直观、空间观念、推理能力、数据观念、模型观念、应用意识、创新意识九个方面素养的提升。引导教师积极探索基于情境、问题导向、深度思维、高度参与的教学模式，推动教育教学改革，提高学生综合素质，促进学生全面健康成长。

四、育人故事——追求"情意数学"教学思想

"情意"源于我20多年来对初中数学教学的实践探索，不断对区域教学特色经验与实践进行反观、反省、反思。我将先进理念和指引外化为行动，向教育教学的专家虚心求教，与同伴共同研讨学习，确立了"情意数学"教学思想。通过全区开展初中数学支架式教学法研究课程、初中数学课堂深度学习研究课程、中小学教学改革实战能力提升课程活动，围绕"情意数学"核心理念和方法，探索出从"情意数学教学"到"情意数学教育"的有效实践路径。

(一)情意解读

"情意"，《现代汉语词典》的解释为："感情深厚。""情意数学"中的"情"就是情感、情境和情绪；"意"就是意境、意蕴和意义。"情意数学"课堂教学，立足学生核心素养的发展，基于数学眼光、数学思维和数学语言三个维度，探索真实情境、问题导向的互动式、启发式、探究式、体验式课堂教学方式。让学

生逐步养成从数学角度观察现实世界的意识与习惯，发展好奇心、想象力和创新意识；形成重论据、有条理、合乎逻辑的思维品质，培养科学态度与理性精神；形成数学的表达与交流能力，发展应用意识与实践能力。凸显学生主体地位，关注学生个性化、多样化的学习和发展需求，以学科核心素养发展为指向，助推课堂从"浅层学习"走向"深度学习"。

(二)情意内涵

"情意数学"的内涵聚焦"深究细研，思维灵动"，以"情"为根，以"意"为源，以便落点于"情"与"意"的彼此融合、相助、促进。激发学生学习兴趣，引发学生积极思考，鼓励学生质疑问难，引导学生在真实情境中发现问题和提出问题，利用观察、猜测、实验、计算、推理、验证、数据分析、直观想象等方法分析问题和解决问题；培养学生主动学习、独立思考、动手实践、自主探索、合作交流，促进学生理解和掌握数学的基础知识和基本技能，体会和运用数学的思想与方法，获得数学的基本活动经验；培养学生良好的学习习惯，使其形成积极的情感、态度和价值观，逐步形成核心素养。聚焦于更有"情意的教与学"，追求"有情意的数学教育"。

(三)情意课堂

"情意数学"的课堂，以支架式教学为理论基础，开展初中数学课堂深度学习的实践研究。以单元教学为主题统领深度学习，学生学习能力与合作能力的表现(三动)：互动、主动、灵动。支架下以数学问题链设计指向深度学习，学生认知能力与创新能力的表现(七会)：会提问、会自学、会展示、会评价、会质疑、会讨论、会总结。支架下以单元教学为主题统领深度学习，教师教学能力的表现(三能力)：问题转化能力、问题处理能力、及时评价能力得到迅速提高。支架下以数学问题链设计指向深度学习，课堂文化的表现(一生成一发展)：课堂生成自然，思维个性发展。

有料有趣　诗性智性

● 江门市华侨中学　严小玲(初中语文)

一、导读语

严小玲，女，中学语文正高级教师，现任江门市华侨中学语文教师，南粤优秀教师、广东省工作室主持人、江门市工作室主持人、江门市初中语文核心教研组成员、江门市名教师培养对象、蓬江区初中语文兼职教研员、蓬江区名教师、蓬江区最美教师、蓬江区优秀共产党员。30多年里，我先后在湖北省黄冈市浠水县望城实验中学和广东省江门市华侨中学任教，以"仰望星空，脚踏实地，做有温度、有高度的语文教师"的标准要求自己，逐渐形成了"融耕语文，培根润心"的教学理念和"有料有趣，诗性智性"的教学风格。

二、名师成长档案——追风赶月不停留　平芜尽处是春山

我的成长之旅是一段文化与教育交织的叙事。自20世纪70年代从农村出发，地域风俗的浸润让我学会了真诚与坚韧。热爱学习是我成长的不竭动力，勤于实践奠定了坚实基础。重视研究与善于反思成为我成长的关键，让我不断深化对教育的理解。我始终在教育的道路上探索前行，为教育之梦不懈努力，书写属于自己的篇章。

农村娃追风亦追梦。我出生在20世纪70年代的农村，一家五口，是家里的长女。20世纪90年代，我家是村里第一个万元户，这背后是父母辛勤的汗水与不懈的努力。他们吃苦耐劳的精神，成为我日后工作中的不竭动力。父亲豪放能干，待人热忱，担任村队长，每天脚步生风；母亲善良坚韧，勤扒苦做，持家有方；冠以"忙人"头衔的外公是一名老党员，一辈子如老黄牛……他们的言传身教，让我学会了真诚做人、踏实做事。在这样的家庭氛围中，我逐渐成长为村里的"别人家的孩子"——性格开朗、体贴父母、待人有礼；插秧、割谷、种地……样样农活能干；读书自觉，功课优秀，中考以全校第二名的成绩考取了中师。

20世纪70年代的农村生活是贫瘠的、单调的，而乡村原野的风，不知什么时候在少年心中播下了文学的种子。打小，我就喜看书、爱幻想。书，是我的软肋。我读《卖火柴的小女孩》《十里长街送总理》……悲伤逆流成河，泪水一遍遍打湿衣襟。书，亦是我的铠甲。犹记得那个冬日寒夜，因家里做新楼的砖卸在坟场，爸妈要挑运，为防止有人拿走砖，便派我去坟场看守。现在回想一个十三岁的女孩形单影只，要待在月黑风高、树高草密的坟场都毛骨悚然。那时，帮我战胜黑暗和恐惧的是——书，就是在那夜风中摇曳微光的油灯下，我用书中的一个个故事取暖，熬过那漆黑的寒夜。爱读书的我还曾边干农活，边被自己虚构的故事触动得潸然泪下。书，是少年的"诗和远方"。因为读书，我在河水中放流纸船，让它载着少女的梦奔赴远方；因为读书，乡村上的一朵野花、一只飞鸟、一棵秧苗都会成为我童话故事中的主人公……可以说，是书籍的光芒照亮了我前行的道路，也让我勇敢地面对黑暗与孤独。

是农村广袤的天和地，是天空中翱翔的鸟雀和顾盼的流云，是田间地头的野花，是林间无比温柔的清风和雾霭，是溪头哗啦啦的流水和着乡邻们口中的家长里短……常常让我的心悸动着，感受这不染尘埃的真善美。或许，这些纯真的自然之子为我的语文课堂注入了最原始的灵动的风、最诗意的注脚。

初为人师，与生共舞。1993年，从中师毕业、19岁的我被分配到浠水县望城实验中学—— 一所当地小有名气的农村实验中学。我不懂教学理念，没有名师引领，仅仅凭着自己从小对语文的喜欢，带着一帮毛孩子，在语文课上折腾。热情鼓足了风，风张满了帆，初生牛犊不怕虎的我也总是在各种公开课中，意气风发地迎接大家一次次的检阅。慢慢地，我开始崭露头角。

华松林老师是我在语文专业上的第一个师父，他严谨的教学态度和丰富的经验，让我逐渐明白了教学的真谛。在他的指导下，我开始注重文本的人文性，与学生和作品同悲欢、共喜乐，我的课堂也因此变得吸睛、走心。我逐渐形成了率性、活泼、灵动的课堂风格。2003年，正赶上又一轮新课改，华老师郑重推荐我作为参赛选手，参加黄冈市首届语文教学能手大赛。因为备赛，我第一次较为系统地阅读专业理论书籍，第一次理性思考语文课程教学的艺术性、学术性。在参加了论文、说课、现场答辩等环节之后，我侥幸忝列"黄冈十大教学能手"。这一荣誉，不仅是对我教学能力的肯定，更是我成长道路上的一个重要里程碑。至今我仍十分感谢华老师，是他搭建平台，让我夯实了站稳语文讲台的童子功，把我引进语文学科专业发展的大门。

由于我尊重学生的主体地位，巧妙整合课堂内容，注重对教学语言的雕琢，因此我的课堂如一池春水，充溢着"诗性灵性"的美。

综合阅读，初显整合。在专业成长的路上，我遇到了一位值得我铭记终生的贵人——当时黄冈市教学研究院的初中语文教研员王泽芳老师。结识她，是因为在市教研室例行的视导工作中，我讲授"周总理，你在哪里"一课，听课的正是王老师。那一节课，我讲得激情澎湃，或许是我沉浸式的讲解拨动了王老师的心弦，或许是学生精彩的表现感染了王老师。评课时，王老师对我的课非常欣赏，她认为我的课环节清晰，感情真挚，基本功扎实。

"金风玉露一相逢，便胜却人间无数。"慢慢地，随着工作中的接触，王老师温暖的为人、勤奋的态度、扎实的教风对我产生了深刻的影响。是她，带着我进行省级课题"中学语文'综合阅读'"的研究，真研讨，实探索；是她，两次带着我走进了黄冈市中考命题团队，深入课改的前沿。因为不想辜负王老师的鼓励，也为了遇见更好的自己，多少个宁静的夜晚，我挑灯夜战，认真钻研教材，借鉴他人经验。在课堂实践中，我坚决实施课改新理念，摸索着小组合作的方式，尝试着享受课堂生成的乐趣。2009年下学期，我认真反思每节课的得与失并形成文字，清晰地认识到小语文，大生活，即语文课堂要有大语文的观念，要将课内外融会贯通、迁移勾连。诗人顾城说："走了那么远，我们去寻找一盏灯。"王泽芳老师就是一盏灯，她照亮我，引领我，让我去寻找语文教学的灯。

因为"中学语文'综合阅读'"的实践研究，我的大语文教学观逐渐形成。在"寻找春的足迹"的综合性学习活动中，我和学生一起在自然中、在校园里，寻觅春天的踪迹；围绕与春天有关的某个节气，搜集有关谚语；选择与春天有关的诗歌、散文、绘画、歌曲或照片，从中寻觅春的踪迹；以出墙报或办手抄报等形式，展示春的踪迹；创作绘春之歌或者选一幅表现春天景物的画或照片，为它配上三五句诗，或者选一首写春的诗及名句，根据意境配上一幅画，使诗情更形象直观。以"中学语文'综合阅读'"课题研究为依托，我的语文课内容丰富、形式多样，融会贯通，将语文学习的触角多维多向多边向外延伸，提升了学生的语文综合素养，同时我的"融耕语文"的教学理念也初显雏形。

融耕语文，培根润心。2010年，由于工作调动到广东，我来到了现在工作的江门市华侨中学。蓬江区的语文教研员——特级教师周华章甚是勤奋，他率先垂范，带领着蓬江语文教育人不懈追求，力求将语文课上得既有效又有趣，力争将教育理想和应试体系相平衡，力求让课堂成为师生共同成长的生命场。

在他的引领下，我先后加入了多个课题组，在各种教研活动中露脸。

也正是在不断充电的过程中，我愈发感觉到自己的浅薄和无知。2015年我参加了全国的"真语文"活动，在亲耳聆听语文泰斗钱梦龙大师的报告《"真语文"就是脚踏实地地教语文》时，几度泪洒会场。我被这位可亲可敬的语文阵地的守护者的智慧和坚守深深折服了。在观摩了全国特级教师肖培东的"走一步，再走一步"展示课后，我被震撼了，生平第一次听到这样引领学生"在文字里走几个来回"的课！繁华落尽见真淳！"教语文就是要老老实实教会学生学读书"乃至理名言！这次活动，犹如棒喝，犹如惊雷，催我反省：语文到底要教会学生什么？自己教的是名副其实的语文吗？我是不是在整合中丢失了语文性？

任重而道远呀！路在何方？我如饥似渴地拜读了肖培东的著作，仿佛重新打开了语文教学的大门。我重新翻检起洪镇涛的"语言语感教学法"，在语感教学中几度沉醉，在于漪、钱梦龙、黄厚江的语文思想中"拨乱反正"、返璞归真，我认识到自己之前重视人文性，但忽视了语文的工具性，也忽视了言语的形式。这么多年，我耕了别人的田，荒了自己的地。是的，语文课姓"语"，语文课研究的是语言艺术。学语言、用语言是语文课的根本。王君老师说，始终把"语言"作为出发点和着力点。肖培东也说，无论我们怎么定义语文教学，语言，始终是语文教学的灵魂。

于是，我调整了方向，立足语文核心素养，"把语文课上成语文课，用语文的方法教语文"。我左手是王君的"青春语文"，右手是王崧舟的"诗意语文"；与王荣生的《散文教学教什么》相见恨晚，在孙绍振的《文本解读》中流连忘返，眼观课标中"语文学习的外延必须与生活的外延相等"抚额领首，口诵熊芳芳的"语文天生浪漫"唇齿生香。当看到2022年版新课程标准中"设立跨学科主题学习活动，加强学科间相互关联，带动课程综合化实施，强化实践性要求"的规定时，我更加坚定自己"融耕语文，培根润心"的教学理念、"有料有趣，诗性智性"的教学风格。

◎ 三、学科教育观 >>>

(一) 我的教学风格——有料有趣　诗性智性

在30多年的初中语文课堂实践中，我愈来愈深刻地认识到语文课程标准中这些真理的朴素光芒："语文课程应致力于学生语文素养的形成与发展。语文素养是学生学好其他课程的基础，也是学生全面发展和终身发展的基础。"

"努力建设开放而有活力的语文课程。语文课程应植根于现实，面向世界，面向未来。应拓宽语文学习和运用的领域。"教学中，我一直致力于打通课堂内外，链接教材与生活，拓展语文学习的路径，以学生喜闻乐见的方式激发他们对语文的兴趣，扎实而灵动地践行听说读写的训练，提升学生的语文素养，逐渐形成了"有料有趣，诗性智性"的教学风格。

（1）有料：即课堂有知识的干货和杂货，有思维的深度和广度。所谓"干货"，小而言之，是通过语文的教学方法积累相关的语文知识，提升语文能力，达成每一堂课的学习目标，"一课一得，得得相连"；大而言之，则是有效地培养学生的语文能力，提升学生的语文素养。所谓"杂货"，是指教学中有意识地扩大学生的学习空间，丰富学习内容，要把生活当成学生的教科书，而不是把教科书当成学生的全世界。

语言是思维的外化，思维是语言的本质。诺贝尔奖获得者杨振宁先生说："优秀的学生并不在于有优秀的成绩，而在于有优秀的思维方式。"教师要与时俱进，转变传统的教育思维，借助多元化的教学方式促进学生深度学习，带动学生高阶思维的同步发展，扩展学生思维的深度和广度。

（2）有趣：是指教学内容、活动形式能激发学生的兴趣。趣味性是指在教学过程中教师运用幽默生动的语言、灵活的教学技巧等来最大限度地增强课堂教学的趣味性，把抽象的事物具体化、把复杂的事情简单化、把理性的事物感性化、把枯燥的事情趣味化，从而激发学生的学习兴趣，使课堂教学达到事半功倍的效果。

好看的皮囊千篇一律，有趣的灵魂万里挑一。学生是否愿意主动学习、愿意深挖研究，培养兴趣很关键。学生的学习兴趣会直接影响他们的学习效果。

（3）诗性：是指教学语言要有"言值"，教学环节如行云流水，课堂散发着书卷气息。课堂教学中，教师的有声语言和无声语言是表情达意、阐述思想、传授知识的重要媒介。教师只有通过广泛阅读，博览群书，厚积薄发，最后才能锤炼出干净、明快、幽默、风趣、富有感染力的语言来。另外，教师要善于把控课堂氛围，宽松、积极、活跃的氛围会吸引教师、学生、听课者都沉浸其中，春风化雨，润物无声。

（4）智性：立足语文核心素养的提升，是指课前匠心设计有"亮点"，课中有动态生成"亮点"，有思维进阶的"亮点"，有智慧灵光的"亮点"。教育家怀特海说："教育的全部目的就是使人具有活跃的智慧。"虽然教育必须传授知识，但是启迪智慧更有意义。知识传授和智慧培养同样重要。

"亮点"是教师授课的出彩点，是学生思维的通透点，是生命成长的突破点。教师要善于利用自己的教学智慧在课堂教学中寻找"亮点"、捕捉"亮点"、创造"亮点"、利用"亮点"，让教学的"亮点""点亮"课堂，让整个课堂熠熠生辉，处处闪耀智慧的光芒！

(二) 我的教学理念——融耕语文 培根润心

"语文学习的外延必须与生活的外延相等""设立跨学科主题学习活动，加强学科间相互关联，带动课程综合化实施""注重课程内容与生活、与其他学科的联系，注重听说读写的整合"。课标中这些指向明确的要求让我明晰了教学理念—— 融耕语文，培根润心。

我认为，融，就是融会贯通、相融互促，以言语为核心，融内容，融形式，融评价，将语文的触角多维度内外延伸；耕，就是精耕语文学科、深耕学生心灵，通过语文学习，培根润心，提升学生素养。融耕语文，力图为学生创设立体化的学习情境，融语文、生活为一体，融工具性、人文性为一体，融教师的教与学生的学为一体，让母语学习烛照学生的生命成长。

于是，我的课堂融合着生活气息和思辨色彩：有模拟招聘式的现场问答，有签订合同式的字斟句酌，有法庭辩论式的唇枪舌剑，有新闻采访式的即兴发挥，还有由点及面的拓展阅读……从课堂学习到生活实践，从课内文章到课外读写，从语文学科到跨学科，从听说读写等方面激发学生对语文学习的兴趣，让语文课堂成为师生共同成长的生命场，全方面提升学生的语文素养。

党的十八大以来，党中央提出把立德树人作为教育的根本任务。为此，我常常追问自己"为谁培养人，培养怎样的人，怎样培养人"，我该交上一份怎样的答卷呢？语文学科具有工具性和人文性双重特点，为此，我吃透教材，善于从教学中找准突破口，把立德树人、培根铸魂有机渗透到教育教学中，做到既教书，又育人。如引导学生从《秋天的怀念》中读懂真挚亲情，从《邓稼先》中感受爱国情怀，从《回忆我的母亲》中学习母亲勤劳俭朴、宽厚仁慈、坚韧顽强、爱憎分明等优秀品质……让这些"高雅的审美情趣""丰厚的文化底蕴""中华优秀传统文化、革命文化、社会主义先进文化"滋养学生生命的成长。另外，"身正为师"，我始终不忘师德修养，蹲下身子，绽放笑容，以德立学、以德施教，师生融合，带领学生一起求真求善求美。

正是这样，我借助形式多样又注重语感训练的课堂活动来激发学生的兴趣，唤醒学生的潜能、点燃学生的心灵；构建以学生为中心、以语言文字为媒介、以讨论分享为主要形式的语文趣味课堂，取得了比较理想的教学效果。

(三) 他人眼中的我

严老师的文学底蕴厚重而灵动，教学方法富有创意，因而她的课堂是令人沉醉的。可激昂，各抒已见，碰撞出智慧的火花；可沉思，深沉静谧，滤去浮躁的心性；可诗意，温婉细腻，追求美好的未来。她的课堂如高山流水，自然流芳，本色率真，总是让人沉浸其中。

——江门市华侨中学教师　刘婉月

严老师对工作充满热情，她的课堂充满笑声，富有诗意与智慧。课堂上，她常常引经据典，格言、古诗、成语、典故信手拈来，用诗一样的语言将大家带入美好的语文世界，让学生尽情享受学习语文的乐趣。她的一个笑脸，一个鼓励的眼神，让学生雀跃而自信。下课了，学生们仍意犹未尽，总能看到一群学生围着她，一起探讨语文。

——江门市华侨中学教师　邹凯

我眼中的严老师是幽默风趣的，她上课时总是在不知不觉中以表演的方式让我们更好地理解知识，也让我喜欢上了语文。下课时，在与我们的闲聊中，她又变成了一名"00后"。亦师亦友，我觉得便是形容我们师生关系最好的四字词。我眼中的严老师是一名"语言大师"，她总是滔滔不绝地变着法儿讲述知识。我觉得她的词库好像哆啦A梦的肚子，可以变出好多好多词语，而且还不带重复的。

——江门市华侨中学2020级学生　唐语新

四、育人故事——星星之火，可以燎原

一次饭局上，我偶然遇到在江门小有名气的作家老乡，听她聊起江门的历史，那悲壮的宋元崖门海战、那来自宫廷御厨的古井烧鹅、那海外谋生的华侨故事、那些熠熠生辉的侨乡院士……那是第一次有人给我讲述江门的逸闻趣事，顿时让我对脚下的这块热土油然生出敬畏之情，我一下子就喜欢上了这座拥有丰厚历史底蕴的古朴小城——江门。

可是，岁月悠悠，穿越几百年历史的风烟，而今，生活在盛世的江门五邑学生，生活在这片热土上的学生对其中的历史又有多少了解？他们对身边的这些湮没在历史尘烟的往事又有多少热情呢？

而我作为他们的语文老师，有义务在他们的心中播下一粒了解和关注它的种子，以期这片土地永远润泽。对此，我又能做些什么呢？

【反思：《义务教育语文课程标准》(2022年版)指出，语文课要全面落实立德树人根本任务，要"形成自觉的审美意识，培养高雅的审美情趣，积淀丰厚的文化底蕴，继承和弘扬中华优秀传统文化、革命文化、社会主义先进文化，增强对习近平新时代中国特色社会主义思想的理解和认识，全面提升核心素养"。

"一方水土养育一方人"，作为教师，我们应该有开发课程资源的意识，应该深刻地认识到：地方文化是一个地方人民群众智慧和汗水的结晶，是这个地方人们存在的理由和方式，是这片土地的血脉和灵魂。作为语文教师，我们理应成为地方文化的继承者和传播者，让地方文化成为语文教学的重要资源，让地方文化成为培养学生素养的重要组成部分。培根润心，学生爱乡爱国，无愧于生养他们的这方热土，同时拥有面对世界的原始的资本和原初的动力。】

机会不负有心人。学习文天祥的《过零丁洋》时，我觉得要利用这一契机，在学生的心中点燃"爱我侨乡，爱我祖国"的火花。课前，我上网搜集、整合了大量的史料：关于南宋最后的灭亡，关于规模宏伟的慈元庙、林木庇荫的杨太后陵、顶风排浪的崖山奇石、奇异神灵的蟠龙山桔、金锁铜关的崖门炮台，以及皇帝碗山、唐宋古窑址等，还有许多充满爱国主义、民族精神的民间故事和古今名人凭吊崖门的诗碑……备课过程中，我心潮起伏。遥想那震古烁今的惨烈一幕，浴血奋战却全军覆灭的宋军，跳海殉国的十余万军民，惊天地泣鬼神、为世代所传颂的文天祥的形象在我脑海中日渐清晰，再读他的临终绝唱《过零丁洋》时，我不禁泪湿衣襟。在浩如烟海的历史长河中，在华夏的精神遗存里，这惨烈决绝的一幕为宋朝画上了句号，也给后世留下了一座永恒的人文丰碑。

可是，我的学生呢？你们有多少人知道曾经就发生在身边的这些朝代更迭的故事？又有多少人能体会到民族英雄文天祥的爱国心曲、千古绝唱？

【反思："教师应创造性地理解和使用教材，积极开发课程资源，灵活运用多种教学策略，引导学生学会学习。"语文教师要高度重视课程资源的开发与利用，创造性地开展各类活动，将学生"引向自然，引向社会，引向生活"，增强学生在各种场合学语文、用语文的意识，多方面提高学生的语文能力。

而五邑侨乡丰富深厚的文化内蕴，为身处侨乡的师生进行教学和人文素质教育提供了宝贵的资源。教师应因地制宜，充分利用这一资源，努力将侨乡文化有机融合在教学过程之中，使我们的教学既教书，又育人，既能完成教学任务，又具有五邑侨乡的地域特色。】

上课时，我询问学生们：有没有去过崖门古战场？知不知道珠海伶仃岛？可怜这些孤陋寡闻的孩子茫然不知，于是我动情导入新课：翻开中华民族厚重的历史，许多鲜活的面孔浮现在我们的眼前，岳飞、屈原、戚继光、郑成功……他们为中华民族的进步作出了重要贡献，今天我们共同认识一位南宋末年的民族英雄——文天祥，并学习他的《过零丁洋》。课堂上，我告诉学生们，这首诗系作者被俘时所作，包含了文天祥后半生艰难曲折的人生经历。我适时补充了创作背景，介绍了诗人的经历。然后师生采用游戏的方式——老师给学生讲述故事片段，学生说出故事和哪句诗照应并理解全诗的内容。在我讲述崖山战役——宋军将数百艘战舰自行凿沉，超过十万众的南宋军民，包括皇帝、太后、丞相、官员、士兵、妇女，宁死不屈，纷纷蹈海自尽，真可谓是全军覆没，战船沉没上千，海上浮尸十万…… 我分明看到了学生们眼中的泪水。

我继续追问学生："虽然文天祥一生流离，苦不堪言，但他依然保持着大丈夫的情操，诗的尾联发出了怎样的呐喊？这是一种怎样的精神与气魄？"有学生回答："这两句诗是诗人精神的写照，他视死如归，大义凛然，有着不屈的精神与气魄。""有人说要以成败论英雄，作为将领，文天祥并未能挽救危亡的朝廷，你觉得他还是英雄吗？"学生们一阵议论后，给出了一致答案："我们看重的，不是他的成败，而是他的精神与气节。他的气节证明他就是英雄。"说得多好呀！不以成败论英雄，英雄之所以为英雄，在于他的担当，在于他的精神，在于他的节操！所以，文天祥与他的诗歌始终光耀着千秋史册，他的精神永远不朽！

在本课的尾声，我问学生们："文天祥的精神让人惊叹，你们还能列举出类似的事例吗？"一石激起千层浪，学生思维的火花已经被激活，他们争相发言："邓世昌与致远舰共存亡。""岳飞誓死抗金。""屈原宁死不屈投江而亡。""蔺相如宁为玉碎，不为瓦全。""苏武执汉节牧羊十九年。""朱自清宁可饿死也不吃美国的救济粮。"

至此，我欣慰地看到，一曲《过零丁洋》让学生们的内心都受到了深深的震撼！我趁热打铁："文天祥的躯体倒下了，但是他的精神却升上了历史的高度。作为侨乡的少年，我们要走进这片热土，去聆听其中的历史回音。同学们，到崖门古炮台去走一走吧，去听听海浪讲述这千古传诵的绝唱，去触摸千年礁石上镌刻的历史痕迹吧，你一定会有新的发现、新的感悟！在如今和平安定的年代里，我们应该更爱我们的家乡、更爱我们的祖国。我们每一位同学都应该志存高远，树立报效家乡和祖国的远大理想，勤奋进取，努力学习，为建设家乡、振兴中华打好坚实的文化基础。"

看到学生们近乎燃烧的眼眸、神圣的神情，我轻轻地舒了一口气：也许，今天的这堂课，在学生们的心中点燃了一些"爱家乡爱祖国"的火花吧，谁说这火花不会在明天燎原呢？

穿越到当下，想到《觉醒年代》中陈延年、陈乔年等先烈的故事，"经过一千多天的煎熬，孟晚舟终于回到了祖国的怀抱"的故事，我想，下周的班会课，我已经有主题了——"信念的颜色——中国红"。

【反思："培养什么人、怎样培养人、为谁培养人"，为我们教育工作者擘画学校育人蓝图。北大教授钱理群指出，"引导我们的孩子去了解自己生于斯、长于斯的土地，去发现、领悟、认识其中深厚的地理文化和历史文化，去关心这块土地上的普通人民，和他们一起感受生命的快乐和痛苦，并把这一切融入自己的灵魂与血肉中，成为自我生命的底蕴与存在之根。这将为他们一生的发展，奠定一个坚实的丰厚的精神底子"。

"有料有趣，诗性智性"，因为对教育的责任感、使命感，我穿越古今，打通教材与当下生活，让学生们通过一首古诗的学习，见自我，见天地，见众生。】

以暖育心　启智增慧

● 江门市蓬江区杜阮镇杜阮中心初级中学　黄秀琴(初中物理)

一、导读语

　　黄秀琴,女,初中物理高级教师,现任江门市蓬江区杜阮镇杜阮中心初级中学物理教师,蓬江区名教师。从教以来我努力做到"言传身教,为人师表",先后被评为江门市优秀教育工作者、蓬江区优秀共青团员、全国物理应用物理竞赛优秀辅导老师,发表《浅谈有效课堂的构建》《以实验为载体,优化物理课堂互动》等多篇教学论文,分别获国家、省、市级奖,发表。我在学校"莲品教育"的文化浸润下,努力构建"暖启智"的"531慧莲"课堂,逐步形成了自己的教学风格——以暖育心,启智增慧。

二、名师成长档案——"慧美"之师,如莲绽放

　　1997年,我从新会师范学校毕业后,开始了初中教师的职业生涯。二十多年的风风雨雨,二十多年的酸甜苦辣,我默默地耕耘,坚守着"献身教育事业,不负母校栽培"的教育初心,培育了一批又一批在各行各业绽放美丽的如莲学子。

(一)第一阶段:"慧"入门(1997—2015年)

　　由于工作的需要,1997年7月我从中师毕业以后就被分配到初中任教,当时我不知道能不能"搞定"这些仅仅比我小五六岁的弟弟妹妹。爸爸这个曾经当了四年兵的退伍军人，虽然平时低调寡言，但这一次却开"金口"鼓励我说："作为一名新老师，你平时一定要勤早上班，勤快做事，对人要谦虚有礼，服从安排，遇到问题主动向别人请教。"然后他默默地给我买了一个新的陶瓷杯，还细心地帮我系上了一条手工编成的小红绳。就这样，我带着自己的梦想和家人的期盼，开始踏入教坛。

1.胆大心细，勤于育人

教师是人类灵魂的工程师，班主任是班集体的灵魂，是学生们模仿的榜样。

刚进教坛，我连续担任了7年的班主任，我关心热爱每一位学生，与他们打成一片；常与学生谈心，教他们如何学习和做人。为了更好地了解每一位学生，我还利用课余时间和周末到学生家里进行家访。印象最深刻的一次是晚上到小李家进行家访，因为家长白天要上班，所以我只能晚上去。由于天黑路窄，我还被那窜出来的狗吓得把车骑到池塘边上，幸好人没事。当然，这些小插曲没有影响"胆大"的我去家访的心。这次家访以后，小李开始慢慢敞开心扉，与我交流他内心的想法。因为小李的篮球打得很棒，后来在我的鼓励下他还当上了体育委员，成绩也慢慢有了进步。

2.大胆尝试，勤于学习

1998年到2005年我完成了学业的进修，还阅读了大量德育和教学方面的书籍，如《师道》《江门教育》《班主任之友》《中学物理》等。我积极参加教学改革，常虚心向有经验的老师学习，争取机会在校内和外出听课，学习别人的长处，大胆进行尝试，开拓创新，不断优化课堂结构。同时，我主动承担镇和学校的物理公开课和示范课任务。2004年我以"光的折射"为题上了一节区级公开课，为了让课堂"动"起来，充满生命力，我利用多媒体教学、演示实验、分组探究实验等，得到了同行们的充分肯定。最后区物理教研员刘老师在小结时很真诚地肯定了我的优点，也提出了他的一些看法："黄老师这一节课虽然亮点很多，她能够让学生体验更多的物理实验，而不是用视频代替实验，但是我觉得黄老师带得太快，太注重课堂动的一面，没有静下来让学生思考。课堂上的'静'是学生知识的自我构建、能力的自我形成、思想的自我碰撞，是'动'的准备和铺垫，所以我们一定做好实验前的引导。"

于是我开始优化教学设计，在实验前做好前期准备，让学生潜移默化养成分析问题的习惯，掌握物理实验研究的基本方法，例如，控制变量法、转换法、等效替代法……做到动静结合，张弛有度。

（二）第二阶段："慧"成长（2006—2012年）

1.敢做敢拼，育人育心

"早起的鸟儿有虫吃。"我于2006年至2008年开始担任学校的团支部书记，2007年至2009年担任年级长。我继续勤奋务实，严格要求自己。除了严格要求自己，我还严格要求学生。我像"孙悟空"一样，用一双"火眼金睛"去扫射每一个学生的仪容仪表，从上而下，从外及内。日常纪律管理方面，我每天早早地站在校门口，看学生上学有没有迟到的；课堂上去巡查，看学生有没有趴桌、讲话、搞小动作的；下课期间也去巡查，看看有没有学生窜班、窜级、躲楼顶的。那时候的我，让学生"闻名色变"。然而，我知道学生害怕我，也不喜欢我。

2009年，我们学校曾经举行了一次"最受学生欢迎"的老师评选活动，胡老师众望所归，被评为"最受学生欢迎"的老师。于是我向胡老师请教，她说："对于学生的教育要'暖'，不能太硬太冷太急，要给学生留一点面子、时间和空间，让他们学会自己反思错误、认识错误，老师再引导他们如何改正错误。我们要做有温度的教育者，而不是赤裸裸地说教。"

这次以后，我开始遵循规律，把学生的思想教育、良好行为习惯和学习品质的养成贯穿于教育教学的全过程，实施于各项活动中。我担任年级组长期间，集体凝聚力强，级风学风良好，成绩优异，为学校2007年和2008年荣获蓬江区中考成绩一、二等奖作出了贡献。

2.名校跟岗，丰富自我

2011年我有幸参加广东省中小学教师跟岗学习培训，我跟岗的学校是东莞市长安实验中学。此次培训周主任鼓励我们除了要教学生学会学习，让学生得到发展，自身也要实现"专业化"发展，争取成为研究型的实践者和反思型的实践者。而物理名师张教授的讲座，让我知道了理论是客观的，方法是主观的，让学生掌握学习的方法和技巧比单纯掌握理论更重要，只靠观察或做实验，是难以总结规律的，必须进行科学的思考。培训结束以后，我撰写的论文《以实验为载体，优化物理课堂互动》在全国中文核心期刊《中学物理》发表。2012年，我顺利通过了初中物理高级教师的评审。

（三）第三阶段："慧"蜕变（2013—2020年）

1.科研促教，专业成长

2013年，胡老师成立了蓬江区名师工作室，经过她的努力，短短的两年时间，就有一批优秀的年轻老师在她的带领下茁壮成长。于是我又向胡老师请教，胡老师说："一个人跑得快，一群人跑得远，你现在要开始尝试带一群人跑的时候了。"于是在胡老师的帮助下，我开始推进课堂教学改革，促使课堂上形成和谐的新型师生关系——合作互助的"进退共同体"，学生得以全面发展，教师得以专业发展，达到共赢的教育教学目标。2015年，我组织一批教学骨干开展了江门市基础教育课程体系改革实验"自主学习的学与教实践研究"的课题研究。研究的重点是如何解决三个问题：一是教的问题，二是学的问题，三是科学有效的问题。

经过两年的研究与实践，学校教师队伍的专业化成长迅速，一大批教师在国家、省、市、区的各类比赛中均获佳绩，受到上级教育部门的肯定。课题成果《自主学习的学与教实践研究》在《江门教育》2017年第4期发表。

2. 借旧立新，初成风格

2014年学校成为蓬江区"莲品"特色学校，于是学校在谢教授"两先两后"课题的基础上进行优化，进行"两先两后+小组合作"的慧莲课堂的研究，在课堂上构建"三为主"（以学生为主体，以训练为主线，以生成为核心）的教学机制，并做好以下三点：一是研发校本教材，二是构建课堂的基本流程，三是科学组建合作学习小组。

经过几年的课堂教学改革，2019年迎来了丰收年，我在江门市实验创新大赛中获得一等奖，物理科组获得蓬江区优秀教研组，学校被评为蓬江区先进集体。

（四）第四阶段："慧"引领（2021年至今）

1. 融通吸纳，特色鲜明

2020年12月，我有幸成为江门市第五批名教师培养项目中的一员，并开始了研修之路。在学习的过程中，我被刘良华教授"粤派教育与兴发教学"专题讲座深深吸引，"粤派教育"主张"自信、自得、力行"，即"以人为本，独立思考、知行合一"。这时作为学校副校长的我，开始了新一轮的课堂教学改革，2023年初我校申报了区级课题"基于逆向设计理念的初中课堂教学模式的研究"。学校以"345教前研"为抓手，以备课组为单位，以单元教学为主题，以现场说课为路径，推动"531慧莲"课堂教学模式的构建。"531"课堂教学模式：即测学讲研评五个环节，自学、精讲、共研三种教学方式，实现终点和目标相一致的教学效果。

2.与时俱进，融合创新

学校以戴爱莲先生"人人皆可舞蹈"理念为主线，建设具有互动性、渗透性、传承性的主题文化区、多功能展示区、多功能体验区，搭建可视、可感、可触的活动平台，打造"人人皆亮相，人人皆成长""处处皆体验，处处皆育人"的特色校园文化。

近年来，"莲品"特色教育全面开花，学校教育教学质量稳步提升，师生参加各级各类比赛获奖人数再创新高。

三、学科教育观——让每朵莲花在"亮相"中成长

>>>>

(一)我的教学风格

福楼拜曾说："风格是思想的血液。"格林斯基认为："风格是思想的浮雕。"经历这些年的自我发现、自我认识、自我改善、自我塑造，我的教学风格究竟是什么？我一度迷茫，后来在学校"莲品教育"的文化浸润下，我努力构建"暖启智"的"531慧莲"课堂，逐步形成了自己的教学风格——以暖育心，启智增慧。

从教20多年，我的人生格言是"可以成功，可以失败，但不可以放弃"。是的，一路走来，我从来都是坚守着"献身教育事业，不负母校栽培"的教育初心，从未放弃。我坚信，不放弃任何一个学生，用智慧做有温度的教育，便会唤醒沉睡的"幼苗"。

1.暖育心

"春风化雨，润物无声，呵护学生的自尊心，给学生予以尊重，让学生真正从心灵深处感化和触动，这才是教育对爱的诠释。"我关爱每一位学生，尤其关爱那些潜力生。

2022年3月9日，我跟学生们一起学习摩擦力，讲到摩擦力分滑动摩擦和滚动摩擦两种，正当我准备演示这两种摩擦力的区别时，发现有一个学生坐不住了，小屁股移来移去，凳子也弄出了响声，于是我立刻叫学生们看着他说："看，这位同学正在做的就是滑动摩擦，因为在运动过程中，屁股这个摩擦面固定不变，这样的摩擦就是滑动摩擦。"这时全班学生哄堂大笑起来，那个开小差的学生也不好意思地摸摸脑袋。我就顺势说："感谢这位同学作示范，请坐好，好吗？"这个学生不好意思地点了点头。课堂上，我努力做到关注每一个学生，尊重每一个学生，建立新型民主和谐的师生关系，我的这个做法得到了学生们

的肯定。

2."慧"育人

大多数"优秀""完美"的学生，他们在成长成才的过程中，都离不开三个关键词：自信、自律、自主，因为这三个品质足以成就学生的一生。自信说的主要是学生的心理状态，自律指的是学生对于学习和生活的态度，自主说的就是学生的生活和学习的能力。于是我以爱与尊重为前提，构建"三自""慧"育人模式。

作为"三自""慧"育人的成功案例，小杰经过两年的"慧"教育，从原来一个坐不住、不主动学习的学生，变成了一个会尊重别人、有自律性、会自主学习、阳光自信的少年。(具体详见育人故事)

(二)我的教学主张

学校以"人人皆亮相"为路径，五育并举，搭建平台，努力实现"人人皆成长"的目标。我在学校特色教育的文化浸润下，形成了"暖""慧"的教学风格，所以我的教学主张是："暖"成长，"慧"亮相。

1.暖启疑，"慧"设计

"学贵有疑，小疑则小进，大疑则大进。"课堂教学不主张直接将方法教给学生，而是抓核心问题，通过设计问题层层推进，让学生经历由简单到复杂，由特殊到一般的解决问题的全过程，使他们在猜想、设计、实验、交流的过程中建构解决问题的模型，在认识冲突中辨析、反思、调整、助推他们对知识深度的理解，以及对方法的提炼和归纳。

(1)开展教前研，实现单元整体教学下的变"顺"为"逆"。

基于我校开展的课题研究，在教学设计上，我们突出了一个"变"字。以单元整体教学为主题，变顺向设计为逆向设计。教研组在进行教前研的时候，主要开展新一轮的课堂教学改革，把标准转换成学生的"学习目标"，进行逆向设计，并据此设计与目标相匹配的问题(主问题和子问题)进行评价，再依据问题选择内容和设计学习活动。备课组成员轮流主备，通过人人亮相说课，提升教师队伍的整体水平。

(2)开展"531慧莲"课堂教学模式的重新构建。

重新构建课堂的教学模式是：目标引领—问题导向(测)—任务驱动(学)—活动载体(讲、研)—当堂检测(评)—总结反思(评)。目标引领，把学生带到哪里(终点)；问题导向，学生在哪里(起点)；任务驱动，到达终点要完成哪些任务；活动载体，完成任务的过程，每件事具体怎么做；当堂检测，完成任务的质量，有没有到达终点（学习目标）；总结反思，反省学习的过程与结果，发现问题与不足，研究对策，补偿修复。在活动设计方面，必须有学生亮相环节，要让"亮相"成为课堂的常态。

2. 暖启趣，"慧"发现

"知之者不如好之者，好之者不如乐之者"，教师在课堂教学中要善于激发学生兴趣，让学生有想法、有动力、想尝试、肯动手，有效开启学生的学习之旅。老师要创设情境，创造机会，多鼓励，让学生通过自己的"慧"眼发现问题。学生有了发现问题的"慧"眼，思维更容易被激活，想象力更容易被激发，学习的内驱动力就更强。

例如在揭秘浮沉子原理的时候，一定要提醒学生学会观察用手挤压瓶子浮与沉的时候，里面吸管内空气体积的变化，从而得出浮沉与排开水的重力有关，浮沉子与潜艇都是通过改变自身重力来实现浮沉的。

3. 暖启思，"慧"探究

没有探究、没有思维的物理课是没有灵魂的。教师要善于启发学生进行思考，自主设计实验，让学生在活动中有经历、有体验、有感受、有探索，帮助学生在走向结论的过程中探索规律，习得方法。

"慧"探究是学生能够体验成功和快乐的前提，表面上是要求学生自主设计，但是任务上具有合作性，在教师的学法指导下，学生基本上能够"自主"掌握基础知识。但作为核心的"自主设计"，个体一般很难独立完成，需要学生之间的思维碰撞、头脑风暴、引导启发等才能实现，甚至有的自创性实验需要学生、教师、家长参与合作才能完成。合作探究不仅能突破个体思维的狭隘，而且能培养学生在完成一个任务时求同存异的团队合作精神。

4. 暖启移，"慧"创新

有的老师，为了应试教育，只重视书本里的考点实验，对于一些课外的小制作、小实验一点都不重视。其实，通过拓展外延，对学生反思有着积极的作用，因为只有通过知识迁移，学生才能了解自己对于所学知识掌握的程度，是否真正做到学以致用，举一反三。

我鼓励学生以小组为单位，在课外亲自动手做一些小实验、小制作或者小发明，并且在课堂上展示他们的成果，真正让他们在"玩"中实现能力的提升。如在学习本节内容后，为了让学生更好地掌握浮力的知识，我还给学生设计了两个任务，一个是自制热气球，一个是自制浮沉子，并且以小视频的形式上交。学生实验选用材料多样且新颖，视频编辑精美，这是我意想不到的收获。

（三）他人眼中的我

1. 学生眼中的我

老师是一位暖心姐，当同学们出错时，老师会用开玩笑的语气来调侃，这样不仅提醒了我们，让大家注意这个易错点，还保护了犯错同学的自尊心。老师会让我们进行讨论交流，让每一个同学的见解能够充分表达，还能发现不同解题方法的优缺点，引导我们找到解题的捷径。

——2020 级（7）班学生　黄淑芳

2. 同行眼中的我

黄老师的课各种教学方法技巧信手拈来，运用自如，恰到好处，并丝毫没有雕琢的痕迹，整个课堂教学的结构就像是一种被设计好的程序，过渡自然，组织严密，搭配合理，有条不紊。黄老师讲解、分析、论证时思路清晰；提问、讨论、练习时，照顾到学生的接受能力，这是一种"慧美"的风格。

——学校物理科组　梁老师

3. 领导眼中的我

黄老师很有智慧，能与时俱进，走在教学教研的前沿，带领团队进行教学改革研究；能优化教学设计，让学生进行自主学习和合作探究，注重培养学生的动手能力和严谨的科学思维能力。

——蓬江区片区物理教研组组长　郑老师

四、育人故事——给生病的孩子送上暖心的"自学锦囊" >>>

当孩子遇到困难的时候，就是我们进行教育的最佳时机，这个时候对他们进行什么教育最好？古人言："授人以鱼，不如授人以渔。"可见从老师的教学中，学习到好的学习方法比学到具体的知识更有利于孩子的进步。而只有自主学习，才能总结出最适合自己的学习方法。所以，初中阶段培养孩子的自主学习能力特别重要，而在孩子遇到困难的时候进行渗透效果更好。

2022 年的 10 月 17 日，我发现小杰没来上学，便找班主任了解情况，班主任说小杰生病了，估计要请一个星期左右的假。于是我就打电话给小杰的爸爸，细心询问小杰的情况，后来知道他的病情不是很严重时，我提起的心才放下来。但是我又放不下他的学习，担心他回来以后学习跟不上，于是经他爸爸的同意，我就和小杰加上了 QQ 好友，方便他在遇到困难的时候联系我。从那以后，小杰经常会在QQ上问我问题，然后我就耐心解答，还给他讲一些有趣的物理解题方法。当小杰做得好的时候，我会及时对他进行表扬和鼓励，我对他说："学习要做到自主。梁启超在《敬业与乐业》中说：'苦乐全在主观的心，不在客观的事。'一个人如果总是在催促下学习，总是认为自己'被迫'学习，他还能体会到学习的快乐，那才是头等怪事。相反，一个人如果能够以研究的心态，自主地去学习，就能逐渐获得自由，进而找到学习的快乐。所以不妨把心态放积极一点，掌握学习的主动权，这样你在家休养的这段时间就会觉得非常充实了。"10月24日，小杰回学校上学了，我发现他物理自学进度比其他在校上课的同学还快一些，而且他上课变得"稳如泰山"了，不再像以前那样上课的时候犹如陀螺一样动来动去。

五、教学现场与反思——亮相中成长，体验处育人 >>>

【教学内容】

人教版八年级物理下册第十章第一节"浮力"。

【教材分析】

"浮力"选自人教版八年级物理下册第十章，共三节内容。这部分内容是"力""运动和力"与"压强"的进一步延伸和综合运用。"力"的学习让学生知道力的三要素以及应用力的示意图描述力，这为学生认识浮力提供了基础。在"运动和力"的学习中，重点学习了二力平衡的状态与条件，为学生分析浮沉条件做了知识上的准备。"浮力"这一单元主要包括三个部分，包括测量浮力的大小、影响浮力大小的因素、分析浮力产生的原因，在寻找影响浮力大小因素的过程中，总结出阿基米德原理与浮沉条件。

【学情分析】

八年级下学期的学生在知识储备和能力水平上，都开始出现较明显的分化。"受力分析"是学生进行力学学习的关键技能，在浮力教学中要进一步强化。学生普遍对"控制变量法"思想有所理解，在实验设计中要加强对不同方案的对比和评估。学生的"运动与相互作用"观念还在发展之中，在评价活动中要引导学生把浮力置于大观念之下。

【教学目标】

(1)知道什么是浮力及其方向。

(2)会用称重法测浮力。

(3)通过探究影响浮力大小的因素,培养学生分析概括能力与动手操作能力。

【教学重点】

探究影响浮力大小的因素,基于证据得出结论。

【教学难点】

探究影响浮力大小的因素的设计实验,检验猜想。

【教学过程】

活动一:什么是浮力?

创设情境,提出问题。——【暖启趣,"慧"发现】

(1)展示"辽宁舰"相关资料,了解"辽宁舰"的基本情况。

师:(问题1)"辽宁舰"为什么在水中不会下沉?

生1:因为水对物体有一种力的作用。

生2:我觉得物体应该同时受到重力和浮力作用,之所以不沉入水中,是因为浮力的方向与重力的方向相反。

【设计意图:了解"辽宁舰",增强学生对国家的认同感和荣誉感;回顾受力分析及二力平衡的知识。】

(2)运用演示实验,确定浮力的方向。

师:(问题2)同学们回答得非常好,我们就把这个力称为浮力,生活还有哪些事例能够证明浮力的存在?浮力的方向是怎样的?

生3:鸭子在水中游泳,游泳圈在水面漂浮。

生4:我觉得浮力的方向应该是垂直向上。

【设计意图:引出学生对浮力方向的错误前概念,为建立正确的浮力方向做准备。】

教师活动:自制教具进行演示实验,将乒乓球用绳子固定在玻璃容器底部,向玻璃容器内倒入水,直至将乒乓球完全浸没;观察乒乓球和绳子的状态;再把大烧杯放在斜面上,再一次进行观察。

师:(问题3)浮力方向是怎样的呢?

生 5：无论玻璃容器是倾斜还是水平放置，红绳始终都在竖直方向被拉直。

【设计意图：演示实验的现象打破学生之前错误的概念，增强学生的求知欲，总结出浮力的方向。】

活动二：自主设计测量浮力的方法——【暖启思，"慧"探究】

师：(问题4)力有方向还有大小。测量力的大小通常用哪个仪器？如何测量出小铁块的浮力？

生 6：先用弹簧测力计测量出小铁块的重力，再将铁块放入水中，读出弹簧测力计的示数，然后两者相减就是浮力。

师：这个设计方案非常好，请各小组尝试用桌面上的仪器来做一做。5分钟之后我们进行各小组交流展示。

体验活动 1：准备好实验器材(弹簧测力计、铁块、烧杯、水、盐水)，测量小铁块浸没在水中所受浮力的大小，注意观察小铁块浸没过程中弹簧测力计示数的变化。(老师巡视)

【设计意图：了解实验原理，利用弹簧测力计，总结出浮力的测量方法称重法，观察实验现象，为接下来探究浮力的大小与哪些因素有关做准备。】

活动三：浮力的大小与哪些因素有关？

(1)提出猜想与假设。

师：(问题5)回想一下刚才的实验，在我们把物体慢慢浸没的过程中，弹簧测力计示数是怎么变化的？

生 7：弹簧测力计的示数越来越小。

师：(问题6)浮力的大小和可能与哪些因素有关呢？

体验活动 2：把矿泉水瓶用手按入水桶，水瓶进入水中越深，手感觉有什么变化？

生 8：我们觉得水瓶进入水中越深，手感觉向上的力越大，而这一个向上的力就是浮力。也就是说，水瓶浸在水中的体积越大，浮力就越大。

师：从这个实验中你们觉得浮力可能与什么因素有关？

生 9：我觉得浮力可能与物体浸在液体中的体积有关。

生 10：我觉得可能与物体浸没的深度有关。

师：(问题7)除了刚才的体验，你们能不能联系一下生活经验，再猜想一下呢？

生 11：我觉得可能与液体的密度有关。

生 12：我觉得可能与物体的密度有关。

【设计意图：回顾以上活动所观察到的现象，再联系生活，引发学生思考，唤起学生的求知欲。】

(2)设计实验方案。

提供实验仪器(弹簧测力计、铁块、铝块、铜块、橡皮泥、烧杯、水、盐水、煤油、刻度尺),让学生自主设计实验方案。

师:(问题8)刚才我们猜想浮力的影响因素有这么多,在设计实验的时候,应该要注意什么?

生3:要采用控制变量法。

生4:要做好实验分工,收集数据。

生5:要设计实验表格。

学生分组探究:浮力大小与物体的密度的关系;浮力大小与液体的密度的关系;浮力大小与物体浸入液体的体积的关系;浮力大小与物体浸没的深度的关系;浮力大小与物体形状的关系。

【设计意图:学生根据已有的物理知识和教师提供的实验器材,在设计过程中感受探究的乐趣。】

(3)分组进行实验、收集数据。

师:同学们要分工合作,相互帮助,共同完成实验。(老师巡视,并及时指导)

【设计意图:培养学生利用表格收集数据的能力。】

(4)交流结果。

师:现在以小组为单位,先在组内分析实验数据,各小组之间再交流结果。

生16:浮力大小与物体的密度无关。

生17:浮力大小与液体的密度有关。

和18:浮力大小与物体浸入液体的体积有关。

生19:浮力大小与物体浸没的深度无关。

…………

【设计意图:此次实验定性分析浮力大小与哪些因素有关,通过学生自主实验,培养学生的设计实验方案的能力,分析数据得出结论,分享经验,增强学生合作学习的能力。】

【课外活动】拓展延伸,玩起来——【暖启移,"慧"创新】

师:同学们今天的表现很棒,值得点赞。老师这里有两个有趣的问题请同学们回去思考并尝试动手做一做,看以下两个问题如何解决。

(1)把蜡烛先粘在杯子上,再缓缓注入清水,观察蜡烛有没有浮上来?然后再把蜡烛推倒,观察蜡烛有没有浮上来?请联系实际,我们生活里有哪些事例与之类似?

（2）将一个乒乓球放入倒置的饮料瓶中，然后向瓶内注入水将乒乓球浸没，如右图所示，乒乓球保持静止状态，则乒乓球（　　）

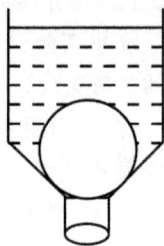

A. 仍受水的浮力

B. 不受水的浮力，也不受水对它的压力

C. 不受水的浮力，但受水对它的压力

D. 无法判断

【设计意图：通过趣味小实验，激发学生的课后学习动力，使其继续保持对物理学习的浓厚兴趣，并且培养学生的迁移能力，为学生学习浮力产生的原因做好铺垫。】

【教学反思】

（1）本节课是基于初中物理学科核心素养的单元教学设计。我们将浮力单元分为三个课时来完成：第一课时为感知浮力，通过创设工程情境——"辽宁舰"，完成浮力的方向、浮力大小的测量和探究浮力大小与哪些因素有关的教学内容；第二课时为实验探究课，探究浮力的大小与排开液体所受重力的关系；第三课时为浮力产生的原因，主要教学内容为浮沉条件，让学生理解潜水艇的工作原理并自制潜水艇。

（2）在整个教学设计中，教师主要为学生的学习提供支架，创设问题情境，不断提出问题，引发学生自主思考，再回答问题。提问的学生人数较多，让更多学生有了亮相的机会。

（3）本设计避免了传统浮力教学中出现的一次性探究，实验方案相对自主开放，能更好地培养学生设计实验方案的能力，为学生体验成功创设机会。

（4）对于知识的强化和迁移，也不再采用传统的习题检测，而是让学生运用所学习知识进行动手体验再实践，解决实际问题，提升学生的问题解决能力。

生活语文：让学生"活"起来的语文

● 江门市江海区礼乐中学　彭　妮(高中语文)

◉ 一、导读语

　　我是彭妮，一名中学语文高级教师，目前在江门市江海区礼乐中学任教，同时也是江海区名班主任。回顾我的教育之路，从读书、教书，再到育人，这是一段不断寻找自我、发现自我、塑造自我的历程。我在反思中学习，在反思中成长，最终走向成熟。曾经，我在语文学习上极度不自信，却阴差阳错成为一名语文老师。那段学习经历，让我面对语文时总是"抬不起头"，我也一直在思索：语文为什么如此让人难以靠近？成为专业语文教师后，我在无数"语文坑"中辗转摸索，渐渐发现，语文并非那么扑朔迷离，它有着自己的规律，语文是生活化的语文。一直以来，我们过于忽略生活，一味追求"高大上"，殊不知，只要我们用心品味语文中的生活，就能让自己"活"起来，让生活变得更加精彩！

◉ 二、名师成长档案

　　在成长过程中，许多人和事不断影响着我，促使我在这个过程中认识自我、反思生活与学习，最终成就了现在的自己。

(一)启蒙期：独特的家庭教育——"小人书"与《新华字典》

　　家庭教育对个人发展的特殊作用不言而喻，在我的语文学习生涯中，家庭便是我语文启蒙的重要场所，那是一种别具一格的家庭语文教育方式。

　　从我记事起，家中就有一个小小的"小人书库"。我的阅读启蒙源于母亲，她用家里的废纸皮与废品回收站交换，换回来的"废品"竟是一本本小人书，这对我来说，无疑是一笔巨大的财富。我给每一本小人书都编了号，还记得上小学前，我的床头柜里装满了 101 本小人书。这些小人书内容丰富多样，涵盖了战争故事、神话故事、戏剧故事等。像那本戏剧故事《宇宙锋》，尽管当时我有些看不懂，但依旧爱不释手。

我还有一本 1954 年出版的《新华字典》，这是我与专业语文知识的初次邂逅。妈妈给我的小人书中有许多我不认识的字，爸爸便把他读书时用的这本字典给了我，它保存得很好。自从有了这本字典，我的阅读水平有了显著提升，从单纯的读图迈向了文字阅读。文字带来的想象空间与图片截然不同，它更加广阔、深邃。

学龄前，在父母这两位家庭启蒙老师的引导下，我开启了阅读之旅。家庭教育虽未直接传授语文知识，却通过阅读拓宽了我的视野，让我沉浸在文字与图片的世界里，语文也在不知不觉间走进了我的内心。

（二）生长期：路漫漫其修远兮

1. 求学之路"漫漫长"

在小人书库和字典的陪伴下，我度过了欢乐的幼儿时光。

进入中学后，由于学习基础不够扎实，爸爸将其归咎于我看"杂书"，一句"你精力不够，不要再看这些与课本无关的书"，仿佛在我与课外书籍之间竖起了一道高墙。从此，我只能在课本知识的海洋里艰难"挣扎"，语文也成了让我感到最自卑的学科。

大学时，我阴差阳错被分配到中文系。起初，我以为自己难以毕业，但大学四年，我畅游在书的海洋中，逐渐忘却了对语文的恐惧，曾经与语文之间的隔膜也慢慢消失。以前，我对语文，尤其是中学语文，实在爱不起来，并非我不想爱，而是不知道该如何去爱。直到上大学，那种熟悉的感觉才再次涌上心头。

2. 入职初期：对"技"的追求

我的语文教学生涯大致可分为两个阶段。前期，我专注于钻研教学"技巧"，常常独自冥思苦想；后期，我开始走向"生活"，而且不再是单打独斗，身边有一群可爱的学生相伴。

大学毕业后，我满怀憧憬地踏入中学校园，带着各种美好的教学设想。然而，与学生交流后我才发现，理想与现实之间存在着巨大的差距。我所在的是一所农村学校，校内没有图书馆，多数学生的志向是高中毕业后进入美容美发类的技术学校学习。我向学生们推荐阅读四大名著，他们却普遍反映看不懂，要知道，我在小学时就已经读完了四大名著。当有学生问我"曹操是男是女"

时，我深刻意识到了问题的严重性。

我将学生们的这些问题归结为成绩因素，心想如果能提高他们的成绩，他们便会有更多时间提升自己。于是，我观察其他老师的课堂教学，把工作重心放在提高学生的考试分数上。经过一轮教学实践，我摸索出一套适合本校学生的考试技巧，学生成绩得到了迅速提升，学校的升学率也有所提高。就这样，我在技巧训练的道路上走过了近十年，其间取得了一些令人骄傲的成绩。

但在骄傲之余，我也察觉到了问题。学生在练习答题技巧的过程中，只是机械地跟随老师，学习主动性明显不足。这种被动学习在做选择题时问题还不太明显，然而在主观题作答上效果就大打折扣，这也是单纯技巧训练存在的瓶颈。学生对语文的兴趣仅仅停留在追求分数上，这无疑是语文学科的悲哀。我们都明白，对于一门学科的学习，如果只是被动接受，缺乏主动参与，最终必然会受到影响，就像"强扭的瓜不甜"一样。这种缺乏温度的学习方式在语文学科中极为常见，也是语文老师面临的尴尬处境——不爱语文就学不好语文，而过于功利的学习最终也会受到功利的限制。

3. 醒悟：探寻生活化的语文（回归生活）

如果说前期我追求的是考试技巧，那么后期我在语文教学中便有了更高层次的追求，与其说是我的要求，不如说是一种醒悟。语文是生活化、自然化的学科，只有探寻到语文中的生活元素，才能真正走进语文的世界。

在教 2015 届学生时，我做了一些小小的教学调整。我希望学生能发现语文的美与可爱之处，让他们感受到语文值得热爱的地方，从而变被动学习为主动探索。我打造了"共享课堂"，将学生引入课堂的核心位置。每篇文章正式教学前，我会让学生先阅读，然后自主选择对文章感兴趣的地方，任何方向都可以，我再三强调选择的自由性。毕竟"仁者见仁，智者见智"，有些课文不受学生欢迎，并非其本身不美，而是学生的思维层次与老师、专家不同，我们眼中的美，学生未必能看到。

在学生选择的基础上，我再依据语文教学要求进行筛选，确定合适的主题，并进行加工处理。因为是自己选择的学习方向，学生们会主动进行比较，思考老师与自己想法的差异，并探究差异产生的原因。

把语文学习内容和方向的选择权交还给学生，就是遵循"我需要，我学习"这一自然规律。学生的学习需求往往源自生活，有了生活需求作为动力，学习的积极性自然会增强。这一教学转变，成功调动了学生的学习积极性，让他们从被动学习转变为主动探索，思维也变得更加活跃，形成了具有自驱力的学习模式，真正的学习就这样产生了。

（三）发展期：专家引领，在学习中成长

在调整教学方式的同时，我也不断进修，提升自我，在专家的引领下为自己"充电加油"。

2013年，我被评为江门市江海区基础教育系统首批名班主任；2015年，我参加"国培计划"——示范性教师工作坊高端研修项目高中语文培训；2017年，我参加"强师工程"中小学心理健康教育教师系列培训项目——省级名班主任和名班主任培养对象心理健康教育专业能力提升培训（广东第二师范学院），并成为广东省名班主任黎妙嫦工作室成员，进行了为期两年的学习；2018年，我成为江门市余妙霞名师工作室学员；2020年，我成为江门市第五批名师培养对象（广东第二师范学院）。

我始终走在学习的道路上，将所学知识不断应用于教学实践，逐渐形成了属于自己的教学风格。

● 三、学科教育观

（一）我的教育风格解读

简单概括我的教育风格，就是"生活"二字。

语文是大众的语文，是充满生活气息的学科，语文教学更应贴近生活。

为什么要提出生活语文课堂呢？汉语言承载着五千年的灿烂文明，其中既有高雅的"阳春白雪"，也有充满烟火气的"下里巴人"。老师向学生介绍诗文魅力时，学生虽能看到美、感受到美，但部分学生不会主动去追求这种美，因为他们觉得太过遥远。很多时候，我们向学生宣扬诗文魅力，虽能赢得赞叹，却也在无形中产生了距离感：这样的语言，似乎遥不可及。

让学生感受美固然是语文教学的目标之一，但更重要的是引导学生创造美。如果一堂课能让学生沉浸其中，自由探索，那无疑是成功的。然而，在现实中，我的学生想要真正"爱上"语文并非易事。课堂上，老师讲得绘声绘色，学生们听得津津有味，却往往不愿付诸行动。这并非他们懒惰，而是达到老师所展现的境界实在太难。

我认为，生活化的自然语文能够引导学生主动投入对美的创造中，让他们既能沉浸于优美的语言中，又能创造属于自己的美。

我的生活语文课堂体现在内容、语言、形式三个方面的生活化。

1.内容生活化

内容生活化，就是深入挖掘教材中的"生活"元素，创造性地运用教材。很多学生对语文不感兴趣，原因之一就是觉得"学了没用"。如果将教学活动与现实生活紧密相连，把课本知识应用到实际生活中，学生就能发现、感受并创造生活中的美。

语文教师应深入研究教材，精心备课，巧妙创设生活情境，将语文课堂与学生的经历、体验相结合，拉近学生与生活的距离，以课本为指引，引领学生走进生活这个大课堂，为学生提供广阔的语文学习背景。

这一理念贯穿于我所有教学设计的始终。在课程设置，尤其是大单元任务学习内容设置时，我会充分考虑教材文章的时代性和现实生活意义，选择相关方向让学生思考，这样既便于学生理解，又能培养他们的高端思维。

例如，在选择性必修上册第一单元鉴赏英雄群像的教学中，我的单元设计如下：(1)找出各位英雄的特点；(2)分析英雄的共性；(3)表达自己对英雄的态度；(4)列举成为英雄所需的品质；(5)思考自己与英雄的差距，并制定一份成长时间表，规划如何从现在成长为心目中的英雄。前四点是对文章内容的熟悉，而最后一点则与时代生活紧密相关。整个设计围绕"如何成为英雄"展开，成为英雄既是时代需求，也是个人理想，认识到自己与英雄的差距是现实，成长时间表则为学生从现实走向理想搭建了一座桥梁，这也是该任务设计的亮点所在。

这样的设计避免了说教，可操作性强，更贴合学生的生活实际。学生能从所学文章中找到可模仿、可学习之处，进而促使他们阅读更多作品，从他人的文章中汲取经验教训，这对他们的人生大有裨益。

2.语言生活化

语言生活化，就是引导学生发现生活中语言文字的魅力，培养学生感悟语言美的习惯，让他们在生活中运用美的语言，让生活更加美好。

如今，各种教学技巧充斥课堂，使得课堂有时会出现"失真""失实""失效"的情况。多媒体技术出现后，很多老师花费大量时间制作课件，希望借此吸引学生、丰富课堂。我并不否认这些技术对课堂效果有一定的作用，但我们不能忽视语文本身的魅力。图片展示虽能拓宽学生视野，却也可能限制学生的思维。语文的魅力源自语言文字本身，过度依赖多媒体技术，就会掩盖这份魅力，这样的课堂并非我所追求的。

在课堂上，我较少使用多媒体，而是注重引导学生体会文章中语言文字所蕴含的真实情感。比如，"女孩子的脸红得像苹果"和"女孩子的脸红得像猴屁股"这两个简单的比喻句，由于喻体不同，所表达的情感截然不同，"苹果"给人可爱诱人之感，"猴屁股"则让人觉得不堪入目，通过比较就能体会到表述者的情感色彩。再如，我给学生展示了一篇小朋友的日记："今天两位姐姐和我一起掏鸟窝，妈妈也参与了。"看似简单的一句话，仔细品味就能发现其中的奥秘，从语序上看，"姐姐"在"我"前面，"妈妈"在"我"后面，体现了小朋友对同伴的渴望，"妈妈参与"则展现出融洽的亲子关系。

每一句话，无论内容多么简单，都是说话者内心思想的外在体现，语序、用词、标点等都蕴含着说话者的情感。只有品味语言，才能体会其中韵味；只有养成品读文字的习惯，才能发现语言文字的魅力。学生的学习源于对文字的体悟，能力源于对文字的运用，真正的语文能力在语言学习过程中得以培养。当学生发现日常生活语言的美，并养成运用美的语言的习惯时，他们的生活也会变得更加美好，这样的学习才是真实有效的，才具有价值。

3. 形式生活化

形式生活化，就是让语文学习方式与学生的实际生活接轨。语文课程标准指出，语文课程应引导学生在真实的语言运用情境中，通过自主的语言实践活动，积累语言经验，掌握祖国语言文字的特点和运用规律。诗歌和文言文是很多学生语文学习的难点，原因就在于这两种文体在实际生活中缺乏应用场景。

以我的作文思维课为例，学生从小学到高中，往往对作文课心怀恐惧。我一直希望设计一种课堂，最大限度地训练学生的表达能力，让他们学会表达、敢于表达。基于此，在作文思维训练课上，我设置的问题都是学生日常生活中接触到的，比如"为什么选择在校外就餐?""为什么你认为班会课要搞活动?"（要求学生从至少5个不同角度找出理由）等。这样做是为了引导学生从不同角度思考问题，因为学生在列举议论文小分论点时，常常从单一层面、单一角度出发，导致论点层次单一、缺乏梯度。如果直接使用高考模拟题，学生可能会难以理解，而用生活化的内容启发他们，接受度会明显提高。经过多次这样的训练，学生的思维得到拓宽，能力也有所提升。

当课堂内容和形式都贴近生活时，学生的学习兴致会显著提高，学习主动性也会随之增强。课堂是一个特殊的生态系统，兼具自然生态和文化生态的双重属性。只有在自由、和谐的环境中，学生才能实现真实发展，达到自主学习、师生互动、生生互助的良好状态。

(二) 我的教学主张

我的教学主张是让语文回归生活。

语文作为人文社会科学的重要学科，是人们交流思想的汉文及汉语工具。既然用于交流，就应服务于日常生活，提升生活品位。2020 年修订的《普通高中语文课程标准》提出"以核心素养为本，推进语文课程深层次的改革"，同时强调要引导学生丰富语言积累，培养良好语感，掌握语文学习方法，养成良好学习习惯。

长期以来，学生将语文视为"洪水猛兽"，即便付出诸多努力也难以学好，更谈不上热爱。这是因为学生找不到学习语文的"需求"，语文长期被当作考试科目，这种被动地位使它逐渐边缘化。高中生的认知能力(包括感知观察能力、记忆能力、有意识的想象力、辩证思维能力和目的性注意力)已有所发展，如果语文回归生活，与生活融为一体，学生就能发现语文的"美"；感受到语文的魅力，学生才能在学习中"活"起来。

生活语文课堂，能让语文重新赢得学生的喜爱，回归其应有的重要地位。

(三) 他人眼中的我

1. 同行眼中的我

彭老师专业素养扎实，充满教育情怀，是一位非常优秀的老师。在语文教学中，她尊重学生的发展规律，追求课堂的自然生成，善于激发学生的学习兴趣。她不仅注重培养学生的语文能力，还关注学生情感的丰富与发展，让教学目标在课堂中自然生成并充分凸显，是一位值得学习的教育者。

——正高级教师、广东省特级教师、江门市首批基础教育系统名教师、
江门市余妙霞名师工作室主持人　余妙霞

2. 同事眼中的我

彭妮老师的教学风格独特。教学过程中，她目标明确、思路清晰，以一条主线贯穿课堂，不会将课堂每个环节都预设得过于满当，为学生之间、师生之间的交流预留了充足的生成时间。她驾驭课堂的能力极强，灵活性高，能根据学生交流的内容随机应变，不断拓展延伸，极大地激发了学生表达交流的欲望。而且，彭老师教学情绪饱满，角色定位精准，对学情了如指掌。她不仅传授语文学科知识，还经常将德育融入课堂，巧妙地将学生学习生活中的问题与课本内容相结合，自然地给予学生启发，达到了"润物细无声"的境界。更重要的是，彭老师人格魅力十足。优秀的语文教师往往热爱生活，善于观察和发现

生活中的美，彭老师就是如此。课堂上，她常常会列举许多生活实例，我曾听过她的一堂课，举例多达 7 个，每个例子都生动形象、语言幽默且内涵丰富，让人深受启发。学生被彭老师丰富的教学内容所吸引，被她热爱生活的精神所感染，自然而然会向她治学为人的标准靠拢，她起到了很好的模范带头作用。

——新入职的语文老师　厉姿滟

3.学生眼中的我

她是一位风趣幽默又不失严格的老师。在她的课堂上，我们不仅能学到课本知识，还能对课文形成自己独特的理解，从不同角度获得全新的认识。她的课不拘泥于课本和教案，讲解内容不仅有课文理解、考点教学，还有关于人生的思考，或浅显易懂，或发人深省，对我们都大有裨益。

——2019 届毕业学生　区芷琴

● 四、育人故事——自我提升"重塑"亲子关系，开启成长新篇 >>>

在我教学生涯里，发哥，也就是刘泳发，是个让我印象深刻的学生，他担任班里的体育委员一职。

有一回，因为家长拒绝给他买新球鞋，他一气之下旷课了三天。等他情绪稍微稳定些，我便找他谈心，一起回顾那天发生的事。原来，他的球鞋已经破旧不堪，确实到了该换的时候，可父母却因为对他的学习成绩不满意，不仅拒绝了他的请求，还说了不少伤他自尊心的话。

我深知，不少家长在亲子沟通方面缺乏技巧，容易情绪化。所以，我非常理解发哥当时的委屈和愤怒。我没有急着批评他旷课的行为，而是向他提了几个问题："不买学习用品，这是谁的过错呢？""要是不上学，最终承担后果的又是谁呢？"经过这几个问题的引导，发哥很快意识到，不给他买鞋是父母处理不当，但选择旷课逃避，最终受损失的还是自己，这两件事的因果关系被自己弄混淆了，他不禁有些懊悔。

发哥越说越激动，直言觉得自己父母素质不高，言语间满是对父母的不满。我知道，这时候单纯的安慰起不了太大作用，得帮他找到解决问题的方向。于是，我和他深入分析起亲子关系来。我诚恳地给出建议："亲子之间的血缘关系是天生的，无法改变，但想要提升父母的素养，其实可以从提升自己做起。当你足够优秀，比如成为一名大学生，父母会为你感到骄傲。为了能与优秀的你相匹配，他们自然会注意自己的言行，改掉一些不好的习惯。"

没想到，这一番话深深触动了发哥。从那之后，他像是变了个人似的，学习格外刻苦。日子一天天过去，两年后的那场考试，他凭借自己的努力考上了本科。如今，他已经成为一名地理老师，在自己的岗位上发光发热。

在教育学生这件事上，我始终坚信，那些高高在上的大道理往往不接地气，很难真正走进学生心里。相反，从生活实际出发，用实实在在的例子和经历去引导学生，往往能达到更好的教育效果，帮助他们在成长路上找到正确的方向。

汗水与快乐交织，用爱与真诚造梦

● 江门市江海区江南小学　梁丽容(小学体育)

一、导读语

　　梁丽容，女，小学体育高级教师，现任江门市江海区江南小学体育教师。回首相望，时光如梭，我已在教育这个行业里耕耘了三十个年头。在每一个与孩子为伍的日子里，我把自己的爱心、耐心和恒心无私地奉献给孩子们，孩子们纯洁的心灵、简单的快乐也影响着我，使我感受着满满的快乐与幸福。教学相长，在教学过程中我不断地实践和反思，开辟一条属于自己的教学道路，逐渐形成了独特的教学风格：大胆创新、寓教于乐。

二、名师成长档案

(一)幼苗期：快乐童年，玩闹中打基础

　　我出生在恩平市朗底镇这个老革命根据地的小山村，由于当时地势险恶，交通不便利，我们家乡的发展比较落后，大人们都是日出而作，日落而息，孩子们的日常娱乐就只是玩捉迷藏、赛跑等，我们在这天然的"运动场"上无拘无束地奔跑与攀爬，在田野和山间留下了快乐童年的记忆。这也让我在玩闹过程之中锻炼出了好的体魄。

(二)成长期：若无伯乐识，何来千里马

　　我从小在玩耍中练就的强健体魄和灵敏身姿，使我从选拔中脱颖而出，光

荣地成为学校的一名篮球队员。在体育老师系统的训练下，我的球技突飞猛进，代表学校到县城参加比赛，取得了优异的成绩。在比赛过程中，恰逢恩平体校的吴教练为选拔体校田径队队员来观看比赛，我的初中体育老师便向他推荐了我，于是我便顺理成章地成为体校吴教练的学生。在吴教练的专业指导和循循善诱下，我的田径专业水平不断地提高，后来顺利地通过了中考测试，成功考进了江门体育运动学校，真正成为一名飞出大山的"凤凰"。古人说"世有伯乐，然后有千里马"，在吴教练这位伯乐的悉心教导下，我时刻努力不敢松懈，最终不负众望，越过开平浦桥，跨进了我梦寐以求的学校大门。

而在江门体校我又遇到了另一位改变我人生轨迹的恩师——我的班主任杨老师。在我读书期间，她无微不至地照顾着我们，与我们同吃同住，一起训练，闲暇时间还会与我们谈心，耐心地解答我们的疑惑，帮助我们树立了正确的人生价值观。与她相处的这三年里，她就像母亲一样给予我们关心与爱护，这让我深刻地感受到教师这一职业的伟大。从此我立志成为一个像杨老师一样的人，奋斗在教育岗位，用自己的专业与行为教导学生，为国家与社会输送一个又一个体育人才。

（三）枝繁叶茂期

1.背井离乡的教育梦

毕业后，我在杨老师的推荐下来到了江南小学，成为一名光荣的人民教师。彼时的江南小学并不像现在这般设备完善，环境优异，有的只是一扇锈迹斑斑的小铁门和几栋老旧的教学楼。虽然来之前已经早有了解，但我还是被眼前的一切震惊了，这时我脑海里想起杨老师的身影，回想我的初心，那便是成为一名教师。既然环境不好，那就建设好，设备不足那就自己做，不要因为一点小小的困难就放弃自己所热爱的事业。教书育人才是本心，有困难，那便克服困难。

2.筑梦之路，有苦有乐

踏入工作岗位的第一节课，就让我体会到教师的不容易，而想要当好一名体育教师更难。孩子们的活蹦乱跳、各种疑难问题让初出茅庐的我招架不住，我忙着回应的同时课堂一片"沸腾"，场面难以控制。一节课下来，我已满身大汗，累得瘫软下来，我也切身地感受到了当教师的艰难。但我并没有放弃，此后我尝试改变策略，跟孩子先打好关系。每次上课时，我先带着学生在白玉兰树下活蹦乱跳，比比谁跳起来摸得最高，还要比比谁能在十多米的篮球场随意跑动的时间最长，速度最快，等等，每节体育课我都与孩子们一起玩，乐此不疲。我逐渐赢得了孩子们的信任，他们也越来越爱上我的课。

3.反思过往，展望未来

起初我都沿用这种方式上课，可偶然有一次，我在跟其他学校的一位老师交流学习时，他说的一席话，使我受到了很大的触动。他说："你们学校对你们的教学要求不高，跟你们学校各方面的客观因素有关，给你们一种山高皇帝远、工作任君行的感觉。你们现在会感到很舒服，可是，你想过吗？假如你一直这样发展下去，不居安思危，万一你跟不上时代的步伐，你就会被社会淘汰。"那晚我失眠了，回想起那位老师语重心长、推心置腹的教导，我认真反思了这几年的教学历程，真正认识到自己的教学仍有许多地方值得改进。我没有重视自己在体育教学专业道路上的发展，我不能够因为眼前的小小成就就沾沾自喜，不然我会对不起所有曾经关心和支持我的人，我更对不起我自己，对不起自己曾经那个伟大而光荣的目标。从此之后，我开始反思过往，重新出发，对自己的教学方式进行改进，不再按部就班，而是不断学习沉淀，提升自己的教学水平，为成为一个比昨天更优秀的教师而奋斗。

4.跬步千里，在积累中前进

不积跬步，无以至千里。我认为任何一件有意义的事情都不是一蹴而就的，教育也是如此。没有哪个老师现在的教学方法与风格和曾经的一模一样，世界上没有两片相同的树叶，教育方法也是在教学开展过程中不断地总结积累下来的。孔子也说过，教育重点在于因材施教，对于不同年代如"90后""00后"的学生就要采取不同的教育方式，才能够事半功倍。教育过程中我也会不断地反思总结。这一节课哪些环节是意义不大的，哪些环节能够更好地达到教育目的，我都会记录下来，并将其运用在后续的教学中，从而使教学达到预期的效果。

● 三、学科教育观

(一)快乐体育

首先我重新制订了自己的教学计划，收集体育教学资料，摘抄有关教学的精彩片段，认真备课，精心设计课堂练习，手写每一节课的教案并重复修改，用课余时间打磨课堂教学。同时，我通过多种途径请教相关的体育专业老师，向有经验的老师学习，经常到兄弟学校听课，有时还主动邀请优秀的老师到我们学校看我上课，帮我评课，因材施教，因地制宜，围绕教学目标开展教学实践活动，突出重点，突破难点。课后我做好反思工作，并且在吴丽珍老师的帮助下逐渐养成一种每天都认真反思自己教学的习惯，复盘哪些方面做得比较好，哪些方面还没有做好。在睡觉之前，我还会把第二天要上课的内容像放电影一样在自己的脑海里播放一次，熟悉教学内容。在课堂教学过程中，我认真观察和摸索学生的特性，根据他们的年龄特点设计不同类型的游戏，例如，针对低年级的学生，我设计了模仿小动物跑跳；而针对高年级的学生，我设计了"捕鱼"等追逐耐力游戏，充分利用游戏形式让学生体验轻松愉快的学习情境，大胆创新，寓教于乐。

例如，在教学立定跳远时，我没有直接讲授立定跳远的技术，而是先跟学生玩"青蛙捉害虫"的游戏，再慢慢过渡到把立定跳远的技术动作融入教学当中。可由于我们学校的活动场地非常有限，每个班的学生又多，考虑到当时最多的一个班有72名学生，我便从安全的角度设计教学方案，安排学生进行原地或小范围的活动游戏，基本上都是以练习身体素质和跳跃等游戏为主，再融合每个项目的技术水平进行教学。

后来，随着社会的发展及领导的努力，我们学校发生了翻天覆地的变化，学校的运动设施设备越来越好。我迎合学情，与时俱进，创造出适合各年龄段的游戏。例如有学生说："老师，操场太晒了，一圈的距离又太大了，长一点距离的跑步练习跑起来好像很晕。"我就利用短距离的折返跑接力游戏来完成耐久跑的训练。有的学生身在福中不知福，完全没有想到以前的我们是多么奢望能有这么近乎完美的大操场。于是，我又想出了一个"坏主意"，凡是在练习长跑时，我经常带领学生在自然地形中像蛇一样绕着标志物体拼命跑，并适当奖励跑得快或尽力跑的学生。小家伙们来劲了，高兴得你追我赶，累得满头大汗，有的说"老师，我终于追上你了"，有的说"老师，我差一点就追上你了"。就这样，一节枯燥无味的长跑练习课在学生们的欢声笑语中结束了。我根据学生的年龄特征寓教于乐，同时也在不知不觉中培养了学生吃苦耐劳的精神，学生也越来越喜欢上我的体育课了。

（二）情境教学

在快乐体育的实践中，体育课堂教学的情境性是非常重要的，愉快的学习情境是快乐体验在小学体育教学中得以实施的基础要素之一。有什么样的情境，就有什么样的基调，我转变了教学思想，摒弃了陈旧、呆板、老套的教学方法和思路，不断创新并大胆实施新的教学方法，以满足学生的好奇心。我制造问题情境，激发他们的求知欲，增强认知的驱动力，将以"教"为中心变为以"学"为中心。我认为兴趣是最好的老师，当学生爱上运动才会主动去运动，所以我将体育教学过程置于愉悦的情境之中，使学生在无形之中便能感受到快乐、亲切和自由。同时，我善于在适当的时候给予学生鼓励和肯定，让他们体验到认同感和归属感。在学生顺利完成某个动作或某项任务时，要及时地给予鼓励和肯定，使学生真正体会到愉悦，产生继续学习下去的欲望。在集体活动项目中，将学生团结在一起，使他们真正体会到一种安全感，以及同伴的关心和关怀。尤其在需要同伴协助才能完成的项目中，我利用这样的机会，使同伴之间建立信任和合作意识，合力完成某项任务，从而增强他们对集体的认同感和归属感。

（三）勤反思，善改正

原来我上课的时候，尤其是上公开课的时候，只求一路顺，从导入到结束，一路顺风，越顺心里越有底，但现在想来，那时的想法是自己驾驭课堂能力不足的表现。真正的课堂并不是这样的。对于新知识，学生的反应是多种多样的。有的学生之前可能就有所了解，大部分已经掌握，也有的学生可能只是一知半解，还有的学生可能了解得更少。如果想要一路顺，那就只是教师与尖子生的课堂，无法关注到全体学生。因此，教师既要尊重学生之间的差异，又要调动各个层次学生的兴趣，开展分层教学，即给会的学生展示的机会，给有点儿了解的学生提升的机会，给零起点的学生参与的机会，让他们最终也能学会。有些问题，需要出错。有些知识就是在不断出错、改错、再出错再改错的过程中，逐步建立起正确的概念。一下子就对的学生不是没有，可是那样的学生是少之又少的，我相信大部分学生还是需要在不断交流中找到问题所在，最后通过思考整理才会得出正确的结论。在课堂中，我力求让学生们感知，出错的不一定就只有差生，不要嘲笑出错的同学，谁都有可能出错，出错了不要紧，不要小看错误，要正确对待错误。错误就是学生原来的认知起点，老师要知道如何利用学生的思维因势利导，以便唤起全体同学的思考，让学生在交流讨论中学会合作，学会倾听，学会修正自己的错误。学生在原有的起点之上提高多少，这不单是学生新的收获，同时也是我的收获。每当看到学生们主动参与课堂教学，他们的一言一行、一颦一笑都是那样潇洒自然时，我会由衷地感到开心，可以说他们就是我不断提升自我教学水平的动力来源。

（四）他人眼中的我

（1）领导：梁丽容老师思想上忠于人民的教育事业，尽职尽责，积极奉献，服从学校的工作安排，办事认真负责，出色完成了本职岗位承担的工作任务。作为科组长，她带领科组成员积极开展科组的教育教研工作，制订学生特长的培养计划，为学生的特长训练付出了汗水与智慧，组织学生参加区内外的体育竞赛，均取得优异的成绩。

——×××校长　×××

（2）同事：爱洒操场、情倾体育，梁丽容老师作为一名体育教师，她却总说："不会科研的教师不是好教师，没有科研的教学不是高质量的教学。"她的课堂教学深受同学们的喜爱，她还带领学校运动员参加各种赛事，取得优异的成绩。

——同事　×××

（3）学生：梁老师是一位工作认真、尽职尽责的好老师，她一直以来对我们都是无微不至的关爱。梁老师在授课内容方面非常全面，比较注重对学生的全面培养，对待学生也很认真负责、有耐心，既是良师也是益友，我们都很喜欢她生动、有趣的课程。

——2010 届三年级一班学生　×××

（4）家长：梁老师是一位性格开朗的老师，工作负责任。她的教学方法很适合孩子们，大家都非常喜欢她。我们家长也很尊重和佩服她。我的孩子现在已经是一个全面发展的好孩子，梁老师的倾心付出得到了很大的收获。感恩我的孩子能遇到梁老师这么优秀的老师。

——2015 届三年级一班学生家长　×××

◎ 四、育人故事

作为一名班主任，我希望自己班的学生个个成绩优良，品行端正，但特殊生的存在是不容忽视的客观事实。一般来说，造成"特殊生"性格问题的常见原因之一就是家庭方面带来的影响。想要解决"特殊生"的教育问题，首先要从思想教育入手，深入了解学生出现问题的原因，解铃还须系铃人，积极地与学生和家长沟通，帮助学生走出"困境"。

记得我是在四年级的时候跟黎老师合作接到这个班级的，当时有一个叫小严的同学让我印象非常深刻，他有着桀骜不驯的性格，十分叛逆，但又非常内向，不愿意与老师和同学们打交道。后来小严还出现了厌学的情况，在课堂上打瞌睡，和同学吵架，唯独在我的体育课堂上小严的眼里是有光的，但是我也明显看得出小严在压抑着自己的天性，不敢和其他同学一起合作锻炼。出现了这样的问题，作为小严的班主任我也是义不容辞，主动约到了小严的家长，到他们家里家访，了解一些情况。

通过和小严家长的沟通，我了解到了具体情况，原来小严生活在一个离异的家庭。小严的奶奶非常强势，要求小严妈妈把所有的家务活都包揽了，小严爸爸受到影响，脾气变得越来越暴躁，对小严的妈妈也越来越冷淡、疏离。小严在这种高压的环境中长大，形成了既叛逆又内向的性格。想到自己不仅没有给小严带来幸福和快乐，反而让小严跟着自己受苦受累，小严妈妈最终受不了家庭暴力主动离婚，带着儿子开始了新的生活。

通过家访了解到这样的情况后，我明白是原生家庭对小严的身心产生了巨大的影响。我看到小严在体育课上眼里有光，证明他是热爱体育的，因此我尝试通过体育锻炼帮助他走出困境。

在常规体育课上，我就发现了小严的身体综合素质很高，是一个练田径的好苗子，于是我推荐他进入学校的田径队。虽然小严是阶梯队的队员，年纪比较小，但他训练很认真，有时候他还主动要求挑战年纪比他大的哥哥姐姐们。所以我特别关注他，每当他表现很好时，我会及时表扬、鼓励他，有时还会奖励一些饮料和食物给他。我很佩服小严，他生长在一个破碎的家庭，但他没有走向歧途，自甘堕落，而是从小就开始自强不息，树立正确的人生观、价值观。从此之后，我处处留意他，给他创造机会，选他当体育委员，引导他如何当好班干部；每次上课都请他做示范，还邀请他当老师的小助手，当同学的小老师。小严也很努力，每次都能出色地完成各项任务。我经常找他聊天，还会给他带一些自己在家里做的食物，说是奖励他做得很优秀。就这样，小严的自信心越来越强，人也越来越开朗了。后来小严代表学校参加了区的田径运动会，获得了一枚金牌和一枚银牌！如今，小严以一名体育特长生的身份进入了高中学习，他时常也会回到小学找我聊天，看到他一米八多的身高，阳光开朗的笑容，完全感受不到从前家庭带给他的影响！看着他如今的巨大变化，我由衷地感到高兴与骄傲。时光易逝，小严一晃就成了大小伙儿，体育带给小严的不只是体能，同时也让他养成了坚韧不拔的性格和学会了如何调控自己的情绪。

作为班主任，我们首先要做的就是做好思想准备，以百倍的耐心、强烈的事业心和责任感全心投入，用宽容的心包容学生，用春风化雨的爱滋润他们、教育他们，让所谓的特殊学生"笨鸟先飞"，如此就一定能把每一个学生都培养成为新世纪的合格人才！

五、教学现场与反思

（一）教学方法展示——"快乐跳跳跳"教学设计

1.指导思想

本课以全面发展学生德智体美劳为基点，以教育学生体育运动知识为核心，激发学生的兴趣，创设学生感兴趣的教学情境，并通过体育骨干的带头作用，让学生大胆去想，积极参与。通过场地设计、营造活跃的气氛，让学生在生动形象的环境里自觉自愿地进入学习环境中。让学生在自主、互动、尝试和体验的过程中获得参与体育活动的乐趣，把要我学变为我要学，同时也使学生的个性和创造性得到充分的发展，为终身体育打下坚实的基础。

2.教材分析

（1）跳跃是人体的基本活动，也是小学体育教学的重要内容之一，深受小学生喜爱。本课是一项实用性较强的技能运动项目。以发展学生跳跃能力为重点内容，将跳远、跳高与游戏紧密结合，全面达成五个学习领域目标的教学指导思想。课的重点是初步学会双脚跳过障碍的方法，难点是要求学生勇敢、灵巧、协调地运用合理的方法通过障碍。

（2）直观式的游戏教学，通过场地设计，充分调动学生积极参与的热情。游戏中包括钻、跳等各种活动，对全面提高学生身体素质有一定的积极作用。游戏的目的是培养学生克服困难、勇敢果断、良好的合作精神和集体荣誉感。

3.学情分析

本课是面向水平二的学生，这一年龄段的学生具有较强的表现欲，团队意识比较浓厚，也有一定的互助合作的观念。课中通过模仿小青蛙跳这个主题，创设较好的学习兴趣，并和激情融合在一起，然后充分利用学校的场地器材（荷叶图片）来设计课的内容。通过双脚跳的练习，训练学生身体的跳跃能力和协调性，让学生在活动中尽量自由地发挥，充分地展示自我。

4.教学目标

知识与技能：指导学生初步掌握双脚跳跃的方法，发展学生双脚连续跳跃的能力。

过程与方法：培养学生对学习跳跃游戏的兴趣，并对学好跳跃动作充满信心。

情感目标：运用情境教学激发学生学习的欲望，培养学生团结协作的能力，锻炼身体，磨炼意志。

5. **本课的重、难点**

(1)教学重点：双脚用力蹬地，双手向前上方挥摆；

(2)教学难点：手脚动作协调一致。

6. **课前准备**

(1)教具：秒表、标尺；

(2)场地规划。

7. **教学内容**

热身运动慢跑：在慢跑过程中做听数抱团游戏。

【教师活动】

(1)宣布课程的内容与要求。

要求：

遵守纪律，听从指挥；

注意安全，积极参与活动。

(2)组织队列练习。

【学生活动】

(1)队列练习。

学生配合老师认真完成慢跑活动并从慢跑中快速热身，调动学生上课时的积极性。

(2)徒手操(包括)：头部、肩部、髋关节运动、膝关节运动、正压腿、侧压腿、腹背运动、踢腿运动、腕关节热身、踝关节热身。

【设计意图】

(1)培养学生良好的纪律性和团队精神。

(2)活跃课堂气氛，调动身体运动机能，逐渐进入主教材内容学习。

(3)激发学生学习兴趣，培养正确的蹬摆姿势，提高跳跃能力。

【教师活动】

(1)组织学生有序地开展热身活动。

(2)教师领操，带领学生进行运动。

要求：

(1)教师示范动作标准无误。

(2)时刻留意学生动作是否正确，保证学生不会在活动过程中受伤。

(3)教师喊口号，数拍子时声音洪亮、情绪饱满，带动学生上课热情。

【学生活动】

(1)学生跟随教师做动作，认真完成热身运动。

(2)学生在热身过程中培养出良好的纪律性和团队精神。

(二)课课练——原地快速小步跑

【设计意图】

(1)提高学生力量素质，提高肺活量，锻炼腹肌，逐渐使学生形成健美的体型。

(2)培养学生合作意识和交往能力。

【教师活动】

(1)在游戏过程中，组织学生进行原地快速小步跑练习，提出练习目标与要求。

(2)结合学生示范点评。

(3)表扬、鼓励学生。

要求：注意学生安全。

【学生活动】

(1)学生一起进行原地快速小步跑练习。

(2)按要求练习。

(3)观看个别同学的动作示范后，对比自己的情况再进行练习。

(4)学生互评。

(三)小青蛙捉害虫游戏

规则：

学生做小青蛙，实心球当害虫。老师把"害虫"撒在田野上，"小青蛙"快速把"害虫"捉住并放到大本营，最后以捉"害虫"多的学生为胜。

(四)快乐的小青蛙跳学习(攻关游戏)

(1)第一关：模仿各种动物的跳法。

要求：遵守纪律，注意安全。

(2)第二关：立定跳远。(跳过前面的障碍物)

要求：双脚轻轻地落地，尽量使前脚掌着地。

(3)第三关：连续跳跃两步的练习。

要求：蹬摆配合协调。

(4)第四关：连续跳跃三步的练习。

要求：动作连贯、协调。

(5)同学展示，互相点评。

(6)分组练习。教师巡回辅导。

(7)组织游戏。

【设计意图】

(1)开阔学生思维，发挥想象和创意。

(2)提高学生的模仿能力。

(3)体验青蛙跳的动作要领，发展下肢力量。

(4)培养学生合作意识和交往能力。

【教师活动】

(1)教师组织学生练习，然后巡回指导。

要求：动脑筋，可以按老师的指引去做，也可以开阔思维，开展创新思维活动。

①组织学生分组活动。

②语言激励和暗示，增强学生的自信心。

③介绍跳跃的好处及提高跳跃能力的技巧(技术要领)。

要求：

①提醒学生时刻要遵守规则。

②注意学生上课时的安全。

③布置学生活动任务时要清晰明确。

【学生活动】

(1)学生呈方形队形散开。

(2)认真听讲，积极参与，遵守游戏规则。

8. 主要教学设想

鉴于以上教材分析和学情分析，我在本次教学中重点解决学生的跳跃兴趣问题，提高学生的身体协调素质和培养学生的坚强的意志品质、合作精神和交往能力，并加强安全教育和严格要求学生。

开始部分进行队列练习，调动课堂气氛和加强组织纪律教育，为完成课程的目标做准备；准备部分进行有组织的慢跑，进一步进行组织纪律教育和团队意识培养，为主教材教学服务，起到承上启下的作用。

基本部分先说明跳跃的练习方法，强调安全意识。然后采用引导和启发等教学方法，让学生按要求完成各种跳法，充分挖掘每个学生的潜力。最后，结合跳远的总结，引导学生了解和初步掌握跳远技术，促进教学目标的达成，从而提高课堂效率。

由于本课以下肢锻炼为主，故"课课练"安排下肢的练习，以便更好地完成后面的练习。

结束部分，针对本课的教学内容和特点安排简单的一般呼吸法放松，利用呼吸的"慢吸细呼、深吸深呼"特点，进一步增强放松效果。

9. 教学流程

(1)开始部分：宣布教学内容及要求—安全教育及安排见习生—队列练习；

(2)准备部分：徒手操—跑的辅助练习；

(3)基本部分：课课练、跳跃；

(4)结束部分：深呼吸放松—小结。

10. 运动负荷预计

平均心率为：(125±5)次/分。

运动密度：50%~60%。

11. 作业

练习10次连续跳跃。

12. 教学反思

在本次的教学中，虽然经常使用体育游戏教学，但结合主教材时常感觉到游戏资料有点匮乏，好像没有好的游戏可供选用。最近经过反思后，我豁然开朗：不是游戏资料匮乏，而是因为我们不够投入，是我们教师没有根据具体的实际开动脑筋。在教学中，只要教师充分地调动全体学生的进取性、创造性，师生一同去创新发展新游戏，就能丰富体育教学的资料，很好地启发学生的思维、创造力，增强他们的主动参与意识。

经过反思，今后的教学必须从以下四个方面入手：

(1)注意对原有的游戏素材进行深层次挖掘，创编更加丰富多彩的游戏资料。

在教学中不断变换练习方法，不仅能够很好地激发学生的兴趣，更主要的是挖掘学生的创新本领，让他们对游戏提出更合理的建议和游戏方法，这样实施起来就会十分顺利。比如我们在进行"青蛙跳"的游戏时，一般都是两个人一组，从前面贴上。我在教学时，发现学生多的情景下能够三个人一组，从后面贴，中间的同学跑，这样就能发展学生的反应本领。

(2)充分发挥游戏的趣味、竞赛、奖惩等功能，促进学生身体素质和运动本领的提高。

在实施游戏练习时，除了要提高游戏的趣味性，还要教育学生遵守游戏的规则，即游戏的奖惩必须执行好，教育学生要相互监督，体现"公平、公正"的原则，以保证学生在愉悦之中，身体素质和运动本领同时得到提高。这一点尤其重要，一个游戏有奖有惩，学生玩起来才有进取性。

（3）体育游戏的练习有了教师的加入才更精彩。

在游戏练习时，教师加入学生当中，就是他们中的一员，就能明显感觉到多数学生的进取心被调动起来，他们相互协作，配合得更加紧密。所以，我觉得体育游戏的教学不仅需要教师的精心组织和指导，也需要学生的积极参与，更需要教师和学生一同做游戏。教师与学生共同参与，同甘共苦，这样不仅能调动学生参与的进取心，激发学生的练习兴趣，而且教师在参与过程中能够更好地体验游戏是否合理，从而更好地与学生一同修正游戏，使游戏更加贴合学生的生理心理特点，确保体育教学的健康有序进行。

（4）上善若水，水善利万物而不争。

近年来，我逐渐感悟到了这句话的真谛：真正的教育是无痕的。我在课堂上孜孜不倦，以朴实的心态为孩子们创建一个师生间、生生间平等交流的平台，让他们成为课堂上的小主人。《义务教育体育与健康课程标准（2022年版）》曾经提到以学生进展为中心，重视学生的主体地位；体育与健康课程关注的核心是满足学生的需要和重视学生的情感体验，促进全面发展的社会主义新人的成长。我的教学风格理念正好与之吻合，但愿自己的课堂教学也能像教学名家那样挥洒自如，让师生间的教与学如聊天谈心般亲切自然，如涓涓细流般灌溉学生的心田。我会做一名好老师，不忘初心，砥砺前行。

趣味、创新、灵动

● 江门市新会区教师发展中心　刘民毅(高中美术)

◉ 一、导读语

　　刘民毅，男，高中美术高级教师，现任江门市新会区教师发展中心培训部主任，广东省中小学"百千万人才培养工程"省级培养对象，江门市中小学名教师工作室主持人。我教书已经19载，走过两个"战场"，怀揣着一份责任投入工作之中，以"师爱"和"奉献"为魂，以"智慧"和"创新"作翼，展翅追逐梦想。我坚持求真务实、积极创新，以生为本，以美育人；根植新会葵乡，以美为媒，在长期的教学中坚持"情智美术"教学与探索，逐步形成了"趣味、创新、灵动"的粤派教学风格。

◉ 二、名师成长档案——成长三部曲

　　我教书已经19载，走过两个"战场"，回顾起来，这三部曲最耐人寻味。

(一)第一部曲：赓续美育初心，寻找诗和远方

　　年少时，我偶然在汪曾祺先生的《人间草木》里读到这样一句话："陪我门口的花坐一会儿，当个守护花开的使者。"随着时间的沉淀，我越来越能理解这句话的深刻含义。汪老期待花开，守护花开，那绽放的花又何尝不是他的梦想呢？成为守护花开的使者是个崇高的任务。从那时起，教育的种子就深埋在我的心田，我也要成为守护花开的人。

　　2006年的9月，我告别大学象牙塔，踏入另一座菁菁校园——江门市新会

华侨中学，从一名美育学习者变成一名美育传播者，成为一名美术教师。我很庆幸自己能从事这样一份有意义的工作，从踏上讲台的那一刻起，我心中便有了一份沉甸甸的责任感！中国科学院院士、中国外科医学奠基人裘法祖有一座右铭："做人要知足，做事要知不足，做学问要不知足。"对刚刚上岗的我来说，我教育教学的阅历几近空白，要学的东西太多太多，一次次突如其来的考验总会让我措手不及，但忙碌背后我也收获了很多很多，我对教学开始有了自己的见解，对班级管理也逐渐有了自己的心得。我坚信，只要自己坚持与努力，一定能在教育这块热土上实现自己的梦想与价值，诗和远方就在不远的地方。

（二）第二部曲：展翅追逐梦想，笃定成就自信

个人的成长离不开学校这片沃土。刚工作时，初登讲台的我总是缺乏自信，害怕难以驾驭课堂，但学校的一系列培养措施让我逐渐对课堂有了信心。"青蓝工程"让我遇见了第一位引路人——钟杰民校长。初出茅庐能得到校长的指导，我深感荣幸，他除了是一位出色的管理者，也是一位艺术爱好者。钟校长经常走进我的课堂，指出我的优点和不足，给了我一条条温暖而又具体有效的建议。这些建议大到整节课的流程设计，小到每个环节的过渡语，让我深知此时的我需要学习的地方还有很多。在钟校长的指导下，我迅速成长，很快成为学校的骨干教师和"文化使者"。新会华侨中学是侨资办学的学校，每年都有不少中外文化交流活动，我作为一名美育教师，有义务传承和发扬中华优秀传统文化。所以我在工作中主动承担各种对外交流任务，发挥专业特长，创作各种文化礼品赠送给外宾以作留念，增进彼此友谊。每年不定期举办系列校园文化活动，例如："送祝福"进万家现场挥春活动、学雷锋书画义卖活动、爱心书法进社区活动等，每次我都能出色完成工作任务，受到各级领导和同行的高度赞赏。我个人的综合能力也在各种活动中得到锻炼与提升，因此我多次被评为学校优秀教师、优秀党员。

在教学教研方面，学校举行的教研活动让大家的智慧得以碰撞，前辈们对我十分关心，总是毫无保留地将他们的教学经验和我分享，解答我教学方面的各种疑惑，让我能够更加从容不迫地应对各种教学上的难题；定期进行的研课和考核让我的教学基本功更加扎实；"侨中杯"课堂教学竞赛也为我提供了一个很好地促进专业成长的平台……抓铁有痕、踏石留印。经过自己的努力，我获得了江门市青年教师基本功大赛一等奖，助力学校获得"广东省中小学中华优秀传统文化传承学校""新会区茅龙书法培训基地学校"等荣誉，这些成绩的取得大大增强了我的职业自信。

（三）第三部曲：承载时代巨轮，耕耘教育人生

流淌的时光在 2015 年 9 月转过一道弯，我通过层层的选拔，成为新会区中小学教学研究室（现为新会区教师发展中心）中小学艺术专职教研员，从事中小学美术和音乐两个学科的教研、教学指导工作。由"运动员"变为"教练员"，由于角色的转变，我在短时间里也有些不适应，但我相信，只要坚持梦想，不断学习，一定能胜任这份既有意义又具挑战性的工作。

在日常工作中，我坚决执行区教育局及教师发展中心的工作部署，以提高教学质量为中心，切实履行"研究、指导、服务"职能，进一步促进我区中小学艺术教育高质量发展，既突出优质均衡、高效课堂、促进教师专业成长等重点工作，又抓实了教研、科研、高考备考等常态化的工作。作为艺术教研员，我坚持深入各学校听课、评课，指导美术高考备考工作，积极开展各种艺术教研活动、高考备考专题研讨、教师美术作品展，提高全区的艺术教学、教研水平，针对各学校在常规教学中暴露出来的问题进行指导，受到各学校领导和教师的支持与好评。近年来，新会区艺术高考实现全面丰收，规模效益逐年提升，取得新的突破，艺术（含美术、音乐、书法、传媒、舞蹈）高考本科上线累计达2338 人，优投线上线 456 人，连续多年都在进步，真正实现步步高，谱写了新会艺术教育高质量发展新篇章。

教师教而不研则浅，研而不教则空。我始终认为教育科研是教学的基础，也是教学水平和教学质量得以提升的催化剂。我坚持理论联系实际，积极探索，认真研究，及时总结、反思，努力把教育实践提升为理论。当教研员期间，我的课题研究从不间断，我先后主持了多个省、市级课题并结题，科研成果在区域内得到广泛应用。近年来，我撰写的 10 多篇教育教学论文在各级专业刊物上发表，自己的教育主张和教育观点得到广泛传播。

扎实、细致的工作带来了我区艺术教学成绩的大幅度提升。如助力我区8 所学校获评"广东省中小学艺术教育特色学校"，5 所学校获评"广东省中小学中华优秀传统文化传承学校"，15 所学校获评"江门市中小学艺术教育特色学校"，获评学校的数量在江门市四市三区排名首位；培养了一大批青年教师成为区名师、骨干教师，指导他们在各级各类的教育教学大比武中屡获殊荣，在教育道路上不断实现自己的理想。正因为对教育的不懈追求，在工作中有担当、肯作为，2023 年 4 月我被提拔为新会区教师发展中心培训部主任，肩负全区中小学校长、教师培训工作的重任。教育的关键在于教师，教师培训工作的质量直接影响教师专业成长的快慢。现在虽然我肩上的责任更重了，但我愿意"负重前行"，因为这是我的梦想与教育初心。为了让教育之花灿烂盛放，加油吧！

梧桐花开，凤凰自来。我将继续以"师爱"和"奉献"为魂，以"智慧"和"创新"作翼，求真务实、积极创新，认真完成组织交给我的各项教育教学任务。同时，我将在不断提升自己的业务水平的同时，发挥所长，帮助他人，并通过总结反思、实践探索、理论总结，以崭新的精神面貌、创新的工作思路、踏实的教研作风把工作做得更好。

回首过去、反思当下，如今的我已经从关注学生转变为关注一个地区的教育发展。在展望未来中，我会根据时代的变化，努力做好"应变"对策，助力地区教育高质量发展，再做新贡献。

三、学科教育观

(一) 我的教学风格解读

趣味，就是课堂能让学生产生发现某种稀罕之物的兴奋。"趣味"一词是梁启超先生首次引入我国教育领域之中的，他在《趣味教育与教育趣味》中说："教育事业，从积极方面说，全在唤起趣味；从消极方面说，要十分注意不可以摧毁趣味。"怀特海也在其著作《教育的目的》中指出："学生智力的发育必须建立在兴趣的基础上。"人总是喜欢发掘神秘的宝藏，尤其是学生。有趣的课堂，就是要带领学生走进神秘的境地，寻求知识的宝藏。有趣的课堂会将学生的天赋、洞察力，以及多元的视野聚焦在他们对生命的挑战上，进而创造出一种全新的可能，也就会寻找到我们从未想过的答案。我对课堂趣味性的追求是课伊始，趣亦生，课正行，趣亦浓，课已止，趣犹存。

创新，是一个民族最优秀的品质，有了创新才会有发展。在一个人的能力素养中，创新能力是居于核心地位的。当前，培养学生的创新精神和能力，已成为素质教育的核心理念。美术教育是美育的重要组成部分，是培养学生创造力和创新思维的重要载体。结合美术学科这一特点，美术教师更要创新教学方法，不局限于教材模式和现有的教学条件手段，而是要多种渠道充分挖掘教学资源，创造新形式，带给学生一堂堂新颖而富有创新趣味的学习课程，为学生传道、授业、解惑。学生是极富好奇心的，受此影响，可能教师不经意间已在他们心中埋下了创造智慧的种子，会在未来的学习成长中开出灿烂的创新之花。

灵动，指向师生互动，课堂生成。动，是自由，是自然。灵动，即活泼，有灵气，富于变化。尊重学生，靠近学生，通过互动，拉近教师和学生之间的距离，开发学生的思维能力，活跃课堂气氛。师生互动，生生互动，在思维的碰撞中达成教学相长，师生共长。灵动课堂是以尊重学生学习主体地位为前提，以现代信息技术为手段，以分组教学为基本形式，组织学生自主、合作、探究式学习，培养学生自主学习、合作学习与实践创新的能力，全面提升学生素质。它的指导思想是让课堂灵动起来；教学模式是问题情景、引导发现、自主探究、深化理解、获得方法、解决问题、形成能力，在美术课堂中让学生感受美、体验美、表现美。

（二）我的教学主张——情智美术

情，可理解为情趣、情味、情感，教育理应是具有情感的事业。智，可以理解为智力、智能、智慧，智力是智慧的核心。"情智美术"就是充分挖掘美术课程的情感和智慧因素，调动教师的情智才能，营造积极的情智氛围，追求学生情智共生，情智和谐发展的美术。情智教学是着眼于发展学生情感潜能和智慧潜能的教学。它着力于唤起学生沉睡的情感，点燃学生智慧的火花，让学生情感更丰富、更真挚，让学生智慧更灵动、更丰厚。

"情智美术"课堂有哪些外显特征呢？孙双金老师认为，情智的课堂在学生身上有如下表现：

"小脸通红"指向学生的情感领域。只有当教学触及学生情感的琴弦，激发学生学习的欲望，引发学生学习的兴趣，使学生兴奋起来时，学生才会"小脸通红"，否则只会"小脸无神，小脸发白"。

"小眼发光"指向学生的智力领域。只有当学生智慧的火花被点燃的时候，只有当学生的情感闸门不断开启的时候，学生才会"小眼发光"，否则只会"小眼发直，小眼发呆"。

"小手直举，小嘴常开"指向学生的参与领域。课堂是学生主动学习的场所，学生是学习的主动者，课堂上理所应当让学生畅所欲言，自主互动。在和文本、教师、学生的互相对话中，让学生充分地说出他们的所思、所惑。问题让他们去提，让他们去议，答案让他们去辩，结论让他们去得。

"情智美术"课堂教学的一般模式如下。

1. 入境——启动情智

内涵：这是一种容易引发情感共鸣以至心灵震撼的过程。根据教学的特点，采用有效的方法，调动学生学习的积极性，使学生迅速进入学习情境，诱发学生启动情智，让学生以良好的心境体验文章情感，引起学生认知情感和愉悦情绪。在教学情智触发的教学环境里，学生可以徜徉在轻松愉悦的精神活动中，个性与创造力得到最大限度的张扬；而教师则可以自觉地按照一定的教学规范来引导学生接受新知。

2. 感悟——生成情智

内涵：感悟，是理解美、运用美的直觉化技能，是美育智力技能的核心要素。学生在生趣盎然的情境中感悟丰富多彩的世界，或概括，或想象，或思考，不仅创造性思维得以发展，同时，情智也得以生成。充分利用学生在已有的学习、生活中形成的情感，如对动物的喜爱、对英雄的敬仰、对太空的向往等，可以使他们提高迁移运用能力；可推动学生对美的认识，并在审美中使这些"原始"的情感得以发展，乃至升华；充分利用教师的情感，以情悟情，可以唤起学生对课文的体验，促使他们带着已有的体验，投入美术的学习之中。

3. 交流——发展情智

内涵：美术教学的过程是提高学生美术素养的过程。学生在情趣盎然的学习过程中感悟语言，思考美育的内涵，并调动已有的知识经验去切身体验。这样，学生的潜能可以得到充分发展，学生心中也会涌动着许多急需倾吐的体悟。此时，教师采用各种交流形式，让学生展示情智并发展能力，对全面提高学生的美术素养有十分重要的意义。

4. 表现——展现情智

内涵：美术的学习，是一个表现与思维和谐发展的过程。这里的表现，不仅是技能表现，还包括情感表达。一方面，学生通过拓展鉴赏经验，丰富了知识、经验，积淀了美术素养；另一方面，教师不断地调动学生的理性解析能力，注重学生的创造性体验，从而不断提高学生的表达能力，使得学生常常闪现和迸发出灵动的火花。

（三）他人眼中的我

1. 学生眼中的我

刘老师一开始教我们的时候，就给我留下了深刻的印象，因为他从来不批评我们，也不曾发火，这就是刘老师和别的老师截然不同的地方。别的老师对我们发火，而刘老师没有发火也能把我们管得好好的，这也是我想不通的地方。刘老师觉得好孩子并不是批评出来的，你温柔地对待孩子，便会得到孩子的认可，孩子便会听命于你，你就可以让孩子们更爱上美术课。刘老师美术课的教法是不同的，我们都非常喜欢刘老师的美术课。他让我们懂得如何发现美、欣赏美、创造美、表现美。

——2010 级初一学生　李莉萍

2.同行眼中的我

爱在左，责任在右，走在生命之路的两旁，随时撒种、随时开花，将这一径长途点缀得花香弥漫……在我心中，美术教研员刘民毅老师就是这样一位教育播种人。谈起刘老师，涌现在我心头的就是"敬佩"二字。刘老师最大的特点是善于激励、指导、引领青年教师，不断地给我们指路子、搭梯子、搭台子，我们老师都常常称他为"刘伯乐"，而他总是谦虚地把所有荣誉都归于我们。在他的精心指导下，一批又一批青年教师成长起来。他热心助人，诲人不倦；他勤于研究，乐于分享。每次他发现了好的学习资源或学习平台，总是第一时间通过微信朋友圈、微信骨干教师群、美术教师群等方式进行分享推介，还会挑选合适的主题引领教师们进行在线研讨。他工作严谨，扎实细致。任何一项工作有布置必有检查，有检查必有反馈，有反馈必有跟进。爱在细微处，严在当严时，他的这种认真务实的工作作风，影响着团队的每一个人。育人初心不改，教育品质恒定！他用正直人格和严谨作风赢得我们的敬重，他用扎实学识和仁爱之心引领我们教书育人。爱在左，责任在右，他一路播撒，一路收获……

——新会尚雅学校老师　胡文清

3.领导眼中的我

刘民毅老师是新会区教师发展中心培训部主任、艺术教研员，他思想纯洁，积极向上，忠于人民的教育事业，教书育人，尽职尽责，积极奉献，服从工作安排，办事认真负责，出色完成本职岗位承担的工作任务。他积极开展各种艺术教研活动、高考备考专题研讨、教师美术作品展等。他科研成绩突出，先后主持、指导、参与省级、市级多项课题研究；他积极开展专题讲座，不断提高我区美术教师的理论水平和业务能力，有效促进全区中小学美术教师的专业发展，全面提升课堂效率，促进全区美术高考成绩持续稳步增长，是一位出色的管理者和学科教研员。

——新会区教师发展中心主任　何勇涛

四、育人故事

成长就像一条河流，时而宽阔，一马平川，时而狭窄，迂回曲折。新会尚雅学校的黄艳婷老师正是这样一步一步茁壮成长的青年教师。

近年来，为了提高教师教育教学水平，我组织了近百次的教师活动、培训，黄艳婷老师都积极参与其中。我们一起探讨公开课、赛课、评课、到校外观摩课、外出培训、参与各级各类比赛、课题研究等，我见证着她的成长，也收获了自己辛勤耕耘的硕果。在黄老师的众多展示课中，让我印象最深的是她第一次研讨交流的课题——"做一道拿手菜"。在课堂上，她给我留下的印象是教学热情高涨、课堂新颖有趣，但驾驭课堂的能力有待提高。例如，当风将正在点评的美术作品吹落一地时，我观察到她有些慌乱、不知所措。因此在课后教研会，我结合她的教学风格，从引导、实践两个方面给予了建议与鼓励，那一刻我发现她紧张的表情逐渐缓和了。在送别时，她低着头问我："为何不批评我？"此刻我笑着说："激励比批评更有效，只要勤于反思、敢于创新、勇于实践，你将会迈向更优秀的未来。"从此，我们在教研的路上有数不尽的共同话题，她时常向我讨教教育的问题，我也编辑了近百条美术教研好问题与其分享，例如，怎样高效做好美术课堂听课笔记、怎样在常态课40分钟内保证质量、怎样的课堂结尾才让人回味无穷等。教研是教育教学质量提升的支撑，这对黄老师的成长、教学方式的转变都具有非常重要的现实意义。现在她所执教的课处处展现出高效智慧，那是我们在探讨的路上，踏踏实实一步一个脚印地走出来的。

在2017年6月的技能比赛活动中，我发现黄老师对拍摄颇感兴趣，却缺少经验、尝试的胆量。于是我鼓励她多尝试制作，并给予她实践的平台和试错的机会。我清晰地记得她第一次成功制作的是用全景软件记录画展活动的影片，效果相当不错。当时她十分感兴趣，但对制作丝毫不懂。因此我就与她一起边学边做，最初是分析多个案例，紧接着是模仿制作，最后是创新编辑。通过我每次反复的点拨，如今她所制作的视频分割、剪辑、合并一气呵成，画面转场自然流畅，添加文字、音乐恰到好处、相得益彰。至今我仍常将深圳、成都等地的优秀美术活动视频、照片转发给她学习，促进她更好地从独特的视角发现美、记录美。

2022年3月我邀请了黄老师到乡镇听课，我引导听课者如何分工合作、高效听课。活动后，她发来了一条信息："现在乡镇老师上课都'活'了起来，有没有很有感触啊？今天我又学习了听课的方法，感恩有你带动我们成长起来。"这短短几句，让我更坚定不移地用自己最大的能力创造平台，让青年教师一年站稳讲台，三年独当一面，五年成为优秀教师，十年成为教学名师，促进青年教师全面发展。

黄老师时常视我如伯乐，我却认为是她让我遇见更好的自己。如在第三届广东省中小学青年教师教学能力大赛里，我们彼此成就了自己，备赛是艰辛的，也是快乐的。我多次带领团队与黄老师一起探索、实践，组织模拟比赛，从而拓宽了黄老师的备赛思路，让整个备赛过程明方向、定方位、讲方法。在备赛中，黄老师的纸艺、粉笔字方面的技能尚不够扎实，她开始有气馁的情绪，因此我每天除了训练与点评其速写、粉笔字，还亲自拜访"冈州纸艺人"寻找好的纸立体方法。正因这一寻访的举动，她突然两眼泛红地来到我办公室，我也借此机会安慰她："十个指头有长短，没有绝对完美的人。面对 6 项比赛内容，我认为只要你能保持阳光的心态，客观认识自己，遇难不慌，做出合理、有效的规划，就能更好地提升自己。"听了这番话，她豁然开朗了，回家后不仅做好每天、每周的计划，而且保证每个练习过程都是实践—点评—调整—实践。作为亦师亦友的引路人，每次看到她发来的作品，我心里都默默地祝福她能获得理想佳绩。最后她取得小学组一等奖的成绩，让我看到了年轻人努力的魅力。比赛结束后的次月，我举办了经验分享会，看着舞台上发言的她，我想起多年前在舞台上避让镜头的她，不禁对她说："现在你发言的能力越来越强了。"她感慨地说："正是因为有您的点亮，才能有如今在舞台上闪闪发光的我。"那一刻我的脑海闪现出曾经跟她谈论"如何点亮自己、照亮别人"的情景。现在，我又以关注当下、与时俱进为她指导新的努力方向，鼓励她以"艺术+"理念引领美术常态课，期待她在三尺讲台上，继续脚踏实地、仰望天空，做新时代"四有"好老师，不断提高自身的综合素养。

作为引导青年教师成长的引路人，我真诚地呼吁她们：首先，要不断学习，把阅读变成自己工作、生活的一部分，就像呼吸那样自然；其次，要做到教会、勤练、常赛；最后，要擦亮自己、照亮别人，让美术教育立起来。

◉ 五、教学现场与反思

五味瓶

本课教学过程分为六个板块。一是激发兴趣，有的放矢。二是感受"五味"，学会表现。三是欣赏名作，示范引航。四是积极创作，体验乐趣。五是美点寻踪，学会评价。六是升华主题，拓展练习。以下选取第二板块作为教学片段展示。

第二板块教学片段　感受"五味"，学会表现

(一)体验味道与面部表情的变化

(1)过渡：为了让同学们更直接地感受味道，老师把这五种味道装进透明玻璃瓶里带来了。想知道里面装的是什么味道吗？现在我们来玩个小游戏。

(2)步骤：品尝—表演—猜猜(5 次)。

①品尝、表演：请五位同学上台品尝，尝到味道之后用自己最真实的表情展现给台下的同学们，大家来猜一猜他们分别尝到了什么味道呢？（老师先出示五个表情）

②组织课堂：大家都有任务，你们只有坐得端正，精神高度集中起来才能观察得更仔细哟。

③观察任务：看表情。

（3）游戏"超级无敌猜味道"。

①你们是从什么地方猜出来的呢？请从这些表情中选择一个你认为最恰当的一个贴到相应的位置。

如：辣，脸红，眼睛瞪大，嘴巴张开，伸舌头，大口大口地吸气、呼气……

酸，缩脖子，眼睛睁不开，紧抿嘴……

苦，皱眉，很难受，鼻子、眼睛、嘴巴歪了，变形了……

咸，皱眉，轻咬，比较平淡……

甜，眉毛，眼睛成了月牙儿，嘴角上翘……

②活动小结：原来我们可以用表情来表现不同的味道，对吗？

（二）观察色彩与味道的关系

过渡：同学们，游戏好玩吗？我们再来玩个游戏，好不好？

（1）依次揭开瓶子外的白纸，引导学生观察五个瓶子呈现出的不同的颜色。

黄色——酸　粉红色——甜　绿色——苦　　红色——辣　白色——咸

（2）小组探究：同学们，生活中的味道如果仅用这几种颜色来表现，那就太单一了，是吧？

那大家快点想想在我们生活的广大空间里还可以用什么颜色来表现这五种味道呢？

①生活中还有哪些食品是这种味道？

②可以用哪些颜色表现这种味道？

（时间1分钟，音乐停止，讨论结束）

（3）游戏："颜色我知道"。

①教师：课件展示——五味相关的事物，让各小组自由补充事物及颜色。

②组长汇报讨论结果：说出事物及颜色，并上台选择适合的色卡贴在黑板上相应的瓶子位置。

（4）引导质疑：大家对他们的讨论结果满意吗？请提出你的建议。

（5）活动小结：原来呀，不单单表情可以表现味道，颜色也是可以表现味道的。

(三)"点、线、面"表现味道

过渡：味道该怎么画呢？咦，我们之前不是学了"点、线、面"吗？不如我们就用点、线、面来画五味瓶吧。

(1)复习"点、线、面"的知识。(指名说、画)

(2)游戏：为"图形"找妈妈。

这里有一堆"点、线、面"的图形，请大家根据五种味道选择适合的点、线、面，贴在黑板上相应的瓶子位置。(指名说说为什么这样选择)

(3)活动小结：味道的感觉还可以通过点、线、面来表现，这样的画面才会显得丰富。

课后反思

本课属于设计·应用学习领域，它是美术课程中覆盖面最宽、分量最重的部分。在生活中我们更注重的是"五味瓶"的实用性。随着人们对生活品质要求的不断提高，"五味瓶"在造型设计上发生了变化，形状、大小、材质、功能等方面千奇百怪。这些变化使学生容易产生联想，形成浓厚的学习兴趣。学生们的生活离不开各种味道，味道可以说是他们生活的一部分，但真要让他们用颜色和形状来表现味道，学生们却无从下手。所以设计本课时，我把重点放在学生学习活动方式的灵活多变上，精心设计了两个游戏。导入阶段我设计了尝一尝的游戏，使学生亲口尝一尝"五味"——酸、甜、苦、辣、咸，这种简单的探索适合低年级学生，让他们从中获取乐趣。同时，我引导学生观察品尝学生的表情，联想产生这种味道的食物，并鼓励学生用简短的话语大胆地表达自己的感受。学生表达的过程就是一个体验的过程，让他们在一个良好的语言环境中学习，这对培养学生的艺术感觉是非常有必要的。

在能力培养方面，我积极为学生创设教学情境，引导他们主动寻找与常识不同的且容易找到的各种媒材，通过画画、做做、粘粘、贴贴等方法，大胆表现自己的所感、所见、所闻、所尝、所想，体验造型活动的乐趣。在评价整理阶段，我对学生作品予以肯定并让学生进行小组互评，使学生在学习过程中逐步学会学习方法，从而达到促进其主动学习的目的。

"实、引"同在——我的教学风格

● 新会区会城创新初级中学　周　君(初中数学)

● 一、导读语

>>>

　　周君，男，初中数学正高级教师，现任江门市新会区会城创新初级中学(2023年调入新会区教师发展中心)数学教师、班主任，新会区名教师。1998年荣获"南粤教坛新秀"称号。从教三十多年来，我一直爱岗敬业、恪尽职守、扎根教学第一线。这三十多年来，我担任了28年班主任，受到了学生、家长、社会的好评，本着"追求适合孩子们舒适的初中数学课堂"的原则，成为孩子们人生四大幸事之一"读书时候遇到一个好老师"的那个老师。"实""引"贯穿我的整个教学过程，我逐步形成"踏实、务实、引趣、引深"的教学风格。

● 二、名师成长档案——"实、引"理念的萌芽与发展

>>>

(一)家庭启蒙：埋下"实在"教育的种子

　　我最初选择做教师的职业道路并非本愿，我的父亲是一位从中华人民共和国成立前就开始从事教育行业的老教师，由于曾遭受过不公正待遇，他告诫我要远离这一行。可是我还是考到了长春师范学院并被分配至教师行业，或许这是命中注定的选择。从教至今已有数十年，我始终坚守着父亲的教诲：既然选择了教师这个职业，就要无怨无悔地付出。这句朴实的话语成为我从教之初心和毕生追求的写照。我的成长历程深深得益于父亲的影响。1971年我生于湖南

衡阳一个偏远山村，父亲退休后在教育局工作，为人谦逊、温文尔雅，深受乡亲爱戴。他不仅教会我认字识数，还每年参与村里的对联撰写活动，满面笑容地接待每一位求对的人。让我印象最深的是年幼时父亲的一位学生，他因家境贫寒而无法上大学，是父亲主动承担了他的学费，帮助其完成大学学业并安排工作。正是这些温暖的举动，让我明白了教师工作的价值和责任。从那以后，我对教师行业产生了浓厚的兴趣，并以此为终身事业。点点滴滴的经历，铸就了我无怨无悔坚守教师行业的信念。

（二）基层历练：探索"实、引"教学法

1993 年 9 月，我从长春师范学院毕业，被分配到广东省新会区睦洲镇龙泉初级中学任教。这所学校位于全国最基层的农村地区，仅有 6 个班级，一小栋两层教学楼，可容纳约 300 名学生。初来乍到时，有人向我传达了这样一个信息：能够在这样的学校教书并取得过关水平，相当于能够纵横天下。这也间接说明了当时当地学生学习的难度较高。在接下来的八年里，我和学生们约定"互为人师"，我负责教授数学，他们则负责教授我本地语言。经过大约一个月的时间，我完全掌握了当地语言，并与学生及其家长建立了良好的关系。当时正值中国社会变革的关键时期，我有机会赴广州、东莞等地发展，但我认为要取得更好的结果，需要从当下努力提升自己。因此，我选择了潜心学习和教学实践：首先，我疯狂地刷题，并总结归类；其次，我阅读报纸、书籍和教育类杂志，进行手写笔记；闲暇时，我与学生们聊天、闲逛，远离城市喧嚣的氛围，以便静下心来研究教学。这八年里，我没有机会外出学习或请其他老师指导，一切都要靠自己努力。为了不辜负学生的期望，我着重从"引"入手，引导学生爱上学习和数学。我的"绝对值"一课就采用了猜数学概念的形式导入，并通过互动式教学方法帮助学生理解知识点。通过不断总结经验和反思不足，我在教学过程中逐渐形成了独特的教学风格，为学生的学习和发展奠定了坚实基础。虽然这八年来的成长过程充满挑战，但每一次努力都让我更加坚定了"不辜负学生"的初心。

因此，我从"引"上下功夫，引导学生爱上学习、爱上数学。在课例"绝对值"中，我就选用了猜数学概念的形式导入：

师：上课之前，我们先来猜猜数学谜语？5、4、3、2、1。

生：倒数。

师：看谁力量大。

生：比例（力）。

师：全部消灭。

生：整除。

师：货真价实。

生：绝对值。

师：同学们太厉害了，这些谜语居然都能猜出来。我们今天就来学习"绝对值"这一节的知识。那么在数学里绝对值到底是怎么定义的呢？

对于老师而言，要充分创设问题情境，"引"起学生学习兴趣，让学生通过自主合作，观察、探究知识的产生、发展过程，"实实在在"掌握这个概念，利用数形结合思想，引入绝对值概念，形象生动。归纳有理数的绝对值时，利用分类讨论思想对正数、0、负数的绝对值进行总结。利用类比的方法，把数轴上数的大小与温度计中度数的高低进行比较，总结出负数比较大小的规律。讲解例题时，让学生先结合所学知识点进行自主探究，然后教师再规范、总结解题过程。最后教师还需要"引深"，利用绝对值概念来学习与之有关的知识。比如：

（1）求$|x-7|+|x-8|+|x-9|$的最小值，并求出此时 x 的值，并确定此时 x 的值或者范围。

（2）在数轴上，点 A、B 分别表示数 a、b，则线段 AB 的长表示为 $|a-b|$，例如：在数轴上，点 A 表示 5，点 B 表示 2，则线段 AB 的长表示为 $|5-2|=3$。回答下列问题：

① 数轴上表示 1 和 -3 的两点之间的距离是多少？

② 若 $AB=8$，$|b|=3|a|$，求 a、b 的值。

③ 若数轴上的任意一点 P 表示的数是 x，且$|x-a|+|x-b|$的最小值为 4，若 $a=3$，求 b 的值。

通过引趣，学生有了好的兴趣，但光有课本的知识还不够，还需要进一步培养学生思维。那就要引导学生深入学习，让学生加深对概念的理解，进而更好地理解概念。或许，这八年磨炼了我的心性，看到孩子们喜欢上了数学，成绩一步一步地进步，我更加潜心于实、引这方面的研究。因此，我开始更脚踏实地展开教学，引导学生学好课本、钻研课本，数学思维更加深入。

（三）自我成长：形成独特教学模式

在参加江门市第五批名教师学习之前，我没有参加过任何一个培训项目。因为平台太低，作为基层的一线老师，我学会了自我发展、自我成长，因为我的初心是不辜负学生。

我记得《古兰经》上有这样的一个故事：一位大师几十年练就了"移山大法"，邻里要他当众表演。于是他念起咒语，说对面的那座大山一炷香的工夫就会移过来。一炷香烧完了,那山不见动静;又一炷香烧完了,山仍然不动。邻里一齐指责他是个骗子,大师不慌不忙地说:"山不过来,我就过去。"众人愕然。

是啊,在过去的教学生涯中,因为没有机会近距离向大师们学习,所以我一直都自己学,比如看《班主任之友》《数学教学通讯》等。每每学到一个观点,我就会运用到课堂当中去。在实实在在的课堂教学中,我逐步形成了自己的教学模式:课前背默—课前练习—新课讲授—总结反馈。我因为每一节课都竭力进行"引趣",继而"引深",所以取得了实实在在的好成绩。在此期间,我也努力撰写论文、参与课题。我的论文《核心素养理念下的初中几何课堂教学——以"平行四边形"为例》以及《优化课堂组织形式,提升初中数学教学效益——以"平行四边形及其性质"为例》均发表在《数学教学通讯》上;我还参与"中学数学学习水平的测量与评估"(中国教育学会中学数学教学专业委员会)、"提高初中学困生数学学习兴趣的策略和行动研究"(广东省教育科学规划领导小组办公室)、"新课程体系下初中数学实施素质教育的理论与实践研究"(广东省教育科学"十五"规划课题)等十个涵盖国家、省、市等级别的课题,并取得了丰硕的成果。

(四)示范引领:传承"实、引"教学风格

本着"一花独放不是春,百花齐放春满园"的理念,我先后担任了数学老师、长达19年的数学科组长、新会区兼职教研员等职务,带领我校的数学教师开展各种教研,实现团队整体素质的提升。我积极示范引领,告诉他们可以随时推门听我的课。比如谭玉霞老师刚毕业分配到我校,几乎我上的每一节课她都过来听课学习。

2012年,学校安排我和李文亮、李月霞老师作为师徒关系,具体负责指导教育教学工作。2014年,我又开始和本校青年教师李龙赞结对辅导,2016年,我指导了新会区尚雅学校的冯月娇、董慧老师,并利用主编"易百分系列丛书"《易考优·数学》一书的机会,指导本书的编委杨美双、陈年颖、董慧等老师的业务。现在这些老师在他们相应的工作岗位上取得了很好的成绩,李龙赞老师荣获新会区2018年优秀教师(教育工作者),新会区第四届中学数学学科带头人;冯月娇老师荣获江门市2018年初中教师基本功比赛数学科一等奖、新会区2020年优秀教师(教育工作者);董慧荣获江门市2018年初中数学青年教师优质课一等奖、"锐角三角函数"课例荣获2017—2018学年度新会区初中数学青年教师优质课录像评比一等奖。2015年,肇庆高要一中老师李宝招利用自己的婚假跟我学习半个月,之后我们还是常联系,现在李老师也成长为高要一中的

骨干教师。此外，李老师还获得2019年（下半年）高要区教研活动公开课"实际问题与一元一次方程——话费计费问题"荣誉证书；同时取得2019—2020学年度优秀教师、2020年高要区第一中学优秀党员等荣誉。

这些老师的成长，让我更坚定教学就是踏实、务实地工作，课堂就是需要"引趣、引深"。同时，我的多年经验和积累化作了一次次的专题讲座，我不仅示范引领我们学校，也收到了90多场次的邀请函，到全省各地开展讲座、现场教学，获得了很好的效果。在"实践+反思+实践"的过程中，我"也逐渐形成了自己的教学风格。

● 三、学科教育观——构建舒适明理的数学课堂

（一）数学教育的本质：培养人格，启迪思维

1.初中数学教育不是痛苦的开始，而是人格培养的素材

我们知道，数学是一门严谨的、条理清楚的、具有逻辑结构的知识实体，数学的推理和它的结论是无可争辩、毋庸置疑的。因此，我们可以说，数学是一门需要讲道理的学科。正如英国学者P·欧内斯特（P. Ernest）所说："数学教学的问题并不在于寻找最好的教学方式，而在于明白数学是什么……如果不正视数学知识的本质问题，便解决不了教学上的争议。"

现在很多学生一学数学就头晕恐惧，所以我的落脚点是让学生们觉得课堂舒适，学习数学能明理。因此先培养务实、有趣味的舒适的心理环境，再构建"明理"的数学课堂，确立"明白数学道理，凸显数学本质"的观念，就是让学生参与数学知识的形成过程，关注数学知识的背景性知识，将问题的来龙去脉或困惑恰当地呈现在数学课堂上，从而培养学生言之有理、落笔有据地讲和推理的思维习惯，培养学生紧扣问题本质解决问题的思维方式，提高学生发现和提出问题的能力、分析和解决问题的能力，以求达到培养学生数学核心素养的目标，便成为我一生数学教育事业上孜孜不倦的方向。

2.教育的一切都是为了孩子的发展

俗话说，数学是思维的体操。数学学习活动是数学思维的活动，而数学语言是思维的工具。从语言的准确性中能体现思维的缜密性，从语言的连续性中能体现思维的逻辑性，从语言的多样性中能体现思维的丰富性。因此，教师应当引导学生进行说理、说想法、说过程等一系列动口说的过程，让学生通过说把内心的数学思维表达出来，进而帮助教师观察、发现学生对数学问题的理解

能力和深刻程度，及时调控，保证学习效果。这样做不仅能锻炼学生数学的明理能力，更是口才培养、"说理"的关键步骤，说到底是为了学生的发展。

（二）教学风格核心："实"与"引"相辅相成

我的多年教学实践与研究都是在舒适、明理上，《中庸》开篇就讲："天命之谓性，率性之谓道，修道之谓教。"意思是说，人的自然禀赋叫作"性"，顺着本性行事叫作"道"，按照"道"的原则修养叫作"教"。我力争在此基础上让学生做到"实""引"，告诫他们凡事务求踏实、凝实、脚踏实地。学习数学不仅要依靠兴趣，更要引向深入。这也是我最后定格的教学风格核心：踏实、务实、引趣、引深。

1. 实——踏实、务实

《说文》："实，富也。"不管是柜储多、钱贯多还是田地多，都是物质财富的表现形式，家里有了它的充实，就叫作富实、殷实，生存才能成为现实。汉字的智慧合成了"实"的本义——富裕。

天下大事必作于细，古往今来必成于实。我们谋事要实、创业要实、做人要实，只有出实策、鼓实劲、办实事，不图虚名，不务虚功，我们才能取得实绩，收获实效，创下实功，才能够在当今社会各种"浮夸"的教育教学改革中获得实实在在的成绩。

（1）踏实是成功的保障。

在学习中，一个踏实肯干的人能够全身心地投入学习中，认真细致地完成每一个任务。这种态度能够让他积累丰富的学习经验和专业知识，从而在学校、班级、自己的人生中获得更多的机会。在学习中，一个踏实的学生能够勤奋努力、持之以恒地学习知识，从而取得优异的成绩。在人生中，一个踏实的人能够规划好自己的目标和计划，一步一个脚印地坚持努力，最终实现自己的梦想。

（2）务实是成功的态度。

在处理问题时，一个务实的人注重实际效果，不畏艰难险阻，敢于面对挑战和风险。他不会被眼前的困难所迷惑，而是着重于解决问题的方法和步骤。他注重实践和实际操作，善于将理论知识转化为实际行动，从而创造出更多的价值和成果。在团队合作中，一个务实的人能够以实际行动来推动团队的目标和计划的落实，从而提升整个团队的效率和成果。

2. 引——引趣、引深

（1）引趣。

从字面上理解，引趣就是引起学生兴趣，在数学课堂中，我一般是如此操作的：

①引趣于讲授新课之前。

②引趣于概念教学之中。

③引趣于命题(公理、定理、公式)教学之中。

④引趣于解题教学之中。

⑤引趣于知识探索之中。

⑥引趣于一堂课(或一章节)结束之时。

我教了三十多年的初中数学课，"激趣教学"可以说是我教学风格的主旋律。学生听我的数学课感到很有意思，其缘故就是"趣"。我每次快备完课之前，都会问自己：明天这节课，"趣"在何方？

数学是迷人的乐园，曾使多少探索者流连忘返，如痴如醉；数学是神奇的世界，曾使无数开拓者绞尽脑汁，驻足兴叹。数学课是可以上得很有趣的，但现今的数学课能够达到充分"激趣"境界的还不多。当然，我们绝不能"为激趣而激趣"。"激趣"是要有智慧和艺术的，"激趣"贵在用心挖掘，"激趣"贵在浑然天成。

（2）引深。

同样，引深是指"引向深入"。对于"引深"，我一般在课堂上会通过下列方法进行：

①通过一般化将问题引深。

②通过类比将问题引深。

③通过丰富命题结论将问题引深。

④通过变换命题条件将问题引深。

⑤通过交换命题的条件与结论将问题引深。

值得一提的是，引趣教学和引深教学不是完全分开的，引趣中有引深，引深中有引趣。两者相辅相成，有机结合，才能共同促进学科教学。当然，深与浅是相对的，每位教师都能在教学中进行引趣和引深。只要用心，就一定能深入浅出。引趣，让学生感到"学科好玩"；引深，带领学生走向"玩好学科"的境界。

(三) 他人眼中的我

1.学生眼中的我

我虽然学习不是那么好，但是我非常欣赏周老师的教育理念。他耐心引导我们去读懂教材，很是务实，不务虚，而且他把课本难以理解的知识用很有趣的方式教授给我们，使数学不再枯燥无味，我也由惧怕数学到喜欢数学。

——2000 届学生　高红星

周老师讲课生动风趣、幽默活泼，听他的课简直是一种享受。

——2023 届学生　李高华

我相信周老师与其他人一样会发脾气，不过我从未见过。周老师总是在课本知识基础上引申出更有挑战性的知识，我深爱数学，到目前为止读到了研究生。周老师的引趣、引深教学对我的帮助巨大。

——2015 届学生　候力天

2. 同事眼中的我

周老师总会有很多奇思妙想，仿佛就是为了数学教育而生。他的教学实实在在，没有花架子，值得我们去深挖、去研究。

——创新中学老师　李平

3. 同行眼中的我

很喜欢周老师的讲座，他讲的都是实实在在的东西，一切的一切归于课堂教学。我又学到了，回去要尝试这种方法。

——阳江一中老师　冯晓冰

周老师讲课很实在，但无处不体现教师的驾驭能力，无处不体现教师的课堂艺术。真正的高手不讲究套路，学生愿意跟着您学习，您让学生体会到了学习数学的乐趣。

——新会陈瑞琪中学老师　游周平

四、育人故事——见证"实、引"的力量

王文聪同学小学的时候总是学不会数学，每次考试都是三四十分，这让他做医生的父母都很郁闷。他们一度怀疑自己的孩子是智力障碍者，要去医院检查证明。王文聪到了初一上学期是全校倒数，尤其是数学，感觉是一塌糊涂，也就是我们平时所讲的"没开窍"。王文聪做了我的学生后，我对他的要求其实很简单，那就是从课本开始，先把数学概念理解清楚，然后把课本例题反复理解，会做了之后，还需要自己出一道类似的题目并说明理由，也就是要"明理"。过了半年，我又开始把例题"引深"，再要求他反复理解。就这样，他扎扎实实地每天坚持着，半年后逐渐赶上平均水平，最后中考数学达到了 115 分。现在他在华南师范大学就读博士，研究"量子光学"，我想，这或许是众多这样的孩子的缩影。

五、现场教学与反思——以"数轴"教学为例 >>>

(一)教学内容

人教版初中数学七年级上册第一章有理数 1.2.2 数轴。

(二)教材分析

本节课主要是在学生学习了有理数概念的基础上，从标有刻度的温度计表示温度高低这一事例出发，引出数轴的画法和用数轴上的点表示数的方法，初步向学生渗透数形结合的数学思想，以使学生借助直观的图形来理解有理数的有关问题。数轴不仅是学生学习相反数、绝对值等有理数知识的重要工具，还是以后学好不等式的解法、函数图像及其性质等内容的必要基础知识。

(三)教学目标

根据新课标的要求及七年级学生的认知水平，我制定的本节课的教学目标如下：

(1)使学生理解数轴的三要素，会画数轴。

(2)让学生能将已知的有理数在数轴上表示出来，能说出数轴上的已知点所表示的有理数，理解所有的有理数都可以用数轴上的点表示。

(3)向学生渗透数形结合的数学思想，让学生知道数学来源于实践，培养学生对数学的学习兴趣。

(四)教学重难点

正确理解数轴的概念和有理数在数轴上的表示方法是本节课的教学重点，建立有理数与数轴上的点的对应关系(数与形的结合)是本节课的教学难点。

(五)学情分析

(1)知识掌握上，七年级学生刚刚学习有理数中的正负数，对正负数的概念理解不一定很深刻，许多学生容易出现知识遗忘，所以应全面系统地去讲述。

(2)学生学习本节课的知识障碍。对数轴概念和数轴的三要素，学生不易理解，容易造成画图时丢三落四的现象，所以教学中教师应予以简单明白、深入浅出的分析。

（3）由于七年级学生的好动性、注意力易分散、爱发表见解、希望得到老师的表扬等特点，因此在教学中应抓住学生这一生理心理特点，一方面运用直观生动的形象，引发学生的兴趣，使他们的注意力始终集中在课堂上；另一方面创造条件和机会，让学生发表见解，发挥学生学习的主动性。

（4）心理上，学生对数学课感兴趣，老师应抓住这一有利因素，引导学生认识到数学课的科学性，理解学好数学有利于其他学科的学习以及学科知识的渗透性。

（5）学生刚开始学习就遇到了大量枯燥的概念，如有理数、相反数、正数、负数、绝对值等，如果这时教师不能在教学中正确引导，激发他们的学习兴趣，他们就很可能产生厌学的心理。因此实实在在地培养学生的学习兴趣也就是"引趣"，是搞好七年级教学的首要任务。这就要求我们在教学中根据不同的教材内容，采用不同的教学方法，由浅入深，从旧到新，搞好教学。由浅入深，自然过渡，让学生学起来容易接受和理解。另外，还可以在引入新概念前，向学生简单讲解一点数学史，激发学生的求知欲。

回望过去，一路走来，一路艰辛，一路收获。"陌上花开缓缓行。"要在享受沿途的风景中慢慢前行，在实践中走自己的路，在平凡的精神世界里找到向上的支撑，专业发展永远在路上。

和谐幽默　简洁有序

● 江门市新会华侨中学　朱陈刚(高中数学)

一、导读语

>>>

　　我叫朱陈刚，江门市新会华侨中学高中数学高级教师。从教23年，我本着为人师表、教书育人的理念，潜心教学，不敢懈怠。我积极参与各种培训，不断打磨课堂，坚持撰写教学反思，让自己在实干与总结中成长。近年来，我受聘为新会区高中数学名教师蔡立新工作室成员、江门市高三数学中心备课组成员，成为江门市第五批名教师培养对象，先后获得江门市普通高中毕业班工作先进个人、新会区优秀教师、新会区优秀班主任等称号。在实际教学中，我针对高中一些学生对数学兴趣不高的现象，积极探索并实施享受数学的教学模式，通过大量的教学实践来推动自己的教学追求。我积极主动参与区级以上公开课展示活动，加强多种形式的教学研究：近年来主持1项省级课题，参与1项区级课题；将教学研究形成文字，2篇论文在省级以上公开刊物发表，多篇获区级奖。我注重从三个方面落实数学课堂的乐趣：一是内容简洁有序，二是课堂用语风趣幽默，三是搭建新旧知识的桥梁，让新旧知识无缝对接。长期的教学实践逐渐形成了我"和谐幽默，简洁有序"的教学风格。

二、名师成长档案——走在成长的道路上

>>>

　　我来自江西彭泽，是一个地地道道的农村人。我从小受"勤劳"的传统文化影响，身上有一股干劲；而彭泽乃至江西的地方文化又给予我精神上的濡养；名家伟人的故事更让我坚定了有一份光发一份热的信念。

(一)第一阶段(2002年以前)——幻想成为好老师

　　20世纪八九十年代的农村家庭，条件不太好，我家更是贫寒的典型。父母

在为生计劳碌，刚读书的我每天早上必须在放牛、砍柴之后才去上学，放学后又要下地帮着干些力所能及的农活，不像现在的孩子，读书是"专业"。小学阶段，有一点让我印象最深刻：每个学期的老师几乎都是新面孔。由于师资奇缺，临时聘请的代课老师就像走马灯，我们每个学期都是在适应老师的教学中度过，学习的效果可想而知。迫切希望能有固定的老师教自己成了我们最大的愿望，以至有一次我妈问我长大以后想干什么时，我张口就说想当一个固定在一个地方教书的好老师。

我的小学和初中都是在乡下读的。我读书时非常懵懂，脑子里几乎是空白的，不知道外面的世界是怎样的，自己将来要去哪里，要干些什么；也没有老师启发引导过，或许老师觉得无需启发，也或许老师不知道怎么启发。那时的我，就想看看外面的世界到底是怎样的。我的高中是在县城读的，我眼界似乎开阔了一点，但学得还是不够顺利。说实话我读书基本是跟着老师走，老师叫干啥就干啥，有时候还不听，学习方法上更是漫无头绪。其间我还与个别老师发生了一些误会，导致讨厌某个学科，于是成绩一落千丈，造成自己之后的种种不顺利。现在想想，那时自己还是年轻太任性，没有从个人发展的高度对待学业。我回顾自己的学习状态，感觉最大的不足就是知识体系没有建构起来。翻开书，到处是知识，脑子里也似乎有那么多的知识，但这些知识仿佛没有串起来的珍珠一样散在那里，自己没有办法将它们连成片，老师似乎也帮不上我，因此学得特别费劲，成绩总提不上去。由此我经常幻想：如果有朝一日自己成了老师，一定要引导孩子们了解外面丰富多彩的世界，要让课堂充满乐趣，让孩子爱上自己，爱上自己所教的那个学科，引导他们形成有序的知识体系。此时，我最想成为一名有开阔视野、完备知识体系的老师。

知识改变命运。庆幸的是我一直没有放弃，终于有了改变命运的一天。1998年，我考上了广东的大学，遇上了一批学识渊博的教授，如赵耀庆、李正吾、陈继鹏、谢祥云等。记得陈继鹏老师给我们上数学分析课，思路分明，条理清晰，让人叹为观止；他经常为我们介绍数学最前沿的知识，让我们时刻关注学科的发展；他的课程考试方式与众不同，打破了传统的考查方式，让我们就所学的内容选择自己感兴趣的问题，通过查阅资料写成小论文。这样的考试既考查了所学的知识，又拓宽了我们的阅读面、增长了能力。从此我养成了关注学科发展、积极阅读的好习惯，也由此有了成为一名优秀教师的可能。

（二）第二阶段（2002—2015年）——教学风格新破土

主动学习粤语，增强沟通乐趣。2002年，我到江门市新会华侨中学参加工作。新会是粤方言地区，粤语是通用的，但我不会讲粤语，这给我的生活和工作带来了不便。虽然跟学生讲普通话没问题，但是跟家长沟通就困难了，而且我担任班主任，跟家长打交道的机会多了，不会粤语给工作造成极大的不便，于是我开始主动学习粤语。为了让粤语学习更有趣味，我反复观看周星驰的无厘头电影，如《喜剧之王》《九品芝麻官》《审死官》等，看了不下十遍。半年之后，我也可以讲一些粤语了。我刚开始讲时，同事、学生、家长都会偷偷发笑，但他们还是会纠正我。我并不气馁，反而在课堂上时不时抖一抖粤语，抛出一两个粤语的"梗"，这样既活跃了课堂气氛，又融洽了师生关系。在粤语学习过程中，我又有了"三重要"的体会：构建学习的需要很重要，学习有乐趣很重要，学习不怕出丑很重要。

让和谐幽默增加学习趣味。我喜欢和学生一起讨论，不怕被学生反驳。因为我觉得学生有自己的思考和见解，更有利于培养学生独立的思想和人格。不论是在课堂上，还是在课外；不管是做班主任，还是当科任老师，我都力求与学生建立一种和谐的关系。因为所有教学活动都是师生的双边活动，知识的授受也是双边活动中心灵之间的碰撞，是一种矛盾消除的过程，只有双方都积极参与，教学相长，才能增强课堂教学效果。在我的眼里，没有优生和差生，我也从来不去区分好学生与坏学生。我认为现在的每一个学生都是很聪明的，学习成绩只是一个表现的侧面，不能轻易地对一个学生下"好"或"不好"的结论，尤其是作为数学老师，我更加认同多元智能理论，认识到孩子的创造力不仅表现在单一方面。在课堂上，我除了讲授最基本的知识与技能，还鼓励每一个学生讲，让学生展现自我，与学生交流。在这个过程中，我不以高高在上的老师自居，而是俯下身来，侧过耳去，走到他们中间，与前后左右的学生一起说、一起听、一起乐，与学生进行最自由、最真实的对话，肯定每一个人的努力。在这种和谐交流的过程中，学生的思路被充分激活，激荡起绚丽的浪花。"亲其师信其道"，学生亲近你时，会亲近你所教的学科，便会在不知不觉中学好这一门课。而我们所要做的，只是拿出真正平等的情怀，营造和谐的氛围。

教学风格新破土。2013年4月1日，我上"空间线面平行与垂直"一课，全区高中数学教师来听课。预备铃响后，我大声问同学们将来想不想成为伟大的设计师或建筑师，大家一脸疑惑，不知道为什么老师这样问；正式上课铃响后，我站上讲台说："同学们，今天我们先来看一些大师设计的作品，这些大师都是我国国宝级的人物，是建筑设计学派的重要代表，他们的作品非常好。在欣赏的同时，请同学们重点关注图形中的线面关系，并发表自己的看法。"学生们欣赏之后畅所欲言，课堂气氛热烈，师生互动融洽。这堂课受到了新会区教师发展中心副主任、数学教研员周广榕老师的高度肯定，他的评价是："朱老师数学功底好，设计独特，语言风趣幽默，课堂上每一个点都是数学，目标明确；师生关系融洽，学生学习兴趣高、参与度高，学生的收获看得见。这样的课我很少听到，在细节上再经打磨，肯定相当出彩。"专业人士对我的肯定，给了我继续追求快乐数学的信心与动力。

2015年3月20日，我参加新会区举行的中学数学"同课异构"教学竞赛，当时李义仁老师担任点评嘉宾，他对我的课评价比较高。他认为"朱老师学识渊博、设计巧妙、条理清晰、语言幽默""课堂有亮点、有笑点"，并专门找我谈话，鼓励我继续打磨课堂，要形成自己的教学风格。我深受鼓舞，要知道李义仁老师一直从事教研员工作，学养很深，又是正高级教师，他也给了我前行的力量。我暗暗下决心：一定要努力形成"和谐幽默、简洁有序"的教学风格。

(三)第三阶段(2016年至今)——春风化育风格壮

名师指点速成长。2018年6月，我有幸成为新会区高中数学名师蔡立新工作室成员，跟名师蔡立新学习，又很幸运地受到了李义仁、许书华、钟烙华等名师的指导，并进入广东省许书华名师工作室跟岗学习，开始走上教学研究之路。跟岗学习时，特级教师许书华对我提出要求：理论水平要提高，数学教学系统要构建。从此，我开始自觉构建数学学科的系统，但总是感觉力不从心，归根结底还是理论修养不够，于是我不断进修。2019年6月19日至2019年7月3日，我参加了广东省教育厅举办的"普通高中课程教学改革学科组长专项研修(数学)项目"，在严谨治学、知识体系、做真学问方面深受影响，教有序数学、教简洁数学的风格追求也进一步巩固和提升。

锤炼和谐幽默、简洁有序的教学风格。学习培训、名师的点拨，坚定了我在教学上实现快乐数学、教系统数学的决心。我开始明确地追求和谐幽默、简洁有序的教学风格。为了进一步探索快乐的数学课堂，我多次为全区数学教师上示范公开课，公开课的内容涉及概念课教学、习题课教学、数学知识应用课教学等。每次公开课后，除对自身的教学进行反思外，我不放过与任何听课师生交流的机会，从他们那里明确课堂得失，掌握第一手教学反馈信息，完善快乐数学课堂的心得理论。这几年，我将这些心得体会撰写成多篇论文，在省级以上刊物发表。

对教学风格的追求促进了我的专业成长。2017年我通过了广东省高级职称评审，2019年6月19日至2019年7月3日参加了广东省教育厅举办的"普通高中课程教学改革学科组长专项研修(数学)项目"，2020年被评为江门市基础教育系统第五批名教师培养对象。

我知道，我才刚刚起步！

● 三、学科教育观——享受数学是永恒的追求

"兴趣是最好的老师"显然是老调，但让学生学得有趣则是永恒的话题。当前，不少高中学生并不太喜欢学数学，其中的原因是复杂的，但我想肯定有教师的因素。我认为首先要从自己的角度去查找原因，然后在数学教学中加以改进，同时将学生不喜欢数学的其他原因剔除掉。我经常跟学生讲："数学的价值是在快乐学习中体现的，如果学数学不懂去享受，那怎么可能带来快乐呢？又怎么知道数学的价值呢？"我是这样说的，也是这样做的。为了让学生将数学学得轻松，我总想方设法把数学教得多一些乐趣，然后不断反思总结，慢慢形成和谐幽默、简洁有序的教学风格。

（一）我的教学风格解读：和谐幽默，简洁有序

和谐，《辞海》中这样解释："和睦谐顺；互相配合、协调；和顺驯服。"

幽默，我结合《辞海》的解释，为其做了个界定，所谓幽默就是指运用滑稽、双关、反语、谐音、夸张等表现手段，把缺点和优点、缺陷和完善、荒唐和合理、愚笨和机敏等两极对立的属性不动声色地集为一体，以笑为其主要审美特征的有趣或可笑而意义深刻或自嘲的智慧风貌。这样讲可能比较复杂，简单一点讲，幽默就是以一些修辞手段，用笑的形式把事物两极对立的属性表现出来。我在课堂上多使用滑稽、双关、反语、谐音、夸张等表现手段把教学内容中两极对立的属性集为一体，以达到可笑且富有深刻意蕴的效果。我比较擅长用对比手法和自嘲的方式来增加笑意。

和谐和幽默在意义上相辅相成，所以我把和谐与幽默结合在一起来讲。

简洁，这里的"简洁"并不是《现代汉语词典》中讲的"简单，不详细"，而是指在数学教学中从问题的最根本处思考问题，抓住关键点，把复杂的问题简单化，抽象的问题具体化，绝不把简单问题复杂化、啰唆化。

有序，《辞海》这样解释："指物质系统的结构和运动状态的确定和有规则。"我认为数学是一个有序的知识体系，它有自己的规律。而我们的教学工作如果遵循这个系统，那么工作就会事半功倍，否则就会事倍功半。因此，我在教学中按知识本身的逻辑注重从低级到高级、从简单到复杂，把各种教学内容按时间、难易的顺序进行安排，使学生学习有顺序、有体系，最终形成数学素养。

其实，教学有序了，安排得当了，问题就简单化了，这就是简洁的一种体现；反过来，要想数学教得简洁，那也必须教得有序；所以有序、简洁这两者也是统一的。

（二）我的学科教育主张：快乐数学

我的课堂经常从三个方面来增加学生学习数学的兴趣：

一是力求内容简洁而有序。我喜欢追溯事物的核心本质，因为很多复杂行为的背后很可能都是极其简单的原因。我追求简洁明了的课堂教学，而不是闹哄哄的皆大欢喜的教学课堂。我认为课堂教学要化繁为简，凸显朴实的品格，彰显简洁之美，特别是数学学科，要促进学生的和谐发展。我追求魏书生老师说的"老师一堂课最多讲 10 分钟"的课堂，所以在课堂上，教学环节设计应具有明确的目的性，要梳理教材中最核心的内容，教学过程要突出学习的主干。优秀的教学设计除了必须具有方向性、科学性的品质，还必须具有实践性、可行性和可操作性的品质。教师要创造性地使用教材，对教材进行适当的调整和取舍，教学设计必须符合学生的实际。教师的教学如果没有自己的思想，没有自己的方法，备课就是抄写教案，上课就是照本宣科，作业就是画钩画叉，那么就不可能给学生带来愉悦的学习体验，也不可能取得良好的教学效果，这样的教学只是按教学程序完成任务，没有多少价值可言。平庸、没有特色的教学就像一潭死水，没有一丝涟漪，没有一点生机，不会引起学生的注意，也得不到学生的认可，老师的价值也就无从体现。莎士比亚说："简洁是智慧的灵魂。"我希望我的教学追求能影响学生，让他们明白"简约其实不简单"的道理。与此同时，在抓住本质的过程中，我也努力以一种幽默委婉的方式进行教学。课堂教学的精彩之处在于把学生的学习积极性调动起来，激活学生的思维。教师是课堂教学的组织者和引导者，不仅要熟悉思维运动的规律，还要善于点拨、引导，激发学生对学习的兴趣，从而推动学生进入积极思维的状态，为课堂教学做充分的准备。

二是追求讲话风趣幽默。在课堂上，我经常从教材的内容和特点出发，通过有趣的问题、生动的小故事等方法导入新课，唤醒学生乐学的内在动力；力争以诙谐的语言、抑扬顿挫的语气来说明问题、阐明道理；总是把一些问题与他们身边常见的事物结合起来讲解以达到目的；让学生在宽松快乐的环境中，学到知识，掌握技能，有所感悟和思考。

三是确保"知新"从"温故"起。新知识的传授从最浅易的旧知识接入，这是符合心理学认知规律的。我注重把新知识与旧知识联系起来，每一个知识点，不管是难点还是易点，一般我都会用生活中平常的事或以前学过的知识，把"难点"变成"易点"，把"易点"变成更容易的"熟点"；有时为了把知识讲得更透彻，我还会用物理、化学的知识来解释数学的问题。

(三)他人眼中的我

我的教学风格是和谐幽默、简洁有序，这种风格也得到了大家的认同。

1.学生眼中的我

朱老师的数学课堂趣味横生，有欢声，有笑语，有深思，有激辩。我们经常在不知不觉中就上完了一节课，如果课后稍作思考就会发现我们是围绕某一点在学习。朱老师在课堂上幽默风趣，在课后对我们要求严格，无论我们成绩进步还是退步，他总是不断鼓励，让我们有前进的动力。朱老师踏实、勤劳和敬业，虽然平时不苟言笑，但这并不能掩盖他的智慧。能成为他的学生我感到骄傲，很幸运他教我们数学，在他的教导下，我的数学有了很大进步。作为高三学子，很感谢朱老师对我的不放弃，让我有了前进的动力，他生动的课堂教学给我们带来了很多乐趣。数学，我对这科不是很感兴趣，但自从听朱老师上课后，我慢慢地喜欢上了它，成绩也有很大进步，感谢他，感谢他的课。

2.同事眼中的我

朱老师的课堂有两个特点，一是充满着乐趣，二是很注重知识网络的构建。他在数学教学上是很花心思的，他的想法往往是我们备课组其他成员想不到的，往往能给人以新鲜之感，而新鲜往往是有趣的。如讲评试卷时，他让学生总结考点，让学生相互之间点评，形成经验总结，学生一下就把整个内容消化了。他上课时不苟言笑，但是话语诙谐幽默让人忍俊不禁，学生都喜欢上他的课。学生有什么问题，包括思想、生活上的问题都主动找他倾诉，学生也不叫他老师，很多叫他'刚哥'，有的就直接亲切地叫他'老朱'，可见其吸引力。他还有一个特点就是有一个宏大的知识网络，什么知识都在网络的某一个点上，随时能够抽出来也能够放进去，这也是其有序教学的前提吧！

          ——新会华侨中学高中数学高级教师 张金仲

朱老师的课堂太有趣了，主要表现在他懂的东西太多了。他对我们新会本地的风土人情、文化心理都了解得很清楚，他在课余时间会主动询问新会各镇街的特色文化、风俗习惯，还会主动向我们学习各镇的方言。我们私下里问他，学这些有用吗？他说用处可大了，一是便于做家访，老师去学生家里要懂得人家喜爱和厌恶的地方，说话时该注意什么先得心中有数，这样才容易与家长沟通；二是容易做学生的工作，老师了解了学生的地域文化，容易找到共同的话题，可以比较容易拉近师生的距离；三是懂的语言多了，听各地的方言就有优势，如果仔细比较，各地的方言虽然不一样，但是具有很多相近的地方，当我们把平时觉得差异比较大的两种方言放到一起来比较，尤其是比较单个的词语时，这种差异就会变得比较小，这对教学很有帮助。

——新会华侨中学生物教师　卓琴

3. 专家眼中的我

朱老师上课有两个最主要的特点，一个是风趣幽默，我把它叫作有笑点；二是课堂内容简洁不复杂，我把它叫作有亮点。在笑点方面，朱老师的课堂总是让人快活的，他在课堂上善于运用对比、夸张、自嘲等手法，语言幽默风趣，别人笑趴了，他自己一点都不笑，增加了课堂的趣味；同时，他在课堂上对于各种知识能够信手拈来，进一步增强了课堂的乐趣。朱老师的课堂经常从一个小点切入，用牵一发而动全身的方法贯穿课堂，整堂课围绕这个点展开，形成比较丰富的内容；在具体的教学过程中，朱老师又注意从学生已有的知识出发，搭建新旧知识的桥梁；此外是朱老师的数学学科知识系统性比较强。

——新会区教师发展中心副主任，中小学高级教师　周广榕

朱老师的课堂有三个明显的特点：一是语言风趣幽默，二是内容简洁精炼，三是知识有系统。他的教学设计往往让人耳目一新，充满智慧，如果从连续的几堂课来看，会发现他在中间串了一根主线，那就是知识的系统性和连贯性的基本要求。我听的课应该是不算少的，但这么有特色的课还是见得比较少的，如果多加打磨，是很容易出彩的。

——江门市新会区名师工作室主持人，高中数学高级教师　蔡立新

学生、同事、专家的肯定就是对我最大的鼓励，这更激发了我追求独特的教学风格的信心与决心，让我在立德树人的路上走得更坚定、更踏实。

四、育人故事——与学生进行有效沟通

中学生是渴望理解与交流的。对于一个班主任来说，可以借助师生之间的交流来传递爱与关心，但要注意的是，交流应该建立在理解的基础之上。在实际的教育工作中，我进行了初步尝试，效果颇佳。举个例子来说。

我曾经有个学生叫赵红，她在班级中少言寡语，对班级活动不是很关心。通过观察，我发现她性格孤僻，不信任他人。于是我就常找她谈话，了解她的家庭、学习情况，鼓励她不要自卑，要投入集体。可每次谈话，总是我说得多，她讲得少。我费了一番心思，但效果并不好。就在我感到困惑的时候，她在周记中透露："老师，我知道你关心我。可你每次找我谈话的时候，我总是很紧张，我希望我们能够通过周记来交流。"我接受了这种交流方式。在周记中我得知，她觉得从小到大所有人都看不起她，因此她不相信其他人，更拒绝其他人

· 133 ·

的关心。我在周记批语中告诉她:"感觉到的不一定代表事实,只要你足够自信,积极融入你的生活圈子,你会发觉那些眼光并不是歧视。退一步说,即使有人带有某种歧视,你也应该用自己优秀的一面来改变那些人对你的看法。"为了帮她融入集体,感受集体的温暖,我让几个女同学多接近她,关心、帮助她。一次她由于贫血晕倒在课堂上,许多同学都照顾她、安慰她,一直等到她父亲来把她接走,有的同学甚至没能吃上晚饭。事后,我在她的周记中写了这样的批语:"一个人病了,这么多同学陪伴着,生活在这样一个集体中,是多么幸福啊!"后来我通过周记告诉她,许多人都愿意帮助她,希望她不要把自己封闭在狭小的天地里。放飞自己,让爱流通,生活就会快乐!不知不觉,她渐渐地开朗起来,话多了,笑容多了,班级活动中她的身影也多了。后来她通过努力考上了理想的大学。赵红同学的转变,让我发现周记的另一个作用,从此以后,我更认真地阅读学生的周记,并且给出详细的批语和回复。通过周记,我确实更多地了解了学生的心理世界。

通过适当的交流,让学生体会到老师的关心与爱,是引导学生身心健康发展的关键。作为班主任,更应该在班集体建设中付出自己的关心与爱,并让学生实实在在地体会到、感受到。用爱感化所有学生,所有学生就会在班集体的建设中奉献出他们的那份爱。写在最后:在学习中成长,在教学中成师,在执着中成就自己,更是在育人中成就莘莘学子。选定了教师这一职业,我将毕生信奉"德高为师,学高为范"的为师准则;选择了数学这一专业,我将全心追求"和谐幽默、简洁有序"的教学风格。

莫问收获，但问耕耘

● 新会陈经纶中学　阮平笑（高中政治）

一、导读语

阮平笑，女，高中政治高级教师，现任江门市新会陈经纶中学高中政治教师，兼政治科教研组长。23 年来我不忘育人初心，对教育事业始终充满热爱和敬畏之心，坚信教育不仅仅是知识的传授，更是灵魂的塑造和价值观的引领。在教学中，我始终秉持着"以生为本、因材施教"的理念，关注每一位学生的成长和发展，努力激发学生的学习兴趣和潜能，培养他们的独立思考能力和创新精神。我在理论上不断学习、与时俱进，在实践中深耕课堂、检验反思，逐渐形成了"有高度、有深度、有效度、有温度"的"四度"政治教学风格。

二、名师成长档案——"莫问收获，但问耕耘"

中国近代思想家、政治家、教育家梁启超先生曾这样教育自己的儿女："一面不可骄盈自满，一面又不可怯弱自馁，尽自己能力做去，做到哪里是哪里，如此则可以无入而不自得，而于社会亦总有多少贡献。"深受这种思想的影响，我把启超先生的"莫问收获，但问耕耘"作为自己的教育工作格言。

（一）萌芽：父亲榜样，梦想发芽

很幸运地，我出生于 1979 年，与改革开放同成长。作为土生土长的广东人，我的父亲最常说这么一句话："做人最要紧的是勤奋。"他就是勤奋的榜样，作为一名中学老师，兢兢业业。他教过物理、数学，也教过历史。父亲热爱他的工作，他在厚厚的教案本上写满了数字、文字，还配有"高深"的图形。小时候我会偶尔在课室外面等待父亲下课。父亲挥洒自如的板书、抑扬顿挫的讲解，哥哥姐姐们全神贯注地聆听，那和谐的画面至今还历历在目。我想就在那时一颗梦想的种子在我心中悄悄发芽了。

（二）成长：坚定初心，默默耕耘

1. 初踏教坛心激昂，立足侨乡梦启航

2002年我从华南师范大学政法学院思想政治教育专业毕业，回到家乡江门在新会陈经纶中学任教，终于走向了我向往已久的讲台。新会陈经纶中学是一所由旅港实业家、教育慈善家陈经纶先生捐资兴建的公办学校，这是一所年轻又富有活力的学校。工作第一年，学校对我这位新老师"充分信任"，安排我任教整个初一年级7个班的政治课，并担任班主任。这份"信任"更加激发了我的斗志，没有"师父"手把手地教，我凭借一腔"热血"，研读教参，参考教案书籍，上课前拿着自己手写的修改了多遍的教案一段一段地背，背熟了才敢"自信"地走上讲台。经过一年的历练，当我还在摸索初中政治教学的时候，第二年学校给我来了个大"跳级"——上高二的政治课，当时的我既兴奋又紧张。面对挑战，我始终相信"天道酬勤"，勤问、勤学、勤听课，虚心请教政治教研组长陈凤爱老师，经常跑去听师父谭慧仪老师的课前课。有赖老师们的细致指导和真诚意见，我很快适应了高中的政治教学。

2. 倾心育蕾勤呵护，学子成长挂心间

初为人师，年轻又缺乏自信，为了"压住学生，稳住阵脚"，我在学生面前总是一脸严肃，装成很像"老师"的样子。数周后，我收到了一张小纸条："政治老师，你笑起来很好看，我们喜欢你笑的样子！"我开始反省，惭愧。后来我在办公桌上写下了一句话提醒自己："今天你微笑了吗？"从那天开始，每当我走进教室前都会收拾心情，整理表情，用温暖的微笑开启每一节政治课。

我的第一届毕业班是高三6班，有一段时间让我困扰不已。虽然我很努力，但班级成绩还是不如人意。直到读到爱因斯坦这句话时，我才感悟释怀："每个人都是天才，但是如果你以爬树的本领来判断一条鱼的能力，那它终其一生都会以为自己是个笨蛋。"在那个晚上，我静静地观察着我的学生：憨厚、友善、淳朴、活泼、上进、幽默、懂事……"人生不是只有一条路，每个人都有自己的长处，不应只用高考这一把尺子来衡量。"想通后，我更加用心地关注每一位学生的成长和进步。6班中有多位学生至今与我还保持着联系，有的经营着自己的小店、有的是项目经理、有的在事业单位或企业上班、有的奔波在全

国乃至全世界经商……他们以不同的方式奉献社会，成就各自精彩的人生。作为老师，我经常反思：对于学生的一生来说，什么是最重要的？也许是意志品质，也许是思维技能，但一定不只是某次考试的成绩。

3. 心无旁骛研学问，默默耕耘岁月长

勤奋是我工作的底色，细致严谨、精益求精是我对自己教学工作的要求。每节课的教学设计和课件，为了追求精美简约、科学高效的目标，很多时候我都要经过反复多次的修改完善才算完成。走上讲台的第5年，我获得了新会区"教坛新秀"的光荣称号，这时的我能很好地驾驭课堂，对教育和教学充满激情，还带有"初生之犊不畏虎"的劲头。2008年任教高三毕业班，每次江门市教研员张东萍老师或新会区教研员钟俭荣老师要来学校指导高考备考时，我都积极争取上公开课。在我看来，能让教研员老师对自己的课堂教学进行诊断，科学指导备考，这是一个多么难得的学习机会。年轻人，不怕批评！那年我们学校的政治科高考成绩优异，我获得了江门市"高考工作先进个人"的荣誉称号，还作为备课组长在江门市高考备考研讨会上作了经验分享。

为了解决教学中出现的新问题，这个阶段我特别关注生命教育和学生的思维训练，结合教学实践积极探索新的教学规律和方法，也取得了一些成果。如：教学论文《激发生命活力，点亮〈文化生活〉》在国家学术期刊、全国中文核心期刊《中学政治教学参考》发表；教学论文《创设思维训练，打造"让学引思"课堂》在《中学课程辅导》发表；本人主持的广东省思想(品德)政治小课题"在高二政治教学中实施生命教育的探索"通过结题验收；课例"国家财政"获评"一师一优课，一课一名师"江门市级优课等。

(三)引领：雄关漫道真如铁，而今迈步从头越

工作第十四年，我被评定为新会区第四届"中学政治学科带头人"，在教学路上前行，肩膀上多了一份示范引领的责任。正在我困惑如何立足岗位发挥好示范引领作用时，有幸被评选为江门市第五批"名教师"培养对象，名师引领，犹如明灯照亮前行路。在这个项目的培训中我有幸聆听了各位教授、专家的讲座，发现了自己的薄弱点——新的教育教学理论欠缺，让我有了"学习"的紧迫感。陈静安教授说："专业就是比别人多一点。"这让我看到"专业"不是遥不可及的事情，因此也坚定了"学习"的信心。为了更好地发挥示范引领作用，我积极参与了2023年新会区举办的以"珍爱生命关爱他人"为主题的中小学生命教育教学研讨活动，我执教的"让生命之花永远绽放"思政课作为示范课向全区展示。我还主持了江门市教育科学"十四五"规划课题"基于深度学习的高中政治课堂有效教学模

式与策略研究"，带领学校政治教研组的老师开展课题研究，并以丰硕的成果通过了结题验收。"雄关漫道真如铁，而今迈步从头越"，教育永远在路上！

三、学科教育观——以学生为中心，塑造时代新人 >>>

(一) 我的教学风格

1. 有高度——价值引领，培养政治认同

政治课的高度包括：第一，思想引领高度。引导学生树立正确的世界观、人生观、价值观；培养学生对国家制度、发展道路的认同感。第二，国家战略高度。从国家发展的长远目标考虑，政治课需要涉及国家的经济、文化、科技等各领域战略，拓展学生的全局视野、国际视野和未来视野。第三，社会治理高度。关注社会热点问题，引导学生从政府管理、公共服务、法治建设等角度分析问题，培养学生的公民意识等。

2. 有深度——深度学习，培养科学思维

深度学习是一种强调对知识的深度理解，重视培养高阶思维能力，促进对所学知识的迁移和应用的学习方式。政治教学过程中通过选取具有时效性、复杂性的真实案例，引导学生运用所学政治知识分析，培养分析与综合能力；通过提出启发性问题，引导学生从不同角度深入探究，培养批判性思维与逻辑论证能力；通过学生自主学习、合作探究、师生之间的深度互动等方式积极参与课堂，让学生发现问题、解决问题，提高学生的创新思维能力。

3. 有效度——任务驱动，培养公共参与

结合社会热点事件、生活实际案例等创设真实、生动的教学情境，设计具有现实意义的任务，让学生更好地将政治知识与现实生活联系起来，增强学习的代入感和实用性。在政治课堂上可以开展议题式教学：设置具有争议性和开放性的议题，引导学生分组讨论、合作完成任务，培养他们的团队协作能力和交流能力，增强公共参与的能力，同时激发学生的学习积极性和社会责任感。

4. 有温度——关爱支持，静待花长花开

有温度的政治课堂，以爱为底色，师生之间充满关爱、尊重和理解，让学生在轻松愉悦的氛围中领悟政治智慧，提升政治素养，塑造正确的价值观。在课堂上注重满足学生的情感需求，用微笑与眼神与学生交流，及时肯定和鼓励学生的积极表现；对于不同观点和想法，鼓励学生表达，保护学生的独特性和

创造力。让学生感受到老师的关心和支持，这种积极的情感体验能够激发学生的学习动力，促使他们更自信地成长进步。

(二) 我的教学主张

1. 精心选材渗引领

思政课作为落实立德树人根本任务的关键课程，需要突出价值引领的功能，促进学生"知、信、行"的统一。我认为价值引领最有效的方式是渗透，让学生的政治认同在潜移默化中发生。为此，每节课我都会精心选取具有时代性、代表性、引领性和真实性的教学素材。通过与时俱进的真实素材，让学生感受中国力量、中国速度和中国精神，在这个过程中激发他们对国家和民族的自豪感，从而不断增强道路自信、理论自信、制度自信、文化自信。

2. 鼓励追问强思维

高中思想政治新课程标准把"培养和促进学习者的高阶思维能力"作为重要的发展方向。高中学生在思维活动中具有一定的自我意识，思维的敏捷性、灵活性、深刻性和批判性明显增强。政治课堂上，一方面用高阶的问题引导学生思考，以老师的追问引领学生思维，让观点在互动中生成；另一方面引导学生对教材、对同伴、对老师进行追问，培养批判精神和创新思维。在深度追问的过程中，不仅促进了学生对所学内容的深刻理解，更重要的是培养了学生的分析能力、评价能力、创造能力，提升了学生的思维品质。

3. 引发兴趣激动机

兴趣是最好的老师，政治学科理论性强，相对枯燥，课堂教学需要讲求趣味性、互动性。首先，政治学科具有很强的时代性，将当下时事热点融入教学是激发学生兴趣的有效方式。通过探讨这些热点话题，学生能切实感受到政治知识与现实世界紧密相连，从而激发他们深入探究政治学科知识的欲望。其次，通过增强教学的互动性来激发学生的学习兴趣。让政治课堂从"单向输出"转变为"多向交流"，运用小组讨论、课堂辩论、角色扮演等互动形式，让学生有机会表达自己的观点和想法，与老师和同学进行思想碰撞，从而提高学习的积极性和主动性。

4. 关注差异助成长

关注个体差异，实施分层教学，满足学生多样化需求。根据学生的学习基础和能力水平，设置不同难度层次的问题、练习和作业，让每个学生都能在自己的能力范围内取得进步。例如，我在课堂提问时会进行分层设计，对于基础薄弱的学生，提出一些较为简单、直接的问题，帮助他们巩固基础知识；对于学习能力较强的学生，则提出一些具有挑战性、开放性的问题，引导他们深入思考，拓展思维。通过分层提问，每个学生都能在课堂上有所收获，从而增强学习的自信心和战胜困难的勇气。

四、育人故事——耐心引导，点亮智慧之光

故事一："我见过外星人！"

到广州参加了一周的培训，我感觉回到了大学时代，宿舍、饭堂、课室三点一线的生活既紧张又充实。当我又回到"久违"的课堂时，心里充满期待和热情，今天上课的内容是"意识的本质"。

我用一个真实的案例引入主题。

"1920 年在印度加尔各答的丛林中发现两位由狼抚育的女孩，大的女孩约8 岁，小的 1.5 岁左右。当她们被领进孤儿院时，一切生活习惯都同野兽一样，不会用双脚站立，只能用四肢走路。她们完全不懂语言，也不会发出人类的音节。她们两人经常像动物似地蜷伏在一起，不愿与他人接近。

"她们被领进孤儿院后，辛格夫妇异常爱护她们，耐心抚养和教育她们。遗憾的是，小的进院不到一年便死了。大的一直活到 17 岁，但她直到死也没真正学会说话，智力只相当于三四岁的孩子。"

我设置的思考问题是："案例说明了纯粹的动物心理会形成意识吗？为什么？意识是谁的产物？"

学生结合案例和教材分析得头头是道，课堂按照我的预设顺利地进行着。

当讲到"意识的内容"时，我让学生对比两张图片——中国的玉皇大帝和西方的上帝。学生兴致勃勃地说着二者的不同，最终他们得出了一个基本一致的结论："玉皇大帝的外貌酷似汉族人，上帝的外貌像西方人，可见，人是按照客观存在的自己的形象去创造神的。"

我表扬了学生的分析归纳能力，接着说："鲁迅先生曾经这样说过：'描神画鬼，所谓天马行空似的挥写了，然而他们写出来的，也不过是三只眼，长颈子，就是在常见的人体上，增加了眼睛一只，增长了颈子二三尺而已。'"我用PPT 为这段话配了两张图片，一张是漫画《画鬼从何取材》，另一张是电影《E.T. 外星人》的剧照。

"离开了客观对象，是不能产生人类的意识，不会有鬼神观念的。"我顺理成章地得出了结论，学生也纷纷点头。就在这时，突然有一个不大不小的声音

叫道："我见过外星人！"这一叫引起了一阵小"骚动"，学生们纷纷注视着声音的主人。开始时，我以为有调皮的学生故意捣蛋，也转过头来寻找着声音的源头，只见坐在第二组第一位的小钰，皮肤黝黑，一头短发，一副黑框眼镜，一脸认真地看着我，从她的眼神中，我读到了"我是说真的"的意思。平时的她，不苟言笑，上课时默默地听，静静地做着笔记，在我的印象中她是一位很"乖"的学生。突如其来的一叫，让我的思路来了个急刹车，学生们开始小声议论甚至"取笑"她所说的话。此时，我可不能当没有听见，也不忍心直截了当地否定这个"勇敢而真诚"的表达。

冷静了一下，我好奇地问道："你在哪里见到过外星人？"

"没有留意，周围黑漆漆的。"她认真地回答。

"你见到的外星人是怎样的？"

"很高大，棕灰色皮肤、皱巴巴的，大头、大眼睛、没有头发，不好看……"她努力地"回忆"着。

我转头看看黑板屏幕上《E. T. 外星人》的剧照，又回头问道："像不像电影里的外星人？"她犹豫了一下点点头，又赶紧补充"证据"："外星人还跟我说话了！"

我更加好奇了："那外星人跟你说了什么？"

"他说：'你好！'"

我接着问："他说的是中文还是英文啊？"

"中文！"她回答得直截了当。

"哦，外星人会说中文呀！"我微笑地看着她。

小钰的眼睛定了一会儿，接着"恍然大悟"地笑了，同学们也笑了。

"也许我们在电影里或者梦里见过外星人，情景太逼真了，有时也会分不清是真是假，2000多年前伟大的思想家庄周在《庄周梦蝶》中就思考过类似的哲学命题。今天有同学勇敢地分享自己的真实想法，让我们为这份勇气鼓掌！"掌声响了起来，我舒了一口气，这样的课堂不可预设，但真实可爱。

故事二："老师，我可以加你的微信吗？"

"老师，我可以加你的微信吗？"我上完课收拾好课本，正准备离开课室，一个男孩叫住了我。我循声转过头去，原来是张旭。他白净的脸上带着几分羞涩，长长的刘海已经遮住眉毛了。这让我想起了他的班主任曾在办公室诉苦，为了捍卫他的刘海，新学期开学他就跟班主任较上了劲。为此，他也失去了上个学期评选三好学生的资格。

张旭每次见到我都会很有礼貌又有点腼腆地叫声老师，然后就迅速走开。这次他说主动加我的微信，我感到有点意外。我疑惑地看着他，他连忙解释道:"周末的时候,我想……可能……学习上有些问题想请教你!"他显得有点紧张。"好啊!"我微笑着点了点头。随后,他拿着我写的微信号快乐地回到了自己的座位上。

过了两天,星期六的晚上我收到了张旭的微信。

"老师我有个问题,'世界上没有终极真理'算不算终极真理?如果算的话,它自己的内容就被否定了。如果不算,那这个命题就没有绝对性了。"

"世界上没有终极真理",这是我前两天在哲学课堂上讲认识论"追求真理是一个过程"这个知识点时的结论,当时并没有同学提出异议。想必他当时就有疑问,但不敢当众提出。他能有这样的追问,让我感到欣喜和安慰。

要把这个问题讲清楚并不容易,我认真思考了一会儿,才回复他:

"世界上没有终极真理,这个观点是正确的。没有终极真理不等于没有真理。"

"世界上没有终极真理,这个观点是正确的认识,也就是说这是一个真理。"

我不知道我讲清楚了没有,过了一会儿,他回复道:"终极真理是指什么,没有条件的真理吗?"

这个问题问到点子上了,我慢慢分析道:

"世界上没有终极真理,这个观点属于真理(主观符合客观),但不是终极真理,世界上不存在终极真理,因为认识具有无限性。

"终极真理应该是指真理已经到了终点,没有再发展了。

"所以'终极真理'这个观点,它违背了认识的无限性。

"认识具有无限性,真理也具有无限性,真理会随着历史条件的丰富而发展。"

又过了一会儿,他发了个 OK 的手势过来。

我回复他一个大大的笑脸并竖起了两根大拇指,称赞道:"勤学好问!"

这次问答以他回复我一个"得意"的表情结束了。

事后我想,为什么他不当着我的面把这个问题问清楚呢?后来我又想,对于这个有深度的问题,"不好问"也"不好答",口语的对话真的比不上文字的对话。他留给了我思考的时间,也留给了自己反复斟酌老师的话的机会。

过去我只知道这个腼腆的男孩有捍卫自己刘海的"执着",现在我发现这种"执着"的背后更有追求"真理"的精神!

回首过往,我在教育的园地里辛勤耕耘,每一滴汗水都见证着成长,我在其中遇见了更好的自己,也见证了学生们的蜕变。展望未来,我将继续秉持"莫问收获,但问耕耘"的精神,坚守初心,砥砺前行。

智趣　灵动　多元

●台山市新宁小学　甄子美（小学英语）

● 一、导读语 >>>

　　甄子美，小学英语高级教师，现任台山市新宁小学教导处主任，台山市名教师，始终秉承台山小英奋进精神，以满腔的热情和不懈的努力扎根于教学一线，为侨乡教育事业的繁荣与发展贡献着自己的力量。从教 22 年来，我不仅传授知识，更注重培养学生的爱国情怀，通过不断探索与实践，逐步形成了"智趣　灵动　多元"的粤派教学风格，以此传承侨乡乃至祖国优秀的文化，引领学生们在知识的海洋中遨游，激发他们的学习兴趣，培养他们的综合素质。

● 二、名师成长档案 >>>

　　2003 年，我毕业于佛山教育学院英语系，满怀激情地踏上了英语教育的征途，正式开启了我的教学生涯。从偏远的乡村到繁华的城镇，尽管教学环境几经变迁，但孩子们那纯真的眼神和永不熄灭的求知欲，始终如同璀璨的星辰，照亮我前行的道路，成为我不断前进的动力源泉。

　　这份源自内心深处的热爱与责任，让我深深地沉醉于教学的世界，潜心钻研，致力于促进每一个孩子的全面发展。在这段充满挑战与收获的旅程中，我不仅赢得了无数的鲜花与掌声，更让我感到无比欣慰的是，我亲眼见证着学生们在自己的引导下，如同小树苗般茁壮成长，逐渐蜕变成为有理想、有道德、有文化、有纪律的新时代好少年。他们的成长与进步，是我教育生涯中最宝贵的财富，也是激励我继续前行的强大动力。

（一）不忘初心守梦前行（2001—2003 年）

在专业成长初期，我有幸遇见众多良师，他们犹如指路明灯，照亮并指引我坚定地走上了光明的从教之路。

1.严师引导，夯实基本功

我大学专科毕业于佛山教育学院。在学院求学期间，教授们不仅传授给我系统的专业理论知识，还通过组织名师课堂观察和微格教学实践，使我的教学基本功得到了扎实的锤炼。这些经历为我日后的教育生涯奠定了坚实的基础。

2.名师示范，树立榜样

实习阶段，我踏入了广东省一级学校——佛山市元甲小学。在这里，我有幸跟随佛山市名教师黄咏珩学习。她不仅与加拿大专家合作开展课题研究，还将 big books 引入英语阅读教学，让我大开眼界，内心种下了成为一名睿智、勇于创新教师的种子，立志在教育领域努力进取，开创属于自己的教育篇章。

3.良师引领，坚定信念

工作之初，我遇到了多位富有教育情怀的小英教研员。他们思维敏捷、眼界开阔，在素质教育领域颇有建树，始终走在教育改革的前沿。他们独特的人格魅力和先进的教育理念，给我带来了巨大的思想冲击，让我深刻认识到教育科研的重要性。于是，一颗教改的种子悄然在我心中生根发芽，坚定了我踏上科研之路的决心。

（二）青衿之志，履践致远（2004—2012 年）

1.小试牛刀，初露锋芒

在教育的田野上，我始终以一颗热忱的心，播种着希望与梦想。2004 年，初出茅庐的我，带着对教育的一腔热血，参加了江门市首届小学英语青年教师基本技能大赛。在比赛中，我以一口流利的英语，赢得了口语展示二等奖的荣誉，这不仅是对我教学能力的肯定，更是激励我继续前行的动力。从此，我更加坚定了自己的教育信念，对未来充满了无限的憧憬。

2. 勇挑重担，屡获硕果

时光荏苒，转眼间到了 2008 年。我以更加成熟、自信的姿态，再次站在了江门市小学英语青年教师教学基本功比赛的舞台上。这一次，我以出色的表现，荣获了说课比赛一等奖、才艺展示二等奖、演讲比赛三等奖以及四项全能一等奖。这些荣誉，如同璀璨的星辰，照亮了我前行的道路。2012 年，我又在江门市小学英语青年教师优质课比赛中获得一等奖。每一次比赛，都是对我教学能力的锤炼与提升，让我更加深刻地理解了高效课堂的内涵与价值。

(三) 博观约取，厚积薄发 (2012—2017 年)

1. 勤奋学习，培训提升

在教育的征途中，我从未停止过学习的脚步。为了更新教育理念，提升专业素养，我先后参加了多次省级骨干教师培训、省港教师交流培训项目以及省"强师工程"骨干教师高端研修班。每一次学习，都让我受益匪浅，让我更加深入地理解了新课程标准的精髓，为我探究核心素养背景下的小学英语教学指明了方向。

2. 模仿名师，练就风格

"纸上得来终觉浅，绝知此事要躬行。"为塑造自己的教学风格，我勇敢地踏上了模仿名师课堂的征程。

在观摩了中山名师的阅读课后，我深受启发，结合自己的理解，尝试在市级公开课上移植了名师的"Sea horses"阅读课，深入探究了阅读课的教学方法。随后，在参加省级培训时，我聆听了陈晓琼老师的 Phonics 专题讲座，受益匪浅，并大胆地在陆丰—江门交流培训项目中展示了一节高效的语音示范课。随着高效课堂之风在我市的盛行，我认真学习了杜郎口高效课堂模式，并将其应用于市级词汇、句型公开课中，收获了良好的教学效果。2012 年，我参加了江门市英语优质课比赛，对复习课进行了深入探究。2016 年，在雷炳权名师工作室省级课题中期汇报暨优质课展示活动中，我又对会话课进行了精心设计和展示。

正是通过这些多次的"磨课"经历，我深刻领悟到了优质课程的打造之道，也养成了沉下心来学习、扎实做事的良好态度。在大量的磨课和反复的推敲中，我逐渐掌握了解决教学问题的科学方法，形成了解决各种课型教学问题的能力，并产生了自己独特的教学见解，初步形成了智趣、灵动的教学风格，从而迅速提高了教学质量。

3.迎难而上，突破自我

这些丰富的尝试不仅加深了我对各种课型的理解，更让我亲身体验到了教学改革所带来的显著效果。在此基础上，我迎难而上，不断突破自我。2017年10月，我有幸参加了广东省首届中小学青年教师技能大赛江门市选拔赛，凭借出色的表现荣获江门市选拔赛第一名，并顺利晋级省级决赛，最终荣获二等奖。

在紧张的备赛过程中，我广泛阅读，深入思考，对"培养什么样的人，怎样培养人"这一教育根本问题有了更为深刻的认识。专家的悉心指导更是让我对核心素养的内涵有了透彻的理解。我深刻意识到，仅仅依靠一个充满智趣和灵动的英语课堂，对于培养能够应对复杂多变国际形势的未来人才来说是远远不够的。正如"少年强，则国强"，我们需要培养的是具有创新思维、多元发展的新时代少年，他们才是能够迎接未来挑战的中坚力量。

（四）行而不辍，未来可期（2017年至今）

1.以生为本，探索教学新策略

为探索有效的教学模式，我积极开展课题研究，主持和参与了多项省、市、县级课题，取得了一定的研究成果。我深知，只有不断创新、不断实践，才能提高教学质量。

根据学生的身心特点，我采取了一系列针对性的教学策略。首先，我以任务型教学为导向，精心设计了一系列活动，旨在有效培养学生的自然拼读能力。其次，为了激发学生的阅读兴趣和求知欲，我精心设计了课内阅读预学案，引导学生主动预习和思考。此外，我还充分利用信息技术手段，如多媒体教学资源和在线平台，为学生拓宽英语学习渠道，提供更丰富多样的学习体验。

多元教学方法的尝试与实践，不仅极大地提升了我的教学质量，还赢得了上级部门及同行的肯定。因此，我被评为台山市教育创新先进个人，并被聘为台山市小学英语专业委员会委员以及江门市兼职教研员。这些荣誉和职务不仅是对我过去努力的认可，也激励我在教育创新的道路上不断探索与前行。

2.育新为任，成就教育共成长

在教育领域，我始终秉持"育新为任"的理念，充分发挥骨干教师的示范引领作用。借助台山市名教师工作室这个平台，我在县市区及教育集团内开设示范课、举办专题讲座，努力提升青年教师的教学实践能力。为拓宽青年教师视野、促进学术交流，我还带领团队前往江门各地考察学习。

在共同努力下，青年教师队伍不断成长。高宝英老师就是其中的优秀代表，她教学功底扎实，教学能力出色，在各类重要赛事中取得了优异成绩：2022年获得江门市中小学英语学科青年教师教学能力大赛特等奖；在第四届广东省中小学青年教师教学能力大赛决赛中荣获一等奖；2024年在广东省小学英语优质课展示观摩活动中再获特等奖。高老师的成绩，既是对她个人教学水平的认可，也体现了我们在教育工作中共同成长、共同进步的成果。

三、学科教育观

(一) 我的教学主张

英国著名教育家怀特海深刻指出，教育的本质在于点燃学生自主发展的火花，坚决反对生硬的知识灌输和僵化思想的传播。这一见解高度强调了学生作为学习旅程中核心角色的重要性。2022年，中华人民共和国教育部发布《义务教育英语新课程标准》(2022年版)，明确将立德树人确立为教育的根本追求，不仅为教育实践绘制了清晰的蓝图，也进一步凸显了在新时代背景下，培养全面发展、具备综合素质人才的重要性和迫切性。

在此背景下，我更加坚定"教育成就更美好的个人"的教学主张，逐步形成"智趣　灵动　多元"的英语思维课堂教学风格，不仅关注知识的传授，更在于激发学生的内在潜能，引导他们自主学习、全面发展，最终培养出既拥有扎实学识，又具备独特个性与创新思维的侨乡学子，为他们的未来铺设更加宽广的道路。

(二) 我的教学风格

1. 智趣——以活动为载体，培养学生用英语思维的习惯

根据学习的认知理论，学生的学习依赖于其从记忆中抽取的认知结构和当前的刺激情景。因此，在活动中，我设计符合学生年龄和认知特点的课堂活动，如做游戏、唱歌谣、对话交流、讲故事、成果汇报等，以吸引学生的注意力，调动其学习兴趣，并积极参与英语学习活动。这些活动不仅追求热烈的课堂气氛，更注重理想的课堂实效。在具体实施时，我以主题为引领，以语篇为依托，围绕语篇精心设计核心问题，以此激活学生的知识储备，为后续的深入学习奠定坚实基础。

2. 灵动——以学定教，促进学生探究学习与课堂生成

建构主义理论认为，儿童在与周围环境的相互作用中逐步构建起关于外部

世界的知识，从而发展自身的认知结构。因此，我关注学生的探究学习与课堂生成，通过模拟生活化情境和英语学习活动，引导学生自主建构新的知识体系和开展实践运用。我借鉴杜威"做中学"的思想，常作为参与者和引导者的角色带领学生基于情境理解文本，引导学生自主提问，并以同伴互助、小组合作的方式开展学习理解、实践运用与迁移创新等学习活动，从而深度体验学习，自主探究和发展素养。

3. 多元——超越学科本位，多设置平台展示学生的个性

多元的英语思维课堂主张超越学科本位思想，围绕育人目标，融合学科知识设计课堂，践行学思结合、用创为本的英语学习活动观，培养学生的语言能力和学习能力，发展学生的思维品质、塑造学生的文化品格，逐步树立正确的世界观、人生观、价值观。

在日常的教学过程中，我深挖文本育人价值，融合学科知识，开展单元整体教学，注重培养学生用英语做事情的习惯，使课堂教学活动转化为学生学习经历；通过迁移创新活动，引导学生在新的情境当中，提出新的解决方案，产出成果，从而实现知识创新迁移的目标。

（三）他人眼中的我

通过近年的研究，结合多次课堂实践，我与教研团队取得了累累的硕果。我校英语教研组获得了台山市教学成绩优秀奖，获得了县市级命题、单元整体教学设计一等奖和市级单元整体教学作业设计一等奖。我被评为台山市名教师工作室主持人，辅导温雅雯等多名学生获得省市级口语现场展评、在线朗读能力展评一、二、三等奖，得到了学生、同行与各级领导的一致好评。

（1）学生眼中的我：甄老师平易近人，深受同学们的喜爱。她的课充满趣味，引人思考。我们既学到了丰富的知识，又学到了做人的道理。她的课总能打开我们的眼界，让我们更好地了解世界。

——台山市都斛中心小学 2006 届优秀毕业生　　陈燕鸣

（2）同行眼中的我：甄老师思维敏捷，充满睿智。在备课过程中，她总是能迅速找出答案并解决问题。我非常敬佩她。她所设计的英语课充满了浓浓的文化气息和暖暖的人文情怀，学生在她的引导下乐学、善思，彰显个性。她是我学习的好榜样。

——第四届广东省中小学青年教师教学能力大赛
小学教育组英语学科决赛一等奖获得者　　高宝英

（3）领导眼中的我：甄老师勤学好思，对英语教学有执着的追求。多年来，

她将自己的精力投入教学研究，带领团队开展课题研究，精益求精，逐步形成独特的教学风格。在教学实践中，她善于挖掘文本育人价值，教学技巧娴熟，收放自如。她的课堂如行云流水，育人无痕，令人回味。

——江门市教育研究院教研员　陈晓琼

四、育人故事——我的小"老师" >>>

在教育领域深耕近二十载，我从乡村讲台一路走到如今，成为市名教师。这一路，满是学生们的欢声笑语与成长足迹，可谓桃李芬芳。这段漫长岁月里，有个孩子，就像一颗独特的星星，在我的记忆里闪闪发光。他，就是小越。

小越这孩子，聪明机灵，脑袋瓜转得飞快，还有着自己独特的想法。刚接触我的英语课时，他在课堂上听得津津有味，小手总是举得高高的，成绩也相当出色。可慢慢地，我发现他眼中的光芒黯淡了，课堂上不再积极表现，笑容也少了。我心里一紧，知道一定有什么原因。

那是三年级下学期的一堂英语课，我正带着孩子们学习"sports"相关的词汇和句型，大家玩 TPR 游戏玩得热火朝天，可小越却像霜打的茄子，无精打采。我轻轻走到他身边，温柔地问："小越，不喜欢和老师一起玩游戏吗？"他小嘴一噘，嘟囔道："每节课都玩游戏，都玩腻了。而且规则总是老师定，一点都不好玩。"这回答让我心里一震，原来我一直自认为有趣的课堂，在孩子眼里竟是这样。我突然意识到，我一直主导着课堂，却忽略了孩子们自主学习的需求。

我接着问："那你有什么好主意呀？"没想到，这话就像点燃了他的小宇宙，他眼睛一亮，兴奋地说："我想当小老师，给同学们上课！"这小家伙，居然想"抢"我的活儿，有意思！我心里好奇，就答应了。

接下来，小越的表现让我大开眼界。他大大方方地走上讲台，一口标准的英式发音："Hello, everyone. My name's Joy. Do you know my favorite sport? Please guess."话音刚落，台下小手如林。"Do you like basketball？""Do you like ping-pong？"孩子们七嘴八舌地猜着，还说出了不少拓展词汇。小越镇定自若，回应道："You have good guessing. Yes, I like soccer best."那模样，真像个小老师，一点都不怯场。

接着，小越又抛出问题："Do you know the famous soccer players in the world？"好家伙，他直接把课堂引向了足球文化。"贝利！""贝克汉姆！""C 罗！""梅西！"孩子们的知识面可真广。小越像模像样地表扬："You're great！"看着他的样子，我忍不住笑了。

我抓住这个好时机，向孩子们提问："What do you think of these famous soccer

• 149 •

players, hardworking or clever?"小越第一个抢答："They're hardworking. Because they do lots of exercise."我朝他竖起大拇指。既然说到了体育文化，我顺势引导大家关注本土文化，在黑板上画了个排球，问："What balls do people usually play in Taishan?"小越立马回答："Volleyball!"我赶紧鼓励大家："Bingo! Let's follow him."小越还一本正经地补充："Taishan is the hometown of volleyball. I love Taishan."我趁热打铁，问孩子们："Taishan is great! Do you love Taishan?"孩子们齐声回答："Yes, we do."我接着问："There are many famous players in China. Do you know them?""姚明！""苏炳添！"孩子们对这些体育明星也是了如指掌。我继续引导："Wow, China is great! Do you love China?"孩子们纷纷点头，一场生动的爱国主义教育就这么自然地融入了课堂。

下课后，小越跑过来跟我说："Thank you, Miss Zhen."我也笑着对他说："Thank you. My little teacher."那一刻，我们都开心地笑了。

这次经历让我深刻认识到学生是课堂的主体，潜能无限。苏霍姆林斯基强调教育应激发学生终生求知的热情。此后，我设计教学时更重视培养学生的学习和思维能力，鼓励他们开放探索、学以致用、勇敢表达。我相信，给孩子舞台，他们就能闪耀。未来，我将继续探索教育新路径，助力孩子成长。

五、教学现场与反思

(一)授课内容

Unit 5 School Lunch(More Reading and Writing)

(二)语篇研读

What：本课语篇是插图短文。Mr. White 与 Mrs. White 到超市购买 tofu，展开对话。

Why：认识和了解在特殊节日里，中西方国家饮食文化的差异，学会尊重不同饮食文化的差异性并能推广本地饮食文化。

How：学生在老师的启发下开启一个与课堂主题相关的项目式学习；通过 more reading and writing 的学习，认识家乡特色菜系，介绍自己喜欢的家乡菜的烹饪原材料和烹饪方法。

(三)学情分析

五年级的学生对于食物这一话题的了解往往只停留在浅层次，知道一些食物的英语表达法；了解一些生活常识，知道食物能防止饥饿，了解一些重要节日的特色食品等。学生对家乡菜这个话题很感兴趣，他们想了解更多关于家乡菜的知识，并能从中学到很多相关的课外知识，如调味料、食材及更多日常食品的英文表达。

(四)教学目标

通过本课学习，学生能够：

1.在听、说、读、看的活动中，从阅读材料中准确地获取信息，提高语言综合表达能力。

2.在小组讨论和合作绘制思维导图的活动中，加深对西方饮食文化的理解与学习，进而强化自身的文化认同感，并培养跨文化价值意识。

3.在小组交流以及合作完成海报的活动中，意识到中西节日与食物的关系，抒发对祖国饮食文化的喜爱之情。

(五)教学重点

深入理解课文意思，并掌握一定的阅读技巧和基本的写作策略。

(六)教学难点

结合生活体验，根据表达需要与同学用英语进行自如的交流。

(七)教学过程

1.智趣导入，激发背景

在 Pre-reading 部分，我以视听导入法呈现 study tour 视频，引起学生对研学旅行的回忆，使学生对进一步学习产生兴趣。接着以谈话的方式引导学生分享自己的 study tour，复习动词词组，培养学生的语言组织能力，为输出做铺垫。最后引出 Mr. and Mrs. White 在台山想和朋友分享美食的情景，使学生围绕 Sharing with friends 这一话题进行提问，从而引出本课问题链 When are they going to share? What are they going to share? Where are they going to get these things? Can they get these things? How are they going to share? Why do they want to share? 在这个过程中，引导学生建立 sharing 基本概念，知道如何分享和为什么分享。

2.灵动学习，深度体验

While-reading 由四次阅读活动组成，每一次活动均由核心问题引出。第一次阅读有一项活动：Read and choose，由核心问题 What is the passage about? 引出，要求学生快速浏览文章，了解大意。第二次阅读有两项活动：Read and answer，Read and choose，由核心问题 Who is Mr. And Mrs. White talking with? Where are they? What do they want? Is that tofu? 引出。学生通过第二次阅读能掌握文章的基本信息。第三次阅读包括 Read and judge，Think and answer 与 Discuss and answer 三项活动，由核心问题 Can they buy any tofu? What do they buy? What can they make? What will they say? What do you think of them? Why? 引出。学生通过第三次阅读能关注文章细节，利用关键词句进一步理解文章深层意思，尝试对文章章节和人物性格特点进行分析、判断，思维能力得到培养。第四次阅读包括 Retell the passage，Continue the passage，Read and write 和 Think and say 四项活动，由核心问题 What do they need? How to make sandwiches? What are they going to do? Why? 引出。学生通过第四次阅读能运用本课词汇、短语乃至句型在一定的情境中进行交流；此外，能进一步了解相关文化知识，信息量和知识面得到扩充。

课堂片段一：

Activity 2：Think and answer

Students discuss in groups and find out the answers.

T：Who helps Mr. and Mrs. White?

S：The clerk.

T：The clerk helps them. What will they say to the clerk?

S：Thank you!

T：And the clerk will say...

S：You are welcome.

T：What do you think of them, polite or impolite?

S：I think they are polite.

T：How do you know that?

S：...

T：You're polite too.

设计意图：以问题驱动，引导学生联系生活实际，渗入文明用语教育。

3. 多元发展，提升素养

Post-reading 部分包括 Listen and watch，Look and say 和 Make a poster 三项活动，由核心问题 What can we share? How to share with others? 引出。介绍台山美食视听活动，唤起了学生的跨文化意识，让学生产生了进一步交际的欲

望。通过老师的示范与制作海报活动，学生在半真实的语境中有机地关联自己的认知和生活，能整合已有的知识和信息，向 Mr. and Mrs. White 及更多游客介绍台山的美景、美食和活动。在这个过程中，学生的语言组织能力得到锻炼，逐渐形成正确的情感态度及价值观。

课堂片段二：

Stage 4：Summary

T：What do you think of yourself now?

S：I think I'm helpful.

T：Really? Why?

S：Because I can help Mr. and Mrs. White learn more about Chinese culture.

T：I think so. You are good at speaking English. I'm so proud of you, Please share more Chinese stories with others, OK?

S：Sure.

设计意图：引导学生客观评价自己的学习效果，促使学生树立文化自信，为学生进一步讲好中国故事，走向更广阔的世界做铺垫。

Stage 5：Homework

Need to do：Record a video introducing your favorite hometown dish.

Choose to do：Surf the net and search for more information about important foods of other countries to make a brochure.

Challenge：Create a cookbook of your new hometown dish in English.

Stage 6：Blackboard design（图 1）

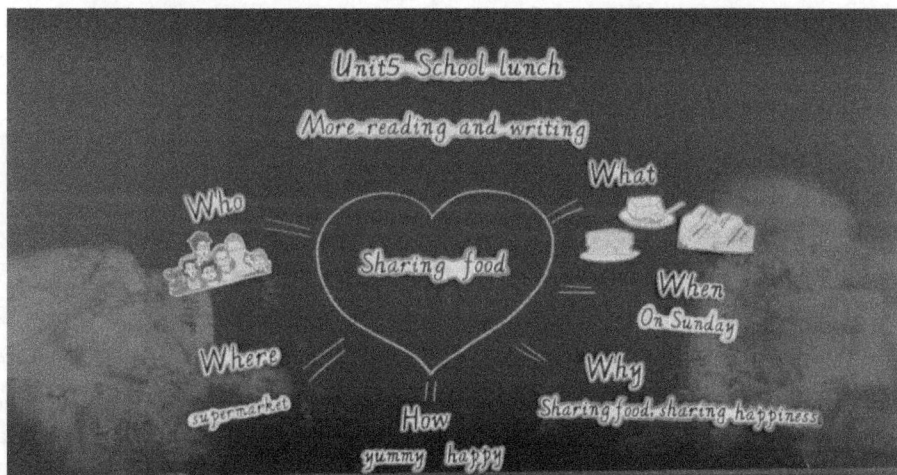

图1 黑板报设计

(八) 我的教学反思

2021 年 12 月 3 日，我有幸参与了台山市教研基地与江门市小学英语学科教研基地联合举办的研讨活动。在这次活动中，我负责执教五年级上册 Unit 5 "School Lunch" 中的 "More Reading and Writing" 阅读课，聚焦探讨中西方国家的饮食文化差异。

在此之前的学习中，学生们已经通过多个课时深入了解了广东省乃至中国的丰富食物文化，建立了关于食物的基本知识框架。因此，当课程进入这一环节时，学生们表现出了极大的兴趣和积极性，他们对其他国家的食物文化产生了浓厚的好奇心，渴望了解更多并希望与同学们分享自己所掌握的信息。

在本节阅读课上，我充分利用学生们的好奇心和分享欲，引导他们通过阅读深入了解中西方饮食文化的异同，进一步拓宽了他们的国际视野。整个课堂氛围热烈而活跃，学生们在交流与分享中不断深化了对不同饮食文化的理解和尊重。

1. 本课亮点

本课设计围绕单元主题意义和文本内容，将大观念化解为具有逻辑性、层次性的核心问题，帮助学生在发展结构化的整体理解和表达能力的同时，充分体会单元学习的价值与意义。

(1) 整合教材，丰富教学内容。

根据本单元整体教学设计之横向与纵向联系，本课有机地整合教材内容，将四年级下册 Unit 2、Unit 7、Unit 8 和五年级上册 Unit 1 至 Unit 4 的相关内容，以 study tour 为话题串联起来，通过视听方式，唤起学生对已有知识背景的记忆，为进一步整体输出做铺垫。此外，本课还使用绘本引导学生进行拓展阅读。通过完成 Read and Write 任务，学生能掌握更多与本课相关联的语言知识，同时了解更多文化知识，视野得到开阔。

(2) 善用问题，培养学生思维。

本课围绕核心问题设计具有层次性的活动引导学生自主探究。在 Pre-reading 部分，我引导学生围绕 Mr. and Mrs. White's trip to Taishan 自主提出问题，有目的性地开展阅读。在 While-reading 第三次阅读部分，以核心问题 What do they need for making sandwiches? 引出 Continue the Passage 任务，使学生结合图片提示与生活实际续编对话，培养其观察与想象力；以核心问题 Who helped Mr. and Mrs. White? What will they say? What do you think of them? 引出 Discuss and Think 任务，使学生根据认知对人物行为进行分析、判断，从而形成正确的行为价值观。

(3)渗透文化,凸显育人价值。

《义务教育英语课程标准》(2011年版)指出,学习英语有利于青少年更好地了解世界,学习先进的科学文化知识,传播中国文化,增进他们与各国青少年的相互沟通和理解。本课阅读前、阅读中与阅读后活动都将台山美景美食与文本知识融为一体,使学生对家乡产生自豪感,从而大胆尝试用英语来向Mr. and Mrs. White乃至更多客人推介自己的家乡,最终对自己的家乡产生强烈的热爱之情。在这个过程中,学生形成正确的人生观、价值观和良好的人文素养。

在第三次阅读过程中,由核心问题引发的Think and Say活动,使学生意识到在与他人沟通的过程中,以礼待人的重要性。在Continue the Passage活动中,学生亲身体验有礼貌地与他人沟通的过程,达到自我教育的目的。

2.需要改进地方

(1)基于单元整体教学强化大概念。

跨领域素养导向小学英语课程定义是以解决真实问题出发,通过完善的课程(教学)设计,在真实情境中,在任务(群)的驱动下,进行核心问题探究,能让学生习得更为广泛且可迁移的大概念,并将概念概化、通则化,以利未来迁移应用到新的情境解决新的问题,培养具有解决真实生活情境问题能力的学生。

本课的大概念是sharing。教师在Pre-reading部分已经提出本课主题为Sharing with friends,但老师没有引导学生进一步认识sharing的概念。虽然能力强的学生能领会sharing的意思,大部分学生也能在老师的引导下较好地完成各项任务,教学目标整体达成较好,但是未能达到概念概化,不利于问题链的设置。学生只有明白核心概念,才能知道做什么,什么时候做,在哪里做,如何做,以及为什么做。

(2)基于大概念设计系统的核心问题链。

跨领域素养导向的课程结构是晾衣绳法。学习的起点是素养目标,学习的过程是完成基于核心问题设置的系列活动,最终发展学生的核心素养。

在本课中,教师具有问题链意识,但因研究不深,问题的设计略显零散,缺乏系统性。本单元整体设计的大观念为Sharing food, sharing happiness,单元整体教学核心问题应设置为What food to share? What should prepare? Where to get all the food? How to make the food? Who to share? Where to share? Why to share? 每个课时围绕一至两个核心问题进行设计。本课是第四课时综合阅读理解课，小观念为 Sharing with friends。基于前三个课时教学目标，本课教学目标应定位更高，全面提升学生的语用能力。因此，本课应综合本单元所有核心问题，最终使学生产生 sharing 的大概念，知道和谁分享，分享什么，怎么分享，在哪儿分享和为什么分享。

（3）提供支架以提高学生活动参与率。

在本节课活动过程中，学生的整体参与率有待提高，主要原因是教师在每项活动前提供的支架不足。如，在引导学生围绕话题提问时，教师没有指明是 Mr. and Mrs. White's trip 中的具体哪一件事，范围太宽，不利于不同层次的学生提问。可把话题延伸到"Mr. and Mrs. White want to share something with their friends, too."，引导学生围绕特殊疑问词具体提问。在 Post-reading 阶段，学生以小组合作的形式完成海报，教师只邀请两组学生上台展示，其他学生没有分享的机会，不利于全体学生参与。可改为请一组学生展示，接着围绕标准全班进行评价，明确努力方向，再由各小组推荐代表到不同的组别去展示，其余组员认真聆听他人的介绍，再根据标准进行评分，最终选出最佳推介小组。这样一来，展示和聆听的机会更多，不同能力的学生也能学有所长。

本次活动是对跨领域素养导向小学英语教学核心问题设计进行探讨。在未来的教学实践中，我将继续以学习者为中心，整合知识、技能、态度，以解决真实生活问题为目标，调动学生协同合作，引导学生以系统观解决复杂问题，努力使每一节课产生学习迁移，鼓励学生有效创新，争取形成更多个性化成果。

听到孩子们那清脆悦耳的笑声和琅琅的读书声，是一种纯粹的快乐；目睹他们天真无邪的笑脸，则是一种心灵的享受。我将怀揣着一颗感恩的心，在未来的道路上，继续以阅读为灯，照亮自己的心灵，拓宽视野，积极投身于各种教育实践之中，以凝聚更多的教育智慧，致力于提升侨乡小学英语教育的质量，为孩子们的成长铺设更坚实的基石，贡献我全部的热情与力量。

以数启慧　以慧兴乐

● 台山市新宁中学　赵慈晶（初中数学）

一、导读语

　　赵慈晶，女，初中数学高级教师，广东省智慧教育应用名师团负责人，江门市第五届名教师培养对象，台山市名教师，台山市名教师工作室主持人。我出生于中国第一条民办铁路创办人陈宜禧先生的故乡，陈宜禧先生"坚韧不拔、勤奋好学、宽厚善良的优秀品质以及深入骨血的家国情怀"，深深熏陶着我成长。毕业后我立志回到家乡当一名人民教师，不断探索有效的教学之路，融合阳光个性逐步形成"以数启慧、以慧兴乐"的教学风格，构建"数·慧·乐"教学模式，打造"数乐、融乐、学乐"的慧乐课堂，让学生在学习中享受快乐，收获智慧。

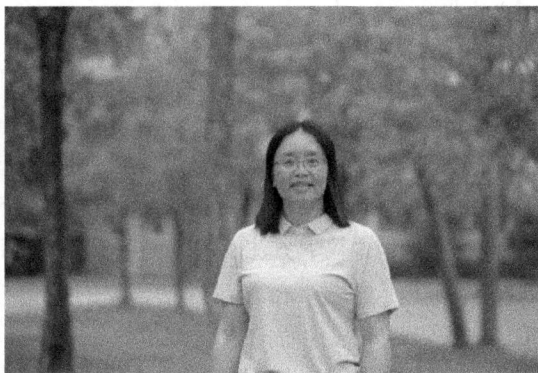

二、名师成长档案——"台山人精神"伴我成长

　　我出生于"中国第一侨乡"美丽台山，更具体地说是出生于中国第一条民办铁路创办人陈宜禧先生的故乡——台山市斗山镇。斗山站，是新宁铁路的起点站，也是陈宜禧先生梦想开始的地方。从小我就坐在"禾塘里"（村里用来脱谷、晒谷的地方）听老爷爷们讲述陈宜禧先生的事迹，一直深受其"坚韧不拔、勤奋好学、宽厚善良的优秀品质和深入骨血的家国情怀"熏陶，健康成长。

（一）求学之路受熏陶——立志成师启新程

自上学以来，我就读台山的每所学校均由海内外善长仁翁捐赠。从小到大，老师精彩的课堂、谆谆的教育让我像海绵一样吸取着知识。因为深受他们的熏陶，所以我立志当一名人民教师。"学高为师，身正为范"的校训鞭策着我在台山师范更加努力学习，多次荣获"黄炳礼先生奖学金一等奖"。继而，我在佛山教育学院读大学，从未走出台山的我，在学习与实习过程中深深感受到教育的差异对城市发展的重要性，因此毕业后我选择回来家乡台山当一名人民教师。

（二）教学之路遇良校——开启"快乐教学"

毕业后，我何其幸运被分配到台山市广大中学。在当时而言，广大中学是台城镇初中第二名校。初涉教坛，我在学校浓厚的教风下、在领导们的厚爱信任下、在同事们的专业帮扶下，收获职业发展的最美好的第一个十年。记得毕业第一年开始当数学老师，我深感身上的压力大，懵懵懂懂地边学边教。此时我想到陈宜禧先生初到美国满身狼狈，但不怕困难的态度与不断学习的观念让他在困境中获得了加快发展的人生转折点。所以，我开始静下心来看书学习，不断探索科学的教学方法，主动聆听优秀教师的课，积极上公开课，虚心接受教师们的专业意见。在此过程中，我的教育教学水平不断提高。其中满腔激情、幽默语言常常让我的数学课堂充满快乐，深受学生喜欢，教学效果好，也让我产生了追求"快乐教学"的美好愿景。

付出的努力总会有回报。由于工作出色，这十年里我曾多次获得"台山市优秀教师""台山市师德优秀教师""台山市学科带头人"等光荣称号。

（三）教研之路遇良师——进阶"数乐教学"

我从教的第二个十年是在台山市居正学校度过的，这是我从教学向教研发展的重要十年。从2012年起，我开始担任学校数学科组长，有了更多教研探究与学习机会，多次在全市开展公开课、举办专题讲座，多次协助教研室成功举办市教研活动。同时，台山市高度重视并大力推进"强师工程"，我有幸成为台山市陈国戈名教师工作室助手。在名师引领下，我不断学习、反思、摸索、实践，逐步走上一条"工作—学习—总结—研究"的专业成长之路。

专业理论学习与课堂创新实践，让我反思仅仅追求表面形式的"快乐教学"，只会让学生感受数学温度，无法深入理解数学的内涵。我开始探索深度学习驱动下的"数乐教学"，培养学生高阶思维，让学生在快乐学习中领悟数学的魅力。我撰写的《探讨初中数学运算复习课的有效教学模式》《学习案的有效点拨模式》等多篇论文发表于省级期刊，《浅谈初中几何例题教学的四个环节》获广东省中学数学教育论文(初中组)评选一等奖。由于在专业路上不断成长，2019年12月我被评为"台山市名教师"。

(四)成长之路遇专家——升华"慧乐教学"

2020年8月，因工作调动，我来到台山市新宁中学。新宁中学是台山市综合实力最强的公办初中，其先进的管理理念、同事们的拼搏精神以及浓厚的教研氛围深深感染了我。学校配备全市一流的信息技术教学设施，我积极投身于基于多技术融合的数字化教学转型中，从"数乐教学"迈向"慧乐教学"探究。

2020年12月，我有幸入选江门市第五批名教师培养工程，开启为期三年的专业成长之旅。该培养工程以凝练教师教学风格为导向，促使我深入思考并逐步提炼出"以数启慧、以慧兴乐"的教学风格。在专家的悉心指导下，我不断反思与磨炼，实现了教学风格的升华。2022年12月至今，我先后被评为"台山市中小学名教师工作室主持人""广东省智慧教育应用名师团负责人"，带领团队实施"双平台+多技术+GAI"融合策略，打造数学慧乐课堂；主持6个省市课题，举办30余场活动，开展60余次数字化讲座和示范课，有效推动区域教育数字化发展。未来，我将继续秉持终身学习的理念，融合创新，不断升华"以数启慧、以慧兴乐"的教学风格，培养适应未来发展的高素质人才。

三、学科教育观

(一)我的教学风格解读——以数启慧　以慧兴乐

我坚守"寓教于乐、寓研于乐"的教育理念，喜欢用满腔热情、幽默语言、师生默契去营造充满愉悦激情的数学课堂氛围，让沉闷的数学课堂充满活力与笑声。教学上，我融合教学理念、学科素养、技术手段构建创新教学模式，以学生为中心，以问题为驱动，以技术赋能，创设多元化学习情境，引导学生"学中研、研中思、思中悟、悟中乐"，推动深度学习真实发生。经过多年实践后，我的课堂形成思维、智慧、快乐的风格，经专家指导、他人评价、自我反思、理论升华，形成"以数启慧、以慧兴乐"的教学风格，为数学教学提供个性化实践范例与理论探索。

"以数启慧、以慧兴乐"的教学风格凸显三个核心字，分别是"数""慧""乐"。

"数"是指初中数学蕴含的"数学素养、数学知识、数学思想、数学方法"等，"慧"是指向"高阶思维"与"专家思维"，"乐"是融合"数乐、融乐、学乐"。

"数"是学习的起点，"以数启慧"需要教师从"数"出发，做教学的设计者、组织者、帮扶者，通过创设"真实情境"及驱动"真实探究"两大路径循序渐进启发出学生的"慧"。继而"以慧兴乐"，通过促进"真实学习""真实迁移"发生，让学生做学习的学习者、探究者、合作者，真正兴发出学习之乐，落实数学核心素养，发现数学之美。

在"以数启慧、以慧兴乐"的教学风格下，我创新构建了"五环建构·三环评价"的"数·慧·乐"教学模式。具体如图1所示。

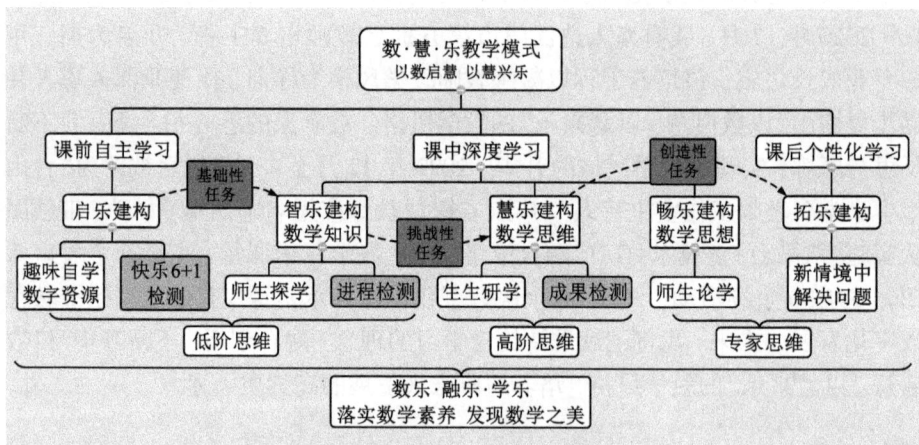

图1 "数·慧·乐"教学模式

整个教学模式以"数""慧""乐"核心理念为顶层设计，借助数智技术赋能，构建"五环建构、三环评价"的模式结构，环环螺旋深化建构、环环循序促进评价、环环兴发学习之乐。

教学全程以学生为中心，遵循其认知规律，从大单元、大结构、大任务的视角搭建"启乐建构、智乐建构、慧乐建构、畅乐建构、拓乐建构"的学习支架，"五环建构"螺旋深化，促进学生逐步建构知识体系；构建"诊断评价—进程评价—成果评价"的学习评价体系，"三环评价"循序渐进，帮助学生建立学习信心，激发学习乐趣。

其中，通过"基础性任务—挑战性任务—创造性活动"的进阶式学习任务，以及课中"师生探学—生生研学—师生论学"的深度学习方式，引导学生逐步提升思维层次，从低阶思维迈向高阶思维，最终实现专家思维的深度学习目标。在每个学习环节中，给予学生更高期望，激励他们超越潜能，体验学习的成功与快乐，进一步激发他们对学习的"再投资"愿望。

（二）我的教学主张：追求数乐、融乐、学乐的慧乐课堂

怀着对教育的热爱投身数学教学，我很快发现了理想与现实的差距。数学学习往往显得枯燥乏味，学生们缺乏兴趣，"学困生"的数量也在不断攀升，我深感教学上的挑战。正如达·芬奇所言："数学是一切科学的基础。"数学的核心在于思维训练，若仅仅将分数作为学习的目标，将难以点燃学生对学习的热情。多年来，我不断探索有效的教学之路，基于"以数启慧、以慧兴乐"的教学风格，提出"数乐、融乐、学乐"的慧乐课堂主张。以下将通过教学实践展现其课堂设计及成效。

1. 挖掘数学之乐

在教学中，我喜欢从学生生活环境取材，挖掘现实素材，创设合情的问题情境，引导学生乐意投入现实的、探索性的数学活动中。下面以"21.3 实际问题与一元二次方程"为例设置两个环节：

（1）情境引入：台山是"全国排球之乡"，为了进一步弘扬台山排球精神，我市组织一次排球联赛，赛制为单循环形式（每两队之间都赛一场），计划安排15 场比赛，应有多少个球队参加比赛？

（2）问题解决：当前台山正面临着前所未有的发展良机，台山工业新城经过不断改革发展，吸引了多地区企业的投资。本次举办的招商会每两家公司之间都签订了一份合同，所有公司共签订了 45 份合同，请问共有多少家公司参加本次招商会？

实践证明，从学生生活的环境取材，不仅让他们感受到侨乡文化的推广与经济发展，还使他们感受到数学就在身边，通过解决问题体会到数学的大作用。

2. 融合技术之乐

初中数学逐步抽象、思维进阶，学生学习常常受挫。多年来，教师还停留在运用 PPT 的静态教学方式上，仅凭老师言传、学生的想象，难以激发学生的学习兴趣。因此，我积极探究多技术融合环境下的创新教学，以人教版八年级上册数学"13.1.1 轴对称"为例，讨论粤教翔云数字教材如何为数学课堂提质增效。

（1）动态展示，突破概念。

轴对称图形、两个图形成轴对称是本节课的两个重要概念，其教学难点是让学生充分感受沿某一直线折叠能够完全重合的性质。学生通过想象基本能想到折叠的情境，但这种图形变换带有一定的抽象性，学生仅能在脑中模糊呈现，尽管老师想对课本的素材进行解说，但是也只能笼统陈述。数字教材却能完全基于课本的图片素材提供动态的折叠展示，将脑中的隐性想象转变为显性呈现，有效突破概念的本质特征，进一步强化学生的思维活动经验，为学生开展挑战性的高阶思维活动打下良好的思考基础。

（2）动态探究，突破性质。

探究两个图形成轴对称性质是本节课的教学难点。对于如何引导学生自己说出对称轴是每一对对称点所连线段的垂直平分线，很多老师做过不同尝试。更多地是学生通过测量书本图形，获得对称轴是每一对对称点所连线段的垂直平分的性质。但课本是纸质教材仅可为学生提供一种探究情况，测量只作为一种浅层探究的手段，最重要的是要让学生通过对应概念，借助概念中"沿某一直线折叠能够完全重合"的本质，去思考为何垂直且平分。在此数字教材内嵌几何画板探究资源，其一，通过展示三角形的沿对称轴折叠的过程，学生可以体会到对称点完全重合时，对称点到对称轴的距离是相等的。其二，学生可以通过拖动三角形进一步感受到两个图形成轴对称的性质的不变性。

（3）动态游戏，突破思维。

学生完成学习任务后，如何对所学的知识深化运用，促进学生的高阶思维发展，是值得思考的问题。我们发现，数字教材内嵌的数字资源游戏，能有效帮助教师达成目标。其中 12 宫格轴对称图形识别游戏，每个游戏探究均属一题多解的设计结构。该游戏瞬间激发学生的探究欲望，引起全班热烈讨论。通过人机交互操作，展示思考成果，使学生思维兴奋、发散，不断促进学生进行深度思考。

3. 兴发学习之乐

在课堂上，我除了喜欢运用充满感染力的口头语言、夸张的肢体动作、"不按套路出牌"的小幽默等方式点燃学生激情，还善于创设有趣的探究情境、设置系列真实的问题探究，积极推动学习小组合作讨论，使学生带着一种高涨的情绪进行学习和思考。

如在学习"勾股定理"时，我创设情境并说道："各位同学，今天我不是老师，我要化身为古希腊数学家毕达哥拉斯。相传 2500 年前，我去朋友家做客，看到朋友家用砖铺成的地面反映了直角三角形三边的某种数量关系。时间过了那么久，我都忘记了，你们快来帮忙观察地面的图案，看看能从中发现什么数量关系。"全班迅速炸开锅，人人都想当数学家。

学生 A："我发现地砖是由三角形铺成的。"

学生 B 马上抢着说："都是等腰直角三角形。"

学生 C 兴奋地接着说："是的，是的，它们都是全等的。还有这样的四个小等腰三角形拼成一个大正方形，两个小等腰三角形拼成一个小正方形。"

此刻，我又装作很纳闷地说："你们都说得有道理，但还是没有帮我发现直角三角形三边存在什么关系？"我特意把问题聚焦在三边关系上。

各小组马上热烈讨论起来，通过多次观察，他们兴奋地发现：通过面积恒等关系可以转化得到等腰直角形三边关系，即斜边的平方等于两条直角边的平方和。

学生 D 尝到甜头后，主动追问："老赵，我突然想到，一般直角三角形的三边也有这样的关系吗？"

全班同学迅速把目光聚焦在我身上，我回应："哈哈，我真不知道。但我鼓励大家不妨画一个直角三角形，再运用刚才数形结合的思想探究一下，看看你的猜想是否成立。"接着全班马上又开启炸锅式的讨论……

构建"数乐、融乐、学乐"的慧乐课堂，做到让学生探究学、体验学、互动学，让真实的学习发生，让快乐的学习伴行，让智慧的学习开花。

(三) 他人眼中的我

(1)学生群体评价："老赵"的数学课堂总是那么好玩、那么快乐、那么有深度，每节课都让我们感受到数慧无限、学乐无穷。

(2)教学同行评价：赵老师善于观察研究学生的心理特征，上课幽默热情，善于启发，是学生喜欢的"老赵"。

(3)年级同行评价：工作认真，勇挑重担，敢于担当作为，善于示范引领，教学手法创新。

(4)学校和主管领导评价：寓教于乐，以满腔热情、阳光风格，感染着每位学生健康成长；寓研为乐，刻苦研究，善于创新，是一位深受学生爱戴、家长赞誉、学校信任的优秀教师。

(5)指导老师评价：赵老师注重培养学生的数学思维，积极融合信息技术教学，提升课堂互动性和趣味性。希望不断加强理论学习，持续深化教学风格，打造高效且充满乐趣的数学课堂。

四、育人故事——爱的教育

"爱"是什么？爱是学生人格的助长剂！从事教育行业这二十多年来，我深切体会到教师的责任不仅是教书，更重要的是育人，而爱就是最好的良药。

多年前，班上一位名叫小兰的女生一学期下来表现的问题有：一是逆反心理强，不接受老师和家长的教育；二是沉迷电脑，学习成绩急剧下滑；三是爱与思想不良的同学结伴，甚至与社会不良青年来往；四是去酒吧、学抽烟，新玩意层出不穷。作为班主任的我，把三大法宝"一谈""二哄""三批"都用光，甚至连绝招"见家长"也用了四次，结果她依然如故，没有改变。那时候我有一个坏念头，就是想放弃她。但一次约见家长的时候，家长的一席话让我的心灵有了强烈的碰撞。我清楚地记得家长无奈地说："老师，女儿骂我是'老师狗'，什么都向老师报告。听了这些话，我也没骂她，我还表扬她，我对她说没错，现在做父母的为儿女做牛做马还不够，还要做狗。"听了家长的话，我马上安慰他："家长，尽了力就算吧。"但她爸爸更无奈地对我说："老师，她是我的女儿，我能眼巴巴看着她学坏，走上歧途吗？"春节放假在家，我不断反思自己的教育效果甚微的原因，慢慢地我才懂得那是因为我的教育没有倾注爱！

第二学期刚开学，我就约见了小兰的妈妈，了解到她小学成绩很好，还拿过全国数学竞赛二等奖。我拿着她所有的奖状跟她谈心半小时，在她面前很认真地翻看每一张奖状，不断表扬她。那一次她那满不在乎的眼神有点闪烁，但由头到尾她还是一声不吭。过了一星期，我以朋友身份跟她谈。我不谈学习也不谈纪律，只谈一些生活或家里的事。这次她的心理警戒线有所下降，她开始跟我说出一些心里话。又过了一个星期，我再跟她谈，跟她约定几项纪律：一是不做违法犯规的事情；二是上课认真，按时完成作业；三是按时回家；四是周末只能外出一次，时间在2小时内。我说如你能做到，我就奖励你一份礼物。在商量的基础上，我俩还设立了一本"成长记录本"，每周她先自评，然后我评价，最后周末带回家让家长作评。每周我在评语上大力表扬她做得好的方面，以希望的口吻指出她不足的地方，最后加上两句贴心鼓励的话语。结果每周她都很开心地拿本子回去给家长写评语。这本子在整个转化过程中起着很大作用！同时，我发现她有一点点进步都在班上进行表扬，尤其多次表扬她在数学课上深入思考，大胆发言，借此树立她的自信心。结果她每次考试都取得飞跃的进步，最后考上了理想的高中。

在小兰后来的成长过程中，我喜见她跨过青春迷茫期，收获人生幸福。我深刻地体会到：只要不吝惜我们的爱，给学生多一点阳光，就能温暖学生，转变成长困难的学生。

五、教学现场与反思

(一) 教学实录

"镶嵌"是人教版数学八年级上册的一个课题学习内容，学生已经学习了 n 边内角和为 $(n-2) \cdot 180°$ 的知识，具备了探究镶嵌的基础。镶嵌是实际生活中的一个常见问题，但是，如果从数学的角度解决镶嵌问题，需要用到的知识除了多边形内角和的知识，还要用到整除、不定方程等知识。所以学生的数学学习内容是现实的、有意义的和富有挑战性的。考虑到学生受年龄、思维能力发展以及所学的知识限制，我把这节课的教学目标定为：

(1) 知道三角形、四边形和正六边形能镶嵌；了解多边形能镶嵌的条件，即在一个顶点的各个角的和为 $360°$，两个多边形有一条公共边。

(2) 组织学生动手操作，互相讨论，亲自体验数学知识的应用，通过分析、归纳得出结论。

(3) 让学生感受到数学知识在实际生活中的广泛应用，感受到数学的简单与伟大的美，数学的统一与和谐之美。培养学生的实践意识、创新精神和团结合作的精神。

课前我准备了三角形、四边形和各种正多边形纸片，拍下台山市的街道和家庭装修照片制作教学课件，运用粤教翔云数字教材平台赋能教学。

上课了，我开始展示课题情景：欣赏各式各样的地砖或瓷砖铺设在地面或墙面的图片。这些图片都是我在本市的街道和家庭装修中拍的，色彩艳丽的图片形象直观，刺激学生的感觉器官，激发学生学习的兴趣。学生的注意力一下子集中了起来，我引导学生观察图片中地砖或瓷砖铺设地面或墙面的特征——地砖或瓷砖间没有空隙，也没有重叠把地面或墙面全部覆盖。

这是数学的平面镶嵌图案问题。我解释说：平面镶嵌图案就是用一些形状相同或不同的多边形拼合在一起来覆盖一个平面，而图形间没有空隙，也没有重叠把一部分平面完全覆盖。我们看到的图片中的地砖或瓷砖多数是长方形或正多边形，为什么这些长方形或正多边形能镶嵌面？哪些正多边形能镶嵌平面？

这时学生开始兴奋了。我安排了学生分小组实践探究讨论第一个问题：用相同的正多边形镶嵌平面，要满足什么条件才能镶嵌成一个平面？

各小组用我发下的正多边形纸片进行实验，很快学生发现了正三角形、正方形、正六边形都能镶嵌，而正五边形却不能镶嵌。

我提问："为什么正五边形不能镶嵌，而其他的正多边形能镶嵌？"

一些学生不知从何说起，有的学生说："这是实验验证的结果。"

我追问："能不能用我们已经所学过的知识来解释呢？"

刚才热闹的课堂被我这一问，一下子静了下来。思考后，一些学生的眼睛亮起来了，正想回答问题。我看到多数同学仍然有点迷惑不解，无法把眼前的实验结果与过去所学的知识联系起来，很快接着说："要用所学的知识解释观察实验的结果，就要抓住关键点分析问题。现在几个正多边形拼接在一起，关键点上几个正多边形顶角有什么特征？"

大多数学生的眼睛亮起来了，各小组纷纷回答："正三角形每个角为60°，同一个点上的六个正三角形的顶角和为360°，所以，正三角形能镶嵌。"

"正方形每个角为90°，同一个点上的四个正方形的顶角和为360°，所以，正方形能镶嵌。长方形也是一样能镶嵌。"

"正六边形每个角为120°，同一个点上的三个正六边形的顶角和为360°，所以，正六边形能镶嵌。"

在聆听学生发言时，我不时给学生以适当的点拨，引导学生用所学知识解释实验中发现的问题，最后归纳出结论：用相同的正多边形镶嵌平面，要满足的条件是拼接在同一个点上的几个正多边形的各个角的和恰好等于360°。

接着我给出一道题让同学练习，巩固所学：

某人到商店去购买一种多边形形状瓷砖用来铺设地板，瓷砖形状不可以是（　　）

A. 正三角形　　　B. 矩形　　　C. 正五边形　　　D. 正六边形

课堂教学进入第二个问题：用两种正多边形镶嵌平面，哪两种正多边形能镶嵌成一个平面图案？学生有了第一次的探究实践经验，这一次做起来就没有什么困难。很快各小组拼接出正三角形与正四边形能镶嵌成一个平面的图案，正三角形与正六边形能镶嵌成一个平面的图案。

在我的引导点拨下，学生归纳出一般的结论：两个相邻的多边形有一条公共边，并且几个正多边形拼接在同一个点上的各个角的和恰好等于360°。

课堂的学习活动至此，学生通过动手实践，亲自操作体验，基本知道了用正多边形镶嵌平面的问题。这时，我又给出了本节课的第三个问题：三角形或一般的四边形镶嵌平面能行吗？

课堂气氛变得热烈起来，我给学生分发三角形和四边形纸片让他们进行拼接实验，这些纸片有的是全等的，有些是不全等的。五分钟后，有学生发现了形状相同的三角形或四边形能镶嵌平面！也有学生能说出：因为形状相同的三角形或四边形有相同的边，且几个三角形或四边形拼接在同一个点的各个角和恰好等于 360°。这时我借助数字教材让学生进行体验性探究并明确得出结论，学生不禁发出一声声赞叹声。

我对学生的发言给予表扬与肯定，并给出下面的练习题：

足球由正五边形皮块(黑色)和正六边形皮块(白色)缝成，如果取下一黑两白两两相邻的三块皮块，能不能将这三块皮块连在一起铺成平面？为什么？

学生们讨论得非常热烈，都能用刚才探究的结论进行解释。下课前，我布置了一个课外探讨问题：教学楼外面的一块地面需要铺设地砖美化校园，现在需要公开招标设计方案，请你们设计图案积极参与投标。

(二)教学反思

1. 从"数"出发，立足学科本质

本节课从学生的认知实际出发，科学设定教学目标。如果仅仅让学生通过探究三角形、四边形和正六边形的镶嵌问题，学生所能掌握的知识较为有限，能力的提升也相对不足。因此，我在教学设计中基于基本经验，站在学生最近发展区，设置多个探究性活动，虽然增加了学习难度，但有效激发了学生的学习积极性，培养了他们的实践能力和专家思维。

2. "以数启慧"，培养数学思维

探究操作是学生课堂学习的重要途径，而探究与讲授的顺序直接影响教学效果。在本节课中，学生在第一个问题的学习上投入了较多时间。如果采用"教师直接给出结论，学生通过探究验证"的方式，学生掌握知识并不困难，但学习方式仍以被动接受为主。而本节课采用"先探究，再引导归纳"的教学策略，让学生在动手操作中发现问题，同时教师通过点拨帮助学生归纳一般性结论。这种方式不仅能加深学生对知识的理解，还能培养他们的探究精神和创新能力，使学习过程更具主动性和创造性，从而有效促进学生数学思维的发展。

3. "以慧兴乐"，激发学习热情

本节课注重培养学生的实践意识、创新精神和团队合作能力，同时关注学生的情感体验与态度养成。在课堂设计中，我以学生熟悉的台城地方情境为切入点，激发学生的学习兴趣。通过设计层层递进的探究活动，引导学生动手操作，逐步解决问题。学生在探究过程中，从困惑到产生兴趣到表现出兴奋，再到热烈参与，学习热情不断高涨。这种"以慧兴乐"的教学方式，不仅让学生体验到数学学习的乐趣，还使他们在合作探究中获得成就感。

趣智相生　真实共长

● 开平市谭宏帙纪念小学　郭素媚(小学数学)

● 一、导读语 >>>

　　郭素媚，女，小学数学高级教师，现任开平市长沙街道办事处谭宏帙纪念小学教导处主任，开平市名教师，开平市首批小学数学教师工作室主持人。27 载春秋，我深耕侨乡教育，秉承开放开拓、向上向善的华侨精神，坚持"一切为了学生"的教育理念，引领学生向阳而生，逐光前行。通过实践与探索，我构筑出促进学生全面发展的教育教学模式，逐步形成独具特色的粤派教学风格——趣智相生 真实共长。

● 二、名师成长档案 >>>

　　从乡村教师到市级名师，从教学新手到市教师工作室主持人，27 年来，我努力追寻心中的那道教育之光，用坚守缔造自己的教育幸福。

(一)点燃兴趣——初探之路的微光闪耀

　　我的教育梦想，在那片孕育着希望的农村土地上悄然萌芽。1998 年，我怀揣着对教育的热忱，踏入了马冈镇高园小学，这所偏远的乡村小学，开启了我的教书育人之旅。初为人师的我，凭借一股韧劲，将班级打理得井井有条。一年后，我调至镇中心小学，那里汇聚了全镇的教育精英。面对新的起点，我心中非但没有畏惧，反而燃起了熊熊斗志。

由于一次偶然的契机，我踏上了校级公开课的讲台，赢得了好评与喝彩。不久后，我便作为镇代表，参加了开平市的小学数学优质课比赛。那一年，我恰值二十岁的青春年华。比赛以裸课形式进行，上午抽签定课题，下午即授课。时间紧迫，我面临着抉择：直接引导，还是放手探索？回想起数学家弗赖登塔尔的名言"学习数学的唯一正确方法是实行'再创造'"，我决定放手一搏，让年轻的我展现出应有的风采。

凭借着一节朴实而趣味横生的"年月日"，我荣获了市一等奖。评委赞誉道："自主的学生，呈现了最纯粹的课堂。"一张任务卡，一个年历，一群纯真的孩童，构成了这节简单却意义深远的数学课。从最初的羞涩沉默，到课中的踊跃发言，再到课末的意犹未尽，整节课没有华丽的修饰，只有学生在合作学习中自主建构知识的身影。这节原汁原味的数学课，让我捕捉到了属于自己的那抹微光。

随后的数载光阴，我穿梭于多门学科之间，屡次代表镇征战市里的赛课，均载誉而归。我不断尝试新的教学方法，但始终坚守着激发学生兴趣的信念。我深知，兴趣是学习的不竭动力，对农村孩子而言，课堂更需兼顾实用与趣味。于是，我悉心打造"寓教于乐"的教学模式，让学生在轻松愉悦的氛围中汲取知识。在这片广袤的农村天地，我不断磨砺着自己的趣味课堂，也深化着对文化的理解和认同。这段经历，如同瑰宝，为我日后教学风格的形成奠定了坚实的基础。

（二）启迪智慧，求变路上的曙光初现

2006 年，因对年迈父母的深深牵挂，我毅然返城，踏入了年轻的谭宏帙纪念小学，开启了教育生涯的新篇章。初入校门，时任校长谭宇协便以敏锐的洞察力，邀我加入刚刚起步的"生本教育"团队。我虽对生本理念有所了解，但从旁观者转变为实践者，其跨越之难，可想而知。为更好地武装自己，我主动前往广州参加研习。此行我不仅聆听了生本教育倡导者郭思乐教授的深邃见解，更在华阳小学亲身感受了生本教育的实践魅力。以生为本，启智育心，这一理念在我心中深深扎根。

思变求进，向新而行。怀揣着对生本教育的热爱，我满腔热忱地投入课堂实践，从精心策划"前置性小研究"，到细致落实小组合作学习；从悉心培育学生的课堂表达能力，到大胆践行自主评研机制。一年间，我倾心付出，不断尝试，数学课堂逐渐显出趣智交融之貌。学生们从羞涩沉默变得畅所欲言，从孤

军奋战转为携手共进。在生本教育的滋养下，课堂成了学生的快乐天地，智慧的火花在这里碰撞，创新的思维在这里飞扬。

2007年5月，我在全市小学数学教研活动中执教的"有余数的除法"一课，赢得了教研员张增彦主任的高度赞誉。同年，在省生本教育区域发展成果研讨会上，我执教的"认识小数"一课更是展现了生本教育的独特魅力，得到了生本教育数学教研员梅馨老师的充分肯定。她赞誉我的课堂富有张力，趣智交融，呈现出了良好的课堂生态。

一年后，我悄然走上了领导岗位，这使我更加严格要求自己，不断锤炼教学艺术。随后的二度赛课折桂，更加奠定了我智趣课堂的特色。2009年9月，时任生本教育课题组组长的陆校长调至其他学校，我在万众期待中正式接过了生本教育实验的管理重担。实践的过程总是挑战与机遇并存，困难与希望同在。在求变求新的发展道路上，我的智趣课堂在生本理念下不断丰盈，也引领着团队共同追求教育的真谛。

绵雨至，芳菲渐生。万物生，共睹曙光。经过几年辛勤耕耘，生本教育在我校率先形成新课堂模式，开启了课程改革的新篇章。2010年7月，生本教育实践团队荣获"全国教育科研先进集体"称号，这是开平市唯一获此殊荣的单位，我有幸赴北京参加了全国表彰大会。2011年7月，首届生本班的孩子们在掌声中迎来了毕业。五年共同成长，我们经历了风雨，也见证了曙光。在探索与锤炼中，我逐渐找到了属于自己的教育之路。远航的曙光已初现，理想的航帆正驶向前方的彼岸。

（三）遇见真实，逐梦路上的光芒绽放

认识与探索永无止境，理想亦在不断发展和丰富。2013年9月，我成为开平市小学数学教研组成员。在张增彦主任的引领下，我有了更多的机会深入基层听课，有幸与吴正宪、徐长青、黄爱华等数学名家近距离接触。名师课堂朴实无华，却智趣横生，本真平实。他们的讲座如春风化雨，课堂似拨云见日，让我在一次次的感悟中豁然开朗：优质的课堂，应激发兴趣，启迪智慧，追求真情实感，让数学学习回归本真。吸收名家们的思想精髓之后，我对自己的教学风格有了更加深入的思考。

2015年3月，我迎来了逐梦路上的闪光时刻，代表开平参加了江门市小学数学优质课比赛，课例"推理"最终获得了一等奖。成长的路上，有赖于恩师张增彦主任的一路陪伴与指导，我的教学思路由关注趣味的营造、形式的丰富转向关注课堂的智力生成与学习的真实发生。趣智相生，真实共长的教学思想得到了升华。

教学的道路是漫长而艰辛的。我始终都在努力地发展自己、提升自己，不断地丰富自己、完善自己。一次次执着不渝的探索，一次次不厌其烦的打磨，逐渐形成了我"趣智相生　真实共长"的教学风格。

（四）逐梦前行，领航路上的亮光闪耀

专业成长的道路，总是机遇与挑战并存。2015 年 4 月，我荣幸成为开平市首批教师工作室主持人；2021 年 1 月，又被聘为江门市小学数学兼职教研员。两次任命，不仅为我提供了更广阔的舞台，也赋予了我更重的责任和使命。我深知自己必须发出更亮的光，照亮更远的路。

中国幼教专家于昊天老师曾言："用生命影响生命，用智慧点燃智慧，用行动带动行动。成为一道光，照亮更多人。"作为主持人和教研员，我深知自己必须实实在在地发挥在教育教学中的带头作用、教学工作中的指导作用、教改实验中的骨干作用。在深入一线听评课的过程中，我发现许多老师因期末评价的压力，课堂重结论轻过程，重讲授轻参与，重练习轻感悟，导致课堂缺乏活力，教学效率低下。面对新形势，我坚持带领教师团队走"科研引路，教改助教"的路子。几年来，我先后参与和主持了 5 个国家级、省级、市级课题研究，带领团队攻坚克难，追寻教育的智慧。其中，我主持的江门市深化中小学课堂教学改革行动计划实验项目（第一批）"基于问题导向的智慧课堂行动研究"，聚焦课堂教学结构改革，融合智趣相生、真实共长的思想，提出"问、研、议、评、延"五步教学法，使课堂教学焕发新生。此项目也被评为江门市教育局深化中小学课堂教学改革行动计划实验"优秀"项目。

名师之名，不在于"名"，而在于"明"。精深的专业知识、开阔的人文视野、深厚的教育理论功底、娴熟的学科教学知识，才是名师之根本。我将对课堂教学的追求与教学风格的凝练，化作一场场专题讲座，引导老师们立足新角度，进行深思考。我以发展的眼光、科学的态度，不断审视自己的课堂，寻找改进的思路，完善有效的方法，使课堂有丰富的趣味，有丰盈的智慧，有厚度的真教，有深度的实学。在我的影响下，年轻老师们也开始思考并追求自己的教学风格，并在市数学优质比赛中屡获一等奖。如 2017 年李静琴老师展示的课例"求平均数"，以猜大小—翻数卡—比数卡—找平均串联成课，趣中启智；2018 年甄雁玲老师展示的课例"认识三角形"，通过画—研—判—悟四个学习环节，真中求实；2020 年陈泳红老师的"数学广角——集合"，通过冲突—设疑—验证—延展四环节，疑中溯源；2022 年陈海燕老师的"克与千克"，通过猜盲盒—掂找称—建量感—搭联系四环节，动中求真。每一节精彩课堂的背后，都凝聚着我和团队对课堂教学的思考、对教学风格的思量。我先后开发了多个

优质课例，这些课例均荣获"一师一优课、一课一名师"活动省级"优课"称号。其中课例"质数与合数"在2017年被评为部级"优课"，是当年开平市唯一获得部级优课的课例。2017年5月31日的《江门日报》，对我的教学风格进行了专题报道。不断地历练，不断地成熟，让我从一名教学实施者、探究者逐渐蜕变成为一名教学研究者和指导者。

回望成长历程，我庆幸自己生在五邑侨乡这片沃土，滋养着开放开拓、向上向善的华侨精神。我愿成为一道光，照亮自己，也照亮更多人，共同演绎教育的精彩。

● 三、学科教育观

（一）我的教学风格解读

共建"趣智相生　真实共长"的数学课堂是我一直追求的教学风格，是我对数学课堂效能的深入思考和实践的方向。

1. 趣智相生

"趣"意指兴趣、智趣。孔子云："知之者不如好之者，好之者不如乐之者。""趣"是激发学习活力的源泉，它源于对学生兴趣的深度挖掘和智趣的巧妙融入。在小学数学的课堂上，趣味化的教学活动如同春风化雨，启迪学生的数学思维，培养学生的数学素养，让学习之旅充满智趣。需要明晰的是，"趣"是学生思维发展的钥匙，开启了学生思维的大门。学生在"趣"的维持和推动下能够更有效地实现"智"的生长，而"智"的生长反过来强化"趣"的价值，二者相辅相成，共同推进着学生的学习进程。

"智"则是智慧与机智的融合，是教学追求的核心目标。苏霍姆林斯基说过："一个人到学校里来上学，不仅是为了取得一份知识的行囊，最主要的还是为了变得更聪明。"数学作为一门充满思维含量的学科，能赋予学生智慧与力量。但数学的抽象和缜密需要教师的智慧启迪和方法引领。智慧的教师如同课堂的舵手，能以教学机智应对各种教学情境，启发学生思考，培养出有智慧的学生，打造出智慧的课堂。

"趣"是课堂教学的底色，重在激励生长，那么"智"就是课堂教学的亮色，贵在激扬生命。课堂既要有"趣"的生发，也要有"智"的生成。两者的和谐相生，方成智趣课堂。由此可见，趣智相生，互为作用，激趣为促智，增智而益趣，即趣由智生，智因趣达。

2.真实共长

"真",乃本真之意。其一,教师以生为本,紧握学生认知脉络,深掘学科精髓,诠释数学思想,帮助学生还原知识之源。其二,学生以学为基,历经真实学习历程,收获真实的智慧成长。

(1)以生为本,把握本质,彰显"真教"。

课堂,应为学生成长的沃土。本真课堂,需精准把握数学本质,深度解读数学思想,精心设计核心素养提升之路,让学生领略数学知识之精深。教学应紧扣数学学科特性,立足教材,深挖内涵,以数学之逻辑、视角,精准施教,彰显"真教"之魅力。

(2)以学为本,关注生长,凸显"真学"。

普洛夫曾说:"任何一个新的问题的解决都是利用主体经验中已有的旧工具实现的。"知识之获取,皆植根于学生原有的思维与生活基础。本真课堂,应遵循学生思维生长点,让学生亲历知识建构,体验思维多角度,理解多层次,让知识在学生本真学习中生根发芽,凸显"真学"之价值。

"实",即真实、平实。数学课堂,要真实反映学生发展,遵循认知规律。叶澜教授说过:"宁要真实的缺陷,不要虚假的完美。"课堂上的各种意外和不可预见,正说明了课堂教学具有生成性。关注学生的真实想法,及时地捕捉动态生成,灵活处理,才能成就平实且富有生命力的课堂。

①平实对话,凸显和谐师生关系。教学的实质是交往,教学过程是教师、学生、教材、教学环境四个因素不断进行对话和交流的过程。民主、平等的对话能够使学生产生自觉参与的欲望,畅抒己见,最大限度地调动学习的内在驱动力。

②真实施教,凸显学科属性。数学学科承载着发展学生思维能力的任务。教学时,应以学科的视角,思考问题的本质;以学科的方法,分析内容的精髓。真实的课堂,要以学生的思维生长点作为落脚点,让数学知识融入学生的认知结构,彰显学习个性,让人人都能学到有价值的数学,实现不同的发展。

(二) 我的教学主张

教学实践是教师锤炼教学风格,形成教学主张的发现之旅、成长之旅。在我看来,课堂教学应是趣味与启智的和谐共振、本真与平实的相得益彰。

1.以趣启智,以智激趣,寓趣智于智慧生长之中

数学是一门严谨的学科,其逻辑性、系统性、抽象性都很强,学生从情感上不易于接受。作为教师,我们需洞察学生心理,激发其内在动力,点燃其对

数学的热情。通过持续驱动学生的探索欲望，引导他们逐步爱上数学，发展思维，让智慧在乐趣中生长。

一节生机盎然、妙趣横生的数学课，应是课前激趣，让学生产生渴望求知的兴趣；课中引趣，让学生体验探索发现的智趣；课末显趣，让学生体会应用拓展的乐趣。这样的课堂，可以焕发出生命的活力。恰到好处的兴趣，能点燃学生的学习热情，使他们迅速进入最佳状态。此时，学习不再是负担，而是愉悦的享受。美国心理学家和教育家布卢姆说过："学习的最大动力，是对学习材料的兴趣。"我深挖教材的趣味因素，以数学教学的艺术魅力感染学生，让他们在愉快氛围中全神贯注，积极参与，乐在其中，真正达到"陶陶然乐在其中"的学习境界。

2. 以真求实，以实见真，寓真实于课堂效能之中

课堂教学效能的高低，关键在于教师是否能让学生真正成为学习的主体。俯身倾听儿童的声音，我们会发现，儿童与成人在认知世界上存在巨大的差异。若教学理念、设计与学生的认知方式无法得到同化，教学效能必将大打折扣。皮亚杰认为："通过对儿童个体认知发展的了解可以揭示整个人类认识发展的规律。"因此，本真课堂应尊重学生的认知基础和心理特点，从他们的视角出发设计教学，让学生真实地经历知识的建构过程，体会数学思想的魅力。

（1）真课堂。

著名教育家陶行知先生说过："千教万教教人求真，千学万学学做真人。"教育的本质在于追求"真"。课堂只有回归本真，才能教学相长；只有立足本真，才能学习高效。本真课堂应创设真实情境、激活真实兴趣、提炼真实问题、开展真实探究、进行真实评价，充分展现教学主体的生命活力，深入挖掘教学内容的生活内涵，体现教学形式的生态本色，让课堂回归本真。

（2）实教学。

近年来，"让课堂返璞归真，还课堂自然本色"成为新课改的呼声。我们应追求平实的课堂，实施务实的策略，遵循生本理念，着眼能力培养。我认为，课堂的"实"要体现在目标简明切实，过程简约务实，方法简单朴实，评价简练真实。不做虚无设计，关注教学的实效；不搞形式合作，重视学习的成效。教学的最终目的在于让学生真正有所收获。我们应更加关注学生的表现和发展，为他们创设思考的空间，使学生在自由和谐的学习氛围中充实知识、提高能力，落实真正意义上的"四基"教学。

（三）他人眼中的我

1. 学生眼中的我

爱生如子、责任心强是郭老师身上的标签。她对每一位学生都倾注了满腔心血，关爱每一个学生的学习与生活，课上，她引领着我们快乐学习，课后，她认真倾听我们的心声。她始终坚持着"以生为本"的教育理念，给了我们更多的学习空间和时间，让同学们都喜欢数学，爱上学习。这样的好老师，是我们大家心中的最美教师。

——学生　张海琳

2. 同行眼中的我

有一句话说得好："和勤奋的人在一起，你不会懒惰；和积极的人在一起，你不会消沉；与智者同行，你会不同凡响；与高人为伍，你能登上巅峰。"与郭老师共事 10 多年，我深深地感受到她对待教育教学工作的真诚、热情和谦卑，她以她的实际行动赢得了大家的认可。作为工作室主持人，她从不吝啬自己的才华，对青年教师更是关爱有加，她总是勉励我们要追求自己的教学风格。此生，在教育的征途中，有郭老师为榜样，我将行走得无悔无怨。

——开平市小学数学核心教研组成员、谭宏帙纪念小学副校长　李静琴

3. 领导眼中的我

作为市小学数学核心教研组的成员，郭老师时刻以"高标准、严要求"对待自己，她勤于学习，精于业务，乐于奉献，积极组织和参加各项教研、培训活动，努力履行着一位名教师的示范、辐射、引领作用。她的课堂妙趣横生，扎实真挚，成果有目共睹。她的教学能力得到了大家的一致认可。

——开平市教师发展中心小学教研部主任　张增彦

四、我的育人故事——让"错误"闪光

数学练习课上，学生们刚刚学完正方形的周长，正是将理论付诸实践的好时机。我缓缓提出问题："学校的劳动基地计划将我们三年级负责的那块边长为 30 米的正方形菜地，扩展为向日葵种植基地。扩大后，边长增加了 5 米，那么这块种植基地扩大后的周长是多少米呢？"

问题如同石子投入平静的湖面，激起了学生思维的涟漪。他们纷纷埋头计算，笔尖在纸上跳跃，偶尔夹杂着几声热烈的讨论。展示环节到来时，班长邓

冰自告奋勇，率先在黑板上写下了她的计算过程：

(30+5)×4

=35×4

=140(米)

她的答案，如同学霸的权威宣言，赢得了同学们的纷纷赞同。

这一切都在我的预设之中，我暗自思量：学生们大概不会再有其他想法了吧？正当我准备切换 PPT，进入下一环节时，一个爱"找碴"的声音响起了。符正昊——那个总爱制造"麻烦"的学生站了起来："老师，我认为不对。"没等我反应，他已径自走上讲台，拿起粉笔，坚定地写下了他的算式："应该是 30×4+5。"

这一幕，完全超出了我的预料。还没等我开口，另一位学生关浩均也站了起来，他的声音里充满了自信："老师，我的想法和他们都不一样，我的做法是 30×4+5×4。"这一石激起千层浪，教室里顿时炸开了锅，各种不同的声音从四面八方涌向讲台。场面开始有些失控，我意识到，学生们可能对"边长增加了5 米"这一表述存在误解。

此刻我深知，一声令下止住的不仅是课堂的喧嚣，更是学生们跳跃的思维火花。于是我决定倾听他们的想法，只有了解他们的内心，才能对症下药。我深吸一口气，对学生们说："能不能用图形来表达你们的想法呢？数形结合，可是一种学习的好方法。"

关浩均第一个跑了上来，他在黑板上画出了一个图形(图1)。

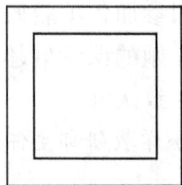

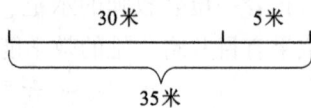

图1   图2

然而，他的图形与他的算式并不匹配。同学们纷纷质疑："这样画，边长不是增加了两个5 米吗？"在同学们的"声讨"下，他显得有些丧气。

看着孩子们争得面红耳赤，我意识到，是时候出手引导了。我拿起粉笔，正准备重新画图时，班里的另一位学霸陈舫举起了手。我顺势把"球"踢给了她，让她来阐述自己的想法。

陈舫的图画再次出乎我的意料。她并没有画出正方形，而是画出了一条线段(图2)。她指出："边长增加了5 米，就是四条边都增加了5 米。因为正方形的边长是一样的，所以我画出一条，就等于知道了其他三条也同样增加了5米，等于35米。"

她的图例简约，恰好击中了问题的关键。我忍不住为她的巧思竖起了大拇指。教室里响起了热烈的掌声，那是对陈舫智慧的认可。我趁机说道："同学们的掌声自然是送给陈舫的，但我希望你们的掌声中也蕴藏着你们对数学问题豁然开朗后的理解与自信。"

符正昊和关浩均低声承认了自己的错误。我走到他们身边，分别与他们握了手："孩子们，感谢你们为课堂发出了两种不同的声音。要是课堂上只有一种声音，那该多单调啊。因为你们的勇敢，老师看到了你们更多的可能。错误不可怕，可怕的是你们不敢质疑。你们帮助大家扫清了认知错误，这掌声应该是送给你们的。"

两位孩子没有想到我会如此"善待"他们的"错误"，害羞地低下了头。我趁机提出新的问题："同学们，陈舫帮助大家理解了'边长增加了5米'，她只是画出了一条边，谁能把这个完整的图形画出来呢？"

关浩均二话不说，迅速跑上了讲台："同学们，我把我的图改一改就可以了。"

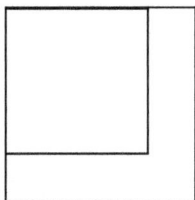

图3

他拿起粉笔，在黑板上认真地画了起来（图3）。末了，他还不忘在图上画上几株颇有梵高意味的"向日葵"，惹得同学们哈哈大笑。

一个数学问题，终于在一顿"错乱"中画上了圆满的句号。我微笑着说："同学们，我希望大家要像葵花一样向阳而生，在学习的道路上，勇敢追寻学问的光亮。那么，你也会成为闪光的那一个。"

给学生时间和空间，每一个孩子都可以发光。从"非懂"到"真懂"，从"无措"到"有措"，每一点的改变，都是教育智慧的体现。今日看来，这个"意外"其实也在意料之中。真实的课堂教学，难以做到滴水不漏；学生的学习过程，也不可能没有错误。学习本身就是一个探索的过程，有探索就会有"出错"。

正是因为有了这些美丽的"错误"，我们的课堂才变得更加精彩、更加鲜活,它焕发着学习的智慧和生命的活力。在课改的今天,我们应如何有效提升学生的数学思维品质,落实数学学科的育人价值?我认为,尊重个体生长,善待学生发展,不失为一种良好的路径。

布鲁纳曾经说过:"学生的错误都是有价值的。"重新审视我们的课堂,我们应该有容错的气度,以一颗平常心去善待学生的"错误",欣赏他们的"错误",并抓住契机,顺着学生的思路将"痛点"激活,引导学生对自己的思维过程作出修正,使他们在思维能力、情感态度与价值观等多方面得到进步与发展。最终,让错误成为课堂中的"闪光点",助学生走出困惑,迈向成功。

智情共融，理趣相生

● 台山市台城第二小学　刘丽玲(小学数学)

◉ 一、导读语

>>>

　　刘丽玲，女，小学数学高级教师，台山市台城第二小学数学教师，台山市名教师，28 年来爱岗敬业，恪尽职守，扎根教育教学第一线，努力点亮孩子的心灯，点燃自己教育的梦想。多年的教海逐浪，收获丰厚的岁月，品尝教书育人的幸福和快乐。我本着"以人为本，启智润心"的初心，在课堂上追求与学生思维共振、"情""理"共生，逐步形成了粤派教学风格——智情共融，理趣相生！

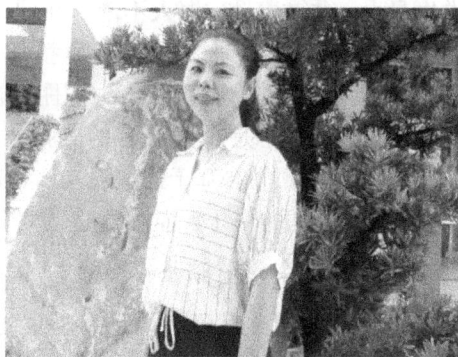

◉ 二、名师成长档案——择我所爱 终我一生

>>>

　　人间春色本无价，笔底耕耘总有情，甘将心血化时雨，润出桃花片片红。我 1997 年从台山师范学校毕业，开始了我的小学数学教师生涯。辛勤育人二十八载，醉心教育，用心耕耘，孕春色满园，育桃李天下。

(一) 萌芽：恩师启蒙 立志教育

　　1978 年我出生在台山市广海镇，乡村小镇教育资源一度落后，人们对教育也并不重视。我小学的恩师邓月桃老师却以满腔热情耕耘在三尺讲台上，用真情与真心化作一束微光，照亮乡镇孩子的心田。她温文尔雅、和蔼可亲，经常鼓励我们努力学习。记得一次测验，我取得了很大的进步，邓老师在班上表扬了我，并询问我进步的原因。我把学习的方法告诉了老师，没想到，这看上去有点"胡说"的方法却得到老师的充分肯定，并向全班推广。这样的"鼓励"让我信心大增，成绩不断提高。教育是一种无形的影响和传递。邓老师不仅给我带来学习上的变化，更在我的心中埋下一颗教书育人的种子。邓老师让我明白，教育是一项改变人、塑造人的神圣的事业。于是，初中毕业我报读了"台山师范"。

（二）成长：深耕教坛 厚积薄发

1. 初入教坛 锐意探索——形成"对话、唤醒"氛围

1997 年，我怀揣着教育梦，回到我的家乡广海镇第二小学任教，从此扎根乡镇教育。在 12 年的乡镇教学中，我担任数学教学工作，当过班主任、学校少先队辅导员，数学大科组长，多年岗位历练，羽翼渐丰。我把全部的爱倾注在学生身上，循循善诱，诲人不倦。在课堂教学中，"轻负担，高效率"是我执着的追求。我认真钻研教材，明确教学目标，勇于探索教学规律，形成"对话"——师生互动、生生互动的氛围，课堂教学效果显著。每年学校召开小学毕业总结会，我总是得到最多的表扬。我常常想：课堂怎样用情感触摸情感，用智慧启迪智慧呢？基于这些思考，我追求的理想课堂是彼此对话、唤醒、碰撞、体验、分享的快乐课堂。这也为我日后形成课堂教学风格奠定了根基。

2. 名校淬炼 潜滋暗长——追求"同频共振"境界

2009 年 9 月，对我来说是一个重要的转折点。我通过"阳光进城"招聘考试进入台山市台城第二小学任教。台城第二小学历史底蕴深厚，是首批广东省一级学校、台山市教育改革基地。学校丰富多样的教研活动，为我架起了一座座学习交流的桥梁，为我的专业成长带来"源头活水"。学校经常承办县市级的教研活动，汇集了各校先进的教育理念和丰富的教育资源，这份得天独厚的"资源"让我不用走出去就能接触到最新的教育理念。罗杰斯曾说："自由愈高的学习，身心投入程度就愈高。"我深深体会到只有真正触动学生的心灵，才能引发他们的感应，激发他们的学习。因此我的课堂开始注重情境创设，追求与学生"同频共振"。2010 年我被推荐代表学校参加镇小学数学优质课比赛，执教的是六年级上册"百分数的意义"。我坚持"关注每一个孩子的发展"，实现生活化与数学化的和谐统一的设计理念。首先设计游台山情景导入，将数学问题生活化，从而关注学习内容、意义和价值。数学学习的核心是数学思考，没有思考就没有真正的数学教学，我让学生在理解各种不同百分数的同时，进行类比、分析、归纳，逐步感悟百分数的意义，并对百分数的模型进行建构，使学

生对百分数的体验渐渐达到数学化、严格化和形式化。最后我设计开放练习——小记者招聘会，在数学新闻小记者招聘会上把百分数的知识进行扩展和延伸，同时在潜移默化中对学生进行德育教育。整个课堂用情感撬动情感，用智慧开启智慧，进入师生"同频共振"的境界。最终我脱颖而出，获得了特等奖。这之后我经常代表学校、镇、市参加赛课。一次次的赛课，一次次的磨炼，让我破茧成蝶！"磨课"经历，让我的专业能力不断得到增强，同时我深刻感受到课堂是师生一段愉快的旅行，是教师的引导与学生的探究同频共振的愉快旅程，于是"智情共融"的和谐课堂成为我的追求。

3. 潜心科研 厚积薄发——探索"智情"和谐课堂

《礼记·中庸》有云："行远自迩，笃行不息"，做任何事情都要脚踏实地、坚持不懈。我想，教育更应如此。伴随着课改，执着于教育的初心，在"热爱""坚持""思考""创新"一路的陪伴、鞭策下，我开始成为一名研究型教师。2015 年我参与"小学数学课堂教学方法改革与实践研究"第一个省课题研究，"智情共融"的和谐课堂是我研究的方向。我的研究课例"比例尺"选用了生活中的例子以"脑筋急转弯"的形式导入：一只蚂蚁从我们台山一直爬到北京，只用了 5 秒钟，这是为什么呢？我充满激情的引导，为学生点燃探究的火花，学生迅速进入最佳的学习状态。蓦地，我豁然开朗，小学数学课堂教学方法改革不就是追求这种境界吗？科研道路上给了我无限的动力，我继续走上探究之路。我再次思考：数学的魅力应该成为描绘孩子成长的精神底色。"智情共融，理趣相生"的教学风格已见雏形。

(三) 发展：专家引领 砥砺前行

1. 导师指引 坚定信念——确定"智情共融"风格

台山是著名侨乡，侨乡优秀而独特的文化孕育了我，"开拓创新、包容进取"的思想影响着我。我认为，作为一名教师需要极高的专业素养，虽然我也在不断学习，但都是碎片化的学习，范围小、视野窄、步履蹒跚。很多时候，我被自卑感所笼罩，裹足不前。2018 年我遇到了让我专业成长的导师——丁玉华老师，幸运地加入广东省丁玉华名师工作室。在三年的学习中，丁玉华导师悉心指导，让我收获了教育智慧，理论提升，知识积淀，教学技艺增长。我就像走进一片生命的林子，走进一个崭新的天地，开启了我人生的另一扇窗。这段宝贵的学习经历，为我的专业储备了满满的正能量！导师丁玉华倡导的"情智课堂"影响了我，要让学生在轻松的氛围中参与探索、发现，要唤起儿童的情感，启迪儿童的智慧。于是，我萌生出"智情共融，理趣相生"的教学风格。

2."双减""新标"思考创新——打造"四融五动"课堂模式

从 2021 年"双减"政策的颁布，到 2023 年新课程标准修订的颁布，我紧跟国家的教育改革方向，迅速适应新形势要求，从提高课堂教学质量和优化作业设计两个维度认真思考，积极实践。基于对"智情共融和谐课堂"的追求，结合江门市深化中小学课堂教学改革行动计划第一批项目，我打造基于"4TF"高阶思维课堂的"四融五动"数学课堂教学模式。"四融五动"课堂模式在台山产生了影响力，2022 年 11 月 8 日，《台山新闻》特别报道了台城二小"四融五动"课堂模式的探索与实践。"四融五动"数学课例"面积与面积单位"，在广东省中小学教师信息技术应用能力提升工程 2.0 成果展示交流活动中展示，通过在线直播方式，向全省各区域教师开放观摩，在全市乃至全省起到示范引领作用。同行的肯定，我更加坚定"智情共融，理趣相生"的追求！

(四)引领：薪火相传 度人达己

在职业发展的路上，我经历了数学老师、科组长、大科组长、教导处主任等岗位的转变。我深知必须更专业、更多元，方能聚成光束，照亮一片天空。我积极投身教研，促进专业成长，并带领教师开展各种教研活动，实现团队整体素质的提升。青年教师小陈老师刚调进台城第二小学，由于教学经验缺乏而信心不足。我一边鼓励他树立当好老师的信心，一边深入课堂听课、评课，从课堂组织、课堂设计、作业批改、制卷、评阅、复习等方面全面跟踪指导。2023 年 5 月，我以"智情共融和谐课堂"的思想指导小陈老师参加优质课展评活动获台山市、江门市一等奖。我信心满满地走上"智情共融，理趣相生"之路！

学校 2021 年被评为广东省校本研修示范学校、2022 年被评为广东省优质基础教育集团培养对象，我是此项目数学科负责人，带领数学教研组开启了携带帮扶教育征程。我把自己对教育的追求和多年的教学经验化作一次次专题讲座，我走在研究者的道路上！一份事业，一生坚持，择我所爱，爱我所选，用行动不负每一份热爱。在"实践+反思"的过程中，我逐渐形成了自己的教学风格。

三、学科教育观——让数学扎根在"智情"的土壤里

>>>

(一)我的教学风格

林格先生曾说："教育应该是有温度的，做有温度的教育，说有温度的话，

上有温度的课，写有温度的字，像孔夫子一样做温暖人心的教育。"我一直认为，数学不是枯燥的，而是充满灵性的，我追求着有温度、有广度、有深度的数学课堂，力争让学生发展思维的同时获得丰富的情感体验与深刻的精神启迪，为学生点燃一把把数学素养之火！我的教学风格也渐渐地由模糊到清晰，最后定格为：智情共融，理趣相生。

1. 智情共融

（1）"智"指教师的智慧、学生的智慧、课堂的智慧。

课堂上不仅关注学生的知识、技能、分数，更关注学生的未知世界、生命感知，给予其智慧的启迪。智慧的课堂是以教师的智慧激发学生的智慧潜能，激发学生想象、启发思考、唤醒潜能、点燃思维火花。

（2）"情"是情感和感情。

新课改以来，教育已从"知识就是力量"的时代走出，经历"能力创造生活"过渡到"情感、态度、价值感取决于生命长度"的教育观。在教学过程中，教师更需要关注学生的态度、情感、体验、经验、发展等，滋润学生的心田，培养良好的意志品质。

（3）以情启智，因情育智。

"智情"，犹如鸟之两翼，两个方面和谐统一、融合于一体，以情启智，情智交融。情感的融入让数学学习不再是"冰冷"的，而是有了温度，学生才能真正为"智情"所感染。智情教学观下的课堂更加关注学生的生活经验和生活世界。现实的、有趣的数学情境，抽象的数学知识回归学生的生活，在形象与抽象之间架起一道学习桥梁。数学学习不知不觉"镶嵌"到学生熟悉的情境中，轻松、愉悦的学习氛围，让学生更愿意交流、思辨，此时智慧的种子在悄悄生根、发芽、开花、结果……这就是智情课堂——有智慧的提升，有情感的交流。学生体验着"创造、发现"的喜悦，感受到数学不仅是枯燥单调的数字或公式，还有着无穷奥妙。

（4）由智生情，智情共长。

在智情课堂，学生不是简单地接受，成为知识的容器，而是要实现掌握知识技能、实现智慧生长，形成智慧的碰撞、情感的联通。教师用智慧撬动课堂的对话，构建"倾听与对话"的学习共同体，学生之间的"互动"和"对话"，各种思想和方法的"放大"，在碰撞交流的过程中，不断丰盈自己的认知，并学会"数学地思考"和"数学地表达"的经验。他们的相互交流、相互启发，将数学思想、方法、知识、技能活化，并收获一份自己的发现，获得丰富的情感体验与深刻的精神启迪，即由智生情，智情共长。

2.理趣相生

"理",一方面是指学生理性思维和智力因素的知识技能,包括基本知识和基本技能、探究学理、掌握科学的学习方法、发展思维能力等;另一方面是指教师在教学过程中的引导方式,其核心在于帮助学生发现学习的意义,帮助学生实现从低阶思维向高阶思维渐进与发展。

"趣"是指学生享受学习过程中的乐趣,是学生积极参与学习并享受"有味道的学习过程"。因此,数学教学不仅有知识技能的价值,还包含人格、情感的陶冶价值,教学过程是学生知识与精神的成长。

教学过程应该是师生情感共鸣、思维共振、智慧共长的课堂,是学生理与趣的生长过程,是教师获得教育的经验与智慧、职业的幸福感的过程。"趣"能激发灵感,创造奇迹;"理"能焕发生机,催人进步,"理"与"趣"之间,就是智育与心育的相互贯通。

(二)我的教学主张

1.融情于教,寓教于乐,润心生智

新课标提出的数学学习总目标涵盖了智慧和情感两大领域,体现智情教学的要求,智情教学强调情感激发学习,因此数学教学要聚焦于"人文情感共鸣"和"知识智慧开启"。课堂应关注学生情感,滋润学生心田,培养良好的意志品质。在进行情感教育的同时,促进智力发展;在发展思维能力的同时,促进意志品质的提升。以心促智,以智润心。师生共同围绕数学问题,生生对话、师生对话,思想交流,碰撞火花,同频共振,引发共情共鸣。孩子们享受学习的过程,掌握数学知识,明白数学之理,提升数学素养,享受数学之趣。

2.趣境生情,创境蕴思,辩思启智

数学课堂应该有"境"、有"情",更能"境中蕴思"。课堂能唤醒学生学习意愿,链接已有经验,引起情感共鸣;课堂要为学生提供智情交融共生的平台,通过有效的情境创设,唤醒探究的自我需求。生动有趣的教学情境要成为"助燃的点火器",促进学生自动建构新知,在思辨中启发数学思维、感悟数学思想、打开智情之窗。

3."四融五动"数学教学模式

基于对"智情共融和谐课堂"的追求,我打造基于"4TF"高阶思维课堂的"四融五动"数学课堂教学模式。"四融"指教学过程中将四大学习场景——情感场、目标场、思维场、生活场在教学的五个环节深度融合,"五动"就是课堂

中通过情感调动、问题驱动、探究主动、平台互动、评价促动，最终促进学生成为一个"有效的学习者"。通过"创设情境，导入新课—问题引领，设立目标—引导探究，精讲点拨—组织交流，归纳总结—精练评价，促进迁移"五大教学环节，创建一个"强大的学习环境"—"四融"，促进学生进行深度学习—"五动"。学生在"体验情境，激起兴趣—明确目标，解决问题—开展探究，主动构建—互动交流，完善认知—迁移应用，拓展思维"中思维得以点燃，智慧在生长，情感在飞扬，实现核心素养的落地生根。

四、育人故事——播下"情感"种子，静待灿烂之花 >>>

　　在教育的征途中，每个学生都是独一无二的风景，他们的成长需要我们用心呵护。小畅是个"洋留守"，自小就被灌输"坐等出国，学不学都无所谓"的思想，经常上课注意力不集中，喜欢搞小动作，经常不完成作业，学习成绩不理想。我不断寻找"育种"的契机，每天都默默关注这个孩子，一有机会就与他谈话："今天上课做对了一道数学题，继续努力，争取明天做对两道题!"在这个过程中，他感受到我如同家人般的关爱，逐渐敞开心扉。我抓紧时机与他聊国外的父母，一提到父母，他的眼眶就开始湿润了。我便开始对他进行情感攻击："你知道远在国外的爸爸妈妈人在国外，心在国内的心情吗?"疏导他因父母远在千里之外或隔代抚养所产生的心理郁结。片刻的感动还不足以令他完全改变，因此我加强与他的监护人联系，共同商讨教育孩子的策略和方法，尽量使家庭教育方面不要出现盲区。我争取与小畅的父母联系，引导他们践行亲子间的沟通，帮助孩子树立正确的人生观和价值观。我了解到小畅在班上很有号召力，便给小畅安排了一个小职务，让他当个"小领导"。老师和同学们的信任，是点燃孩子内心的助推器。小畅变得自信自强自立，"小领导"让大家看到了小畅的光华。但仅仅如此还不够，小畅还需要被点燃。小畅很有表演的天赋，一次"六一"文艺表演，我让他表演数学话剧。最终表演得到同学们最热烈的掌声，站在舞台上的小畅品尝到绽放的喜悦，从此变得阳光、自强。

　　我和小畅、孩子们的故事还在继续，这将是一条漫漫长路，我将用"情感的火花"照亮教学的时光，一路呵护，等待灿烂之花开放。

五、教学现场与反思——搭好脚手架，埋下"三颗种子"

（一）教学实录——人教版小学数学六年级下册第六单元"北京五日游"

1. 以情启智——任务驱动

师：有人说，北京是世界上最好玩的地方！三千多年的历史孕育了故宫、天坛、长城、颐和园等等名胜古迹，现在跟老师一起欣赏这些美景吧！（视频）同学们想不想身临其境地去感受一下呢？我们暑假来一趟广州出发"北京五日游"，现在设计一份旅游计划，敢挑战吗？咱们今天这节课就来学习设计制订旅行计划！（板书课题：北京五日游）

【设计意图：播放北京的景点视频，创设设计北京五日游旅行计划的问题情境，设计富有挑战性和吸引力的任务，激发学生的学习动机，诱导情智的萌发，使学生更快地投入课堂学习。】

2. 激情入智——实践探究

（1）活动前交流。

师：同学们都有过外出旅游的经验，那么设计一份"北京五日游"的旅行计划要考虑哪些内容呢？（板书：日期、交通工具、住宿、其他、行程）

（2）交流分享经验。

师：课前，同学们调查收集了北京旅游的相关信息，谁愿意来给大家分享？

生：景点方面建议游天安门、故宫、老北京胡同、长城、十三陵、鸟巢、水立方……

师：北京的景点非常多，散布在各地，我们要怎样合理地设计路线呢？

学生交流。

师：将相近的景点安排在一起游览，节约在路上的时间，这样安排的路线才合理。（板书：合理）

生1：天安门、故宫、景山公园、王府井这几个景点安排在一天，景点排得太满，时间有点紧，会很累。

生2：长城离得远，单独安排。

生：往返的交通工具也要关注，有飞机、高铁、火车等。

生：高铁票比火车票贵，但节省时间，高铁比飞机票的价格便宜，但没有飞机节省时间。

师：高铁比飞机省钱，比火车省时，比较经济。（板书：经济）

生：有些显示有票，有些无票，要提早计划。

师：我们在考虑往返交通时，还要考虑是否能买到票，也就是方案是否可行。(板书：可行)

师：你会怎样选择交通工具？

生：北京市区内的景点游玩，可以选择地铁、公交、利用手机打车软件滴滴出行。(板书：方便)

师：对于旅行方案的设计，如果我们考虑了这些因素，就一定能把方案做得很精彩。

【设计意图：引导学生汇报调查的信息，并对调查的信息进行筛选，在碰撞交流的过程中，不断丰富自己的认知，提高学生收集信息、整理信息、分析信息和处理信息的能力，为下一步自己设计方案做准备。】

3.智情共融——交流展示

(1)优化方案。

师：小明同学也知道咱们班厉害，想请大家帮帮忙。他做了一份行程表，准备一家三口暑假出游，他还有哪些需要改进的地方？(出示课本107页行程表图)

师：请尝试用事实和数据说话。你们来帮帮忙，看哪些好，哪些要改进。

生1：优点是表格式目录清晰，缺点是景点安排太密，游不过来。

生2：第三天游览长城后再去其他地方时间不够了……

学生交流、分析处理，提出整改策略。

【设计意图：在探索过程，学生通过分析、观察、讨论等方式发现优点和不足，既有思考、比较、发现，也有合作、交流、分享，悟到了解决问题的思路和方法，积累数学活动经验。】

(2)制定行程表，评出最佳方案。

师：刚刚同学们提出了很多优化的建议，我代表小明谢谢大家。现在根据你们提出的建议和信息，小组合作设计一份你们认为合理而又精彩的旅行方案！

学生分组讨论合作完成，交流方案的设计。

【设计意图：通过优化方案，学生不仅获得解决问题的具体方法，更重要的是让学生在解决问题的过程中获得全方位的发展，感知数学与生活的联系，发展学生的数学思考。】

(3)预算经费。

师：按你设计的方案，小明一家三口带9000元够吗？

师：你认为经费的预算需要准确计算还是估算？如果估算的话是估多还是估少？为什么？请同学们根据你的行程设计单完成小明一家三口的经费预算。

学生交流：

生：火车票车次和价格可以在中国铁路网12306上查询和预订。

生：登录景点官网，或者专门的旅游网站可以查询票价及优惠政策，还能查询路线。

生：我们登录八达岭长城景点的网站或携程旅游网站可以查到八达岭长城门票为40元/人，学生半价为20元/人，就可以计算出来小明一家购买长城门票需要100元。

生：还可查到去往八达岭长城可以乘坐火车，火车票价为16元/人。

生：这样也能够计算出小明一家购买来回八达岭长城的火车票需要96元……

【设计意图：通过预算旅游经费，让学生综合运用数学知识，解决生活中的实际问题。让学生再次体会到数学与生活的密不可分，体会合理选择和消费的重要性，体验成功的愉悦。】

4. 理趣相生——积累经验

师：旅游的方式很多，要根据我们的实际情况从经济、合理、方便、可行等多角度进行考虑，还可以参考网上的一些旅游攻略，设计出更合理的旅行计划，这些是老师推荐的网站。（课件出示）

师：通过今天的学习，你有什么收获？（学生谈感想）

师：今天我们综合所学的知识，通过调查收集、整理分析、优化改进，用数学的眼光和方式解决生活中的问题。（板书：调查收集　整理分析　优化改进）

5. 布置作业

请你回去大胆尝试制作一份台山三天游的方案，邀请小明来我们家乡玩！

【设计意图：回顾制作旅游计划的全过程，总结学习方法，培养良好的数学学习习惯，并布置课外延伸作业，既拓展了学生的学习空间，也达到了综合实践的目的。】

（二）教学反思——搭好脚手架，埋下"三颗种子"

"综合与实践"活动的价值不只是获得具体问题的解决，更重要的是让学生在解决问题的过程中获得全方位的发展。本节课的设计依据情智教学理念，从任务中启动情智，情境中激发情智，实践中发展情智，充分让学生经历综合运用所学知识制订旅游计划的实践过程，妥妥地埋下"三颗种子"。

1. "情感种子"

在素材的选择、景点的选择方面，要动情动感，情景创设引入我选择让学生观看雄伟壮观的天安门、威严庄重的升旗仪式、辉煌灿烂的故宫、巧夺天工的鸟巢建筑、气势磅礴的长城……引导学生带着感情去欣赏，激发他们北京五日游的热情，同时渗透爱国主义教育，让课堂在孩子的心中慢慢立体化，并丰盈起来。

2. "知识种子"

本节课通过参与调查、收集信息、设计方案等活动，让学生学会综合应用所学的知识解决旅游中的实际问题，并依据实际情况选择最好的方案和策略。在教材处理上抓大放小，在小明的设计方案中"刨根""放地雷"，引导学生把"不合理"的方案逐渐完善、优化，从而完成知识的建构。

3. "能力种子"

本节课经历探讨最佳的方案和策略过程，增强学生收集信息、整理信息、分析信息和处理信息的意识和能力，找准能力发展的定位：在比较、分析、观察和思维等活动中，培养学生的创新意识、实践能力和善于多角度思考问题的意识和决策能力。

平等和谐，朴实灵动

● 台山市教师发展中心　刘咏绍（高中英语）

◉ 一、导读语　　　　　　　　　　　　　　　　>>>

刘咏绍，女，广东台山人，高中英语高级教师，在台山市第一中学任教19年，现任台山市高中英语教研员。台山是著名侨乡，台山人开拓进取，艰苦奋斗，秉承这种台山人精神。从教25年，我在教学上兢兢业业，在尝试、实践、创新中不断超越自己，逐步构建了"真境·真智·真情"教学模式，形成了"平等和谐，朴实灵动"的教学风格。

◉ 二、名师成长档案　　　　　　　　　　　　　>>>

我的教学成长历程大致可以分为以下四个阶段：模仿性教学阶段、独立性教学阶段、创造性教学阶段、助力教师发展阶段。

（一）模仿性教学阶段——知识的传授者

2000年7月，我从华南师范大学外文学院毕业，回到了自己的母校台山市第一中学，担任高一班主任和2个班的教学任务。面对自己曾经的老师，现在的同事，我既有熟悉感，又有紧张感，更有刚刚步入工作岗位的兴奋感和畏惧感。带着激动而又矛盾的心情走进课堂，忐忑不安地上了一个星期的课后，我感觉到学生在课堂上无精打采、兴致索然，交上来的作业不尽如人意。我对自己的教学感到很迷惘。于是我找到了自己的高中英语教师——备课组长李老师，向她寻求方法。李老师进入我的课堂，听了一个星期的课后，意味深长地跟我说，你是教参的搬运工。当时我听了惘然不解。李老师解释道，我是按部就班地照着教学参考书的内容授课，"教大于学"，师生、生生之间的互动甚少，抹杀了学生主动学习和自主思考的时间与权利。这让我陷入反思：若课堂一味照本宣科，如何激发他们的多元潜能？

为突破瓶颈，我特意跑到广州购书中心购买了一套关于英语课堂实录的光盘反复观看学习，大到整堂课的流程，小到提问技巧，我都逐一模仿。在持续模仿的过程中，我深刻体会到学生参与课堂的重要性，尤其是"在用中学"的理念。

经过一段时间的模仿性教学实践，我逐渐积累了一定的经验，也开始思考如何根据自己的教学风格和学生的实际情况，探索更加适合的教学方法。于是，我进入了独立性教学阶段。

(二) 独立性教学阶段——学习的促进者

根据观察自身和其他老师课堂出现的状况，我持续探索和尝试改变课堂模式，边看书学习新理念，边摸索实践新教学方式，开始摆脱模仿性工作方式的束缚，有意识地研究课堂教学的艺术形式与效果，逐步进入独立性教学阶段。

适逢 2003 年中华人民共和国教育部颁发了《普通高中英语课程标准》，2006 年推出了新教材，并在全国各地开展了相关的培训。作为一名年轻教师，我积极参与新课标、新教材的各种培训，增加自己的理论知识。在培训中，我接触到情景教学法，符合《普通高中英语课程标准》(2003 年版)，提出"教学方式与方法应给学生留有空间，应有利于学生充分利用、分享已有的知识与经验，应有利于学生发挥创造力和想象力，并增加开放性的任务型活动和探究性的学习内容，使学生有机会表达自己的看法与观点"。在教学过程中，我努力做学生的学习促进者，为学生创设了比较真实的情景，把课堂主阵地还给学生，让学生主动运用本单元所学目标语言解决实际问题，尽量实现学生"学了就用""在用中学""在用中进一步巩固"的目标。

我还主动请缨上公开课，让更多老师对我的"情景教学"提出更多的好建议。在同行们的帮助下，我的"情景教学"日趋成熟，在阅读课、听说课、词汇课、语法课和写作课中都能娴熟地运用，深受同行的好评和学生的喜欢。2010 年我用情景教学法给全市的高中英语教师上了一节语法公开课。我以创设情景和图片的方式，引导学生回顾名词性从句及其运用。我先是通过这几个例句，引导学生回顾了名词性从句的四个类型和连接词，然后让学生用名词性从句描述班里或宿舍同学的情况。最后，我让每个小组创设一个情景，然后用英语进行描述，但一定要使用名词性从句。这节课令听课老师耳目一新。大家都认为这节课朴实中又不失华丽，符合新课标提出的"学了就用""在用中学"

的教学理念，增加开放性的任务型活动和探究性的学习内容，使学生有机会表达自己的看法与观点，促进了学生的学习。这节课让全市的高中英语老师认识了我，也把我推上了教学的一个新阶段。

当时台山市高中英语教研员黄老师对我说，词汇教学是一块硬骨头，你能否用情景教学设计几个课例供老师们观摩学习？我欣然接受这个任务，把"情景教学"聚焦为"话题情景教学"，即根据高考写作24个话题，每个单元提炼出1~2个话题，设置情景，让学生进行词汇运用。2015年，我代表台山参加江门市青年教师教学比赛，以"话题情景"进行词汇教学，获得了一等奖。

经过不断探索，我逐步形成了"平等和谐，朴实灵动"的教学风格。学生在课堂上敢想、敢做、敢问、敢说，我的课堂生动活泼、高效高质，教学成绩始终位列年级前列，也带出了一个又一个英语尖子生，他们在各项英语比赛和考试中独占鳌头，也为自己带来了一项又一项荣誉。

经过一段时间的独立性教学实践，我积累了丰富的经验，也对教学有了更深入的思考。于是，我开始进入创造性教学阶段，努力成为学生的学习智伴者。

（三）创造性教学阶段——学习的智伴者

苏霍姆林斯基曾说过："我们要记住，一个人到学校来上学，不但是为了取得一份知识的行囊，而主要是为了变得更聪明。因此，他的主要的智慧努力就不应当用到记忆上，而应当用到思考上去。"这就要求老师不但要传授知识，更要教会学生一种方法、一种习惯。

2015年我有幸被选上参与广东省骨干教师培训，了解了21世纪学习技能和中国中学生发展的核心素养，对教师这一个角色有了新的理解。教师应是学生学习的智伴者，和学生一起做中"学"，学，做，思。2018年参加了北师大的广东领航项目，接触到PBL项目式教学，我就深深爱上了这种教学模式，把它和情景教学法结合起来，形成项目式情景教学：根据单元的教学素材，给学生提供一个项目，然后和学生共同完成这个项目。在完成项目的过程中，我是学生的学习智伴者，给予他们适当的帮助和引导，在参与项目的过程中，学生身动、心动、神动，创新、运用和实践能力得到了提升。在学习 Cultural relics（文化遗迹）时，适逢台山在进行旧城区改造，在这个过程中，一些历史悠久的老建筑是否应该被拆除引起了市民的热议。我就设置了一个项目，以小组的形式去收集台山这些老建筑的历史材料，和采访市民、政府部门的意见，最后以辩论赛和提案的形式发表看法。暑假我还在学生中开展"用英语讲台山故事"的活动，学以致用，既为学生提供使用英语的平台，也培养学生的爱乡情怀。

学习的智伴者不仅体现在我的课堂上，让我的课堂变得平等和谐，朴实灵动，也体现在课后的作业上。2018年实施了新的《普通高中英语课程标准》，提出了英语核心素养为：语言能力、文化意识、思维品质和学习能力。广东从2020年秋入学的学生全面使用新教材，新教材非常注重对学生英语核心素养的培养。为此我也在思考：除了课堂上培养学生的核心素养，课后作业的设计是否也可以进一步延续对核心素养的培养呢？通过和工作室团队的不断探索，我们设计出能锻炼学生学习理解、应用实践、迁移创新三个不同层次能力的课后作业，进一步延续对学生英语核心素养的培养。

1. 学习理解层次作业

单词挖空：通过上下文和英文首字母提示，让学生补充文段中的空缺词汇。这一任务不仅能帮助学生复习重点词汇的用法，更能引导他们在真实篇章中灵活应用词汇。

2. 应用实践层次作业

(1)看图造句：提供单元话题相关图片和单词提示，鼓励学生结合语境造句。这种方式实现了从词汇到句子的过渡，同时激发了学生的发散性思维。

(2)信息收集与展示：以小组为单位，搜索整理与单元话题相关的内容，并进行展示和感悟分享。这一任务不仅拓宽了学生的视野，还培养了学生的信息整理、团队合作与价值观反思能力。

3. 迁移创新层次作业

项目设计：以小组为单位，根据单元话题，开展项目设计活动，如必修一Unit 2的话题是旅游，则让学生通过了解当地的旅游资源，设计一本旅游小册子；选必修一 Unit 1的话题的杰出人物，则让学生进行职业规划：通过了解杰出人物的经历，引导学生反思自我，完成职业规划表格并汇总为语篇。这一活动将语言学习与学生的生活相结合，既增强学生的文化意识，又助力学生树立理想信念。

这些作业设计层层递进，从基础巩固到创新迁移，全方位提升学生的英语核心素养。

在这个阶段，我一直本着"真境·真智·真情"的教学主张，与学生在平等和谐中互动交流，激发学生质疑问难，"启"中求"活"，感受教与学的快乐，在快乐中掌握和运用语言知识。我的课堂也不局限于教室，学校的操场、图书馆、礼堂的舞台都可以见到我和学生一起上课的身影。我的课堂是平等和谐，朴实灵动的，我的个人教学风格也得到了提升。

（四）助力教师发展阶段——教师的引领人

2019年9月，我调入台山市教师发展中心担任高中英语教研员，在教学领域的角色发生了变化，也是一个新的挑战。我结合我教学的强项，从引领课堂教学开始我的教研之路。通过听评课，我发现课堂普遍存在着脱离语境、思维缺失、漠视情感培养的现象。我借助评优课，打造出优秀课例和培养优秀人才，并进行推广，宣讲"真境·真智·真情"的教学主张，和老师们一起共建"平等和谐，朴实灵动"的课堂。在优秀课例的推广中，教师的课堂能力、教学质量、团队氛围、专业水平都在逐步提升，在地市级和省级教学比赛中，多人获奖。在"江门市秋季高中英语优质课例（说播课）展评"活动中，通过我的指导，2020年聂璐妍和陈柳霞两位老师代表台山参赛分别获得一等奖和二等奖，2022年黄旅雄和赖明君两位老师代表台山参赛分别获得一等奖和二等奖，岑飞雁老师获得"江门市2021年秋季高中英语优质课例展评"现场活动和"江门市2023年高中英语青年教师技能大赛决赛"一等奖，黄冰仪和罗敬谊老师的教学课例分别获得2020年和2021年广东省普通高中英语教学教研资源征集和研讨活动优秀奖和二等奖。

在教研领域工作两年后，我开始从关注课到关注人，因为课的品质是由人的素质决定的，很多课的问题不在于课本身，而是在于教师的专业素养。我通过引领教师进行专业发展规划、激发教师专业发展的内驱力和构建促进教师专业发展的外部环境来提升教师的专业素养。在助力教师专业发展的过程中，我结合胡惠闵和王建军的理论，构建了"整体规划"与"阶段性规划"相结合的框架：

1.整体规划

引导教师从"自我分析"入手，明确自身优势、兴趣与需求，同时结合教育背景、学校要求及学生需求进行"环境分析"。在此基础上，制定涵盖学术、教学、行政等领域的"专业发展目标"，并设计具体的行动方案，包括策略、资源、步骤等。最后通过记录、评价与反思，形成动态调整的成长路径。

2.阶段性规划

将长期目标分解为具体的阶段性任务。例如，某阶段目标可能是"提升情景教学法的课堂实操能力"，对应的策略包括观摩优秀课例、设计实践教案、参与教学比赛等，同时明确完成时间、所需条件及预期效果。通过定期评价与反思，教师能清晰地看到自身进步与改进方向。

此外，我特别强调团队协作的重要性。通过组建教研小组、定期分享经验、互评课堂设计等方式，教师们在互助中突破瓶颈，实现专业素养的集体提升。例如，我指导聂璐妍老师以情景教学法优化语法课时，团队共同打磨教学细节，最终助其在江门市比赛中斩获一等奖。这一过程不仅提升了教师个体的能力，也强化了团队的研究氛围。

三、学科教育观——真境·真智·真情

英语兼具工具性和人文性的特征，是人类进行交流的工具和传播文明思想的载体。《普通高中英语课程标准》，无论是 2003 版还是 2017 版，都强调在真实的语境中关注学生思维水平的发展，有机渗透情感、态度和价值观的培养，从而真正实现英语课程的育人目标。基于这样的理念，我提出了"真境·真智·真情"的教学主张，旨在实现语境创设、思维提升和情感升华的和谐统一。其中，"境"指语境与情境，"智"指认知与思维，"情"指情感与情怀。这一教学主张既强调真实情景的创设，重视学生认知的提升和思维能力的发展，又关注学生情感品质的培养和人格的完善。通过"真境·真智·真情"的教学实践，我努力让学生在真实的语境中学习和运用语言，提升思维能力，同时培养他们的情感品质和人文素养。

"真境·真智·真情"贯穿于我的教学实践，在实践探索的过程中，我对教师这一角色的理解也不断深化：从最初的"知识的传授者"到"学习的促进者"，再到"学习的智伴者"。这种理解的深化也内化为一种属于自己的教学风格：平等和谐，朴实灵动。我注重营造平等和谐的师生关系和课堂氛围，基于学情设计教学活动，创设与主题相关的真实语境，充分挖掘主题所承载的发展学生思维品质、提升学生情感体验的关键点，并与学生的实际生活相联系，开展基于真实语境下对语言、意义、文化和价值观的探究。学生在课堂中身动、心动、神动，实现"知识—能力—学科素养"的飞跃。例如，在教授"How good are your social skills?"一文时，我将两个学生之间的对话录制成视频来导入课堂，视频中一个学生正在安慰另一个考试成绩不理想的朋友，本来是好心，但是说了几句后朋友却生气地走了，这是为什么呢？学生们带着这样的疑问进入文本的学习。在学习了如何进行社交、如何聊天之后，学生们对如何安慰那个心情不好的同学都有了各自的答案，在真实的情境中找到了解决问题的办法。

四、育人故事——情景点燃自信：一个偏科生的英语逆袭之路

小蔡是我 15 届的学生，我高二才接任他们班的英语教学，发现他上英语课

总是在做其他学科的作业或看课外书，从不参与课堂活动。我并没有当场批评他，而是先向班主任了解情况。班主任很惋惜地说，他太偏科了，数理化成绩很拔尖，参赛还获得不少的奖，但英语太差了，连年级平均分都达不到。了解情况后，我晚自修就找小蔡谈话，发现他是一个思维很活跃、性格很外向的孩子，只是他小学、初中是在乡村学校上学，英语基础差，再加上英语发音不准确，经常受到同学的嘲笑，因此对英语学习有畏惧心理，兴趣索然，导致英语成绩停滞不前。

我告诉小蔡：他的性格适合在情景中"用中学"，但先要练习朗读，纠正发音。于是我和他约定每天晚修前进行朗读训练。不管是不是我晚修坐班，我每天都坚持6：30—7：00和他进行朗读训练，从音标、单词开始，再到句子、段落，即使是节假日，我也和他进行视频朗读训练。经过一个学期的共同努力，小蔡已可以较为流利地和准确地读好文章的一个段落。在一次组内示范课，我提前告知他我将邀请他在课堂上朗读一个段落，他欣然答应，在课堂上让同学们大吃一惊，赢得了大家的掌声。

小蔡在英语课堂中变得越来越自信，也加入小组的课堂活动中。他思维很活跃，点子很多，常常为我的情景创设提供建议。在教授必修6 Unit 2 Poetry这个单元时，我对创设什么样的情景来进行运用提升感到很苦恼，小蔡就提议我在班里举行一个英语诗歌创作和朗诵比赛。我马上把他的建议改为一个项目式情景教学，这个单元我上得既轻松又高效，学生也学得愉悦。小蔡对英语学习的兴趣越来越浓厚，在我的课堂上表现也越来越积极，正如他所说，我的课堂让他体验到和理科学习一样，是可以"在用中学"，而不是枯燥无味的。进入高三，小蔡的英语成绩已接近班级的平均分，高考他也如愿考入华南理工大学，英语没有成为拖他后腿的科目。

这个故事让我深刻体会到，每个学生都有其独特的潜力和需求，通过因材施教和持续的鼓励与支持，可以帮助他们克服困难，找到学习的乐趣，最终实现自我提升。

五、教育现场与反思

>>>

（一）课题

人教版 必修 2 Unit 2 The Olympic Games

(二)教学内容分析

本节课教学内容是人教版必修 2 Unit 2 的"阅读部分"的重点词汇。阅读部分通过古希腊作家 Pausanias 穿越时空来到北京采访 2008 年北京奥运会的志愿者李燕，讲述了古代奥运会和现代奥运会的相同之处和不同之处。从话题上看，文章中包括了许多与运动相关的词汇。本节课是基于"真境·真智·真情"的教学主张，并依据 Swain 的输出假设理论和王初明教授的"写长法"理论，遵循在语境中运用语言的原则来设计的。结合"运动"这个话题，创设新闻发布会这个语境，引领学生去描述运动项目或运动员，并发表自己的观点。教学设计围绕"运动"这个话题架构语言知识学习内容，由句到篇，层次分明。在多维度的课堂活动中，学生身动、心动、神动，获得了成功的体验。

(三)学生分析

高一(1)班是实验班，有较好的英语基础，而且是一个充满合作精神、积极活泼的班级，他们对如何拓展自己英语知识的学习内容都很感兴趣。然而，相当一部分学生面对如此多的高中词汇仍然有些"水土不服"。根据平时的观察，他们关于词汇的问题涉及如何发音、如何记忆以及如何恰当运用。从测练情况来看，大部分学生能记住单词，但不能恰当运用词汇，尤其是写作时，词汇仍停留在初中甚至小学的词汇，不能运用所学词汇。因此，这节课旨在带领学生体验如何在有限的时间里，有效地记背和运用尽可能多的新词，增强他们的综合语言运用能力和表达能力，尤其是词汇运用能力。

(四)教学目标

1. 语言知识目标

(1)掌握本课的重点词汇(单词、短语和搭配)。
(2)在篇章中巩固所学词汇知识并在任务中运用。

2. 语言技能目标

(1)有效组织词汇，建立语义场。
(2)提高语言输出的效率与运用词汇的能力。

3. 情感态度目标

学生能在课堂活动中培养学习词汇、运用词汇的兴趣和技巧，能以小组合作的形式在课堂上有效参与，积极互动。

(五)课堂小片段

本节课共四个环节：第一个环节使用"思维导图"帮助学生归纳与话题有关的词汇；第二个环节是短文词块填空；第三个环节是新闻发布会，用本单元的词汇描述所提供的图片或视频，并发表自己的观点；第四个环节是写作，把第三个环节的相关内容写成一篇新闻稿。以下选取的片段是第三个环节。

(1) To explain the rules.

In this part, each group can choose one picture to make sentences according to the given words and phrases. They can make more than one sentence in a group.

(2) To show an example to students and tell them how to do it.

T: Ladies and gentlemen, good morning. Here is the press conference. I am Miss Liu. Today's topic is Beijing Olympic Games. Zhang Yimou, one of the famous director in China, was in charge of the opening ceremony of the Beijing Olympic Games. It showed Chinese culture to the world, which was a great success.

(3) To present pictures and words for students to make sentences in groups. They are encouraged to make more than one sentence.

G1: Because of failing the drug test, Sun Yang admitted having made his fans disappointed. In my opinion, as an athlete, he should be honest and obey the rules.

G2: Yao Ming, one of the excellent athletes in China, was admitted into the national team at the age of 18. There's no doubt that to achieve the goal, Yao made great efforts.

G3: In 1984, Xu Haifeng took part in the 23rd Los Angeles Olympic Games and won the first gold medal for China. This is a breakthrough in China's sports history. We are proud of him.

G4: The national football team dreams of taking part in the Olympic Games and competing for a gold medal one day. I believe that if they train hard, they are bound to realize the dream.

【设计意图】

通过前面两个步骤，学生收集到课文中与话题有关的词汇和短语。在这个环节中，设计一个新闻发布会的情景，以图片和关键词(大部分是课文中的重点词汇和短语)，引导学生在情景中操练核心词汇和短语，提升他们的词汇运用能力，同时关注学生情感品质的培养，实现学生"学了就用""在用中学""在用中进一步巩固"的目标。

(六)教学反思

1.该课程的设计方面

本节课能紧扣新课标的要求，从知识与技能、学习策略、情感态度三大方面，以课文话题为中心，把词汇与课文话题的相关度作为词汇学习程度的标尺，设计相关的词汇练习，从词—块—句—篇，从易到难，从简到繁，环环相扣，引导学生在扎实的操练中逐渐掌握运用词汇与篇章的能力，基本达到了教学目的。

2.课堂教学过程

在教学过程中，很多学生都能在老师设置的练习和语境下，有意识地运用本课中与话题有关的词汇、短语，创造性地使用语言表达自己的看法，尤其是在根据图片和关键词造句这一环节，句子层出不穷，惊喜连连。教师能充当组织者、引导者和帮助者的角色，以学生为主体，帮助学生发现、掌握和运用词汇。总体来看，本节课的气氛比较活跃，学生参与度高，收到了很好的效果。

3.学生学习效果

在课堂上，绝大多数学生能积极参与活动，并能在教师的指导和帮助下，在语境中认知词汇和运用词汇，尤其是在根据图片和关键词造句这一环节，学生呈现的句子令我和听课的老师惊叹不已，所以最后我没有向学生展示例句，因为学生想出的句子实在太精彩了。看得出学生对于词汇的熟悉和掌握程度比以往要强。

4.不足和建议

上完本课我有以下的感触：如何确定学生要掌握的词汇的范围？如何设计词汇教学的巩固课型？如何处理活动设计的梯度性和趣味性？所以在本节课中，我也没能很清晰地告知学生如何紧密结合课文归纳话题词汇。这节课仅能作为一节"抛砖引玉"的课，还需进一步探讨研究。此外，根据听课老师的意见反馈，在 phrases 这一环节，只有短语，没有例句，字、词、句是一个连续体，如果教师能加入具体的一两个例句，进行解释或诱导学生自己举例说明知识点，教学效果可能会更到位。

真正的教育是无痕的。对于英语教学，我主张"真境·真智·真情"。我的课堂把学生看成教育活动的主体，努力为他们创设真实的语境，在师生间、生生间平等交流的平台，充分调动学生探求知识的积极性和主动性，提升学生的思维能力和培养学生的情感品质。在今后的教学中，我还要继续保持自己"平等和谐，朴实灵动"的教学风格，做好学生的"学习智伴者"和老师专业发展的"引领人"。

类比启智，简知易行

● 开平市教师发展中心 廖作东(高中信息科技)

一、导读语

廖作东，男，信息科技高级教师，现任开平市教师发展中心信息科技教研员，开平市名师工作室主持人。23 年来，我始终坚守教育初心，爱岗敬业，扎根教育教学一线，致力于用信息技术点亮学生的智慧之灯，点燃自己对教育的无限热忱。我秉持"简知易行"的教学理念，注重通过类比和归纳，帮助学生从现象中提炼本质，从感性认知上升到理性认知，实现更简易的理解与行动。在课堂上，我追求与学生的思维共振，注重激发他们的想象力与创造力，逐步形成了"类比启智，简知易行"的教学风格。

二、名师成长档案

(一)初入教育系统，扎根教育事业

2002 年，我带着熟悉的书香从广西师范大学数学与计算机科学系走出，迈入广东省开平市第一中学的学堂，承担了信息技术教师的重任。这是我人生的一个全新阶段，我这个满怀热情、充满理想的新时代教师，对未知的社会世界怀揣着深深的好奇与期待。我曾梦想，利用在大学里沉浸四年积累下来的专业计算机知识，点燃学生们对信息技术的兴趣，培育他们的能力。我曾痴想，在讲台的灯光之下，我将滔滔不绝，洪亮的话语在教室里回荡，学生们在我那博

学的光环之下，被我深深地打动，被我激励着前行。

然而，当理想的光芒照进现实的泥潭，就像晨曦照耀在碧波上，却也激起一身的泥沙。每一天，我面对的并非自己心中期望的讲台，而是一个满是尘埃的工作台。我主要的任务，已经不再是启迪学生们去探索科技世界的神奇，而是如何修复电脑、录音机、音响等琐碎的问题。我曾经的教学工作，反而逐渐沦为附属的副业。我感到无比痛心疾首：我们都是从师范学院走出来的，我们都经历过一样严谨的教育教学训练，那些和我一起走出校门的同窗，他们得以在讲台上挥洒自如，而我却更像是一个无人问津的修理工，深深地埋头于无尽的故障设备、软件问题和系统安装任务中，我在一个不被人注意的角落里，默默地维护着这些凌乱无章的电脑。

我思考着，我困惑着，我也沉沦着。那么，是什么在驱动我们走向前方呢？是内心深处那份无法言喻的热爱与热忱，还是外部世界的肯定与认可？或许，这两者就像是时钟里的齿轮，互相交错，互相牵引，推动着我们的人生之车向前行驶。在理想与现实的夹缝中，我们应该怎样看待自我和世界的关系？当我们在外部世界寻求认可与期待却得不到时，我们内心的热忱会像寒风中摇曳的烛火。

在广东，我们这些中学信息技术教师，正面临着这样的挣扎。我们曾经的梦想与热忱，正在被外部环境的冷漠慢慢侵蚀，直接导致了我们对工作的积极性逐渐下降。然而，这就是人生吗？我们是否只是被命运的潮流无奈地推着走？我们的人生，是不是只能顺从社会的压力，沦为一个个沉默的齿轮？

其实，正是这种内外的摩擦，塑造了我们的个性，让我们更深刻地认识自我。这种挣扎，让我们意识到，我们不能仅仅依赖外部的肯定，也不能只满足于内心的满足。真正的成长，可能就是在内外驱动力的交织中，找到一种平衡，找到一种和谐，找到真正属于我们自己的人生道路。

如何寻找这种平衡？如何在压力与挣扎中找到真我？或许，我们需要重新定义我们的目标，重新找到那份对教育事业的热爱与执着，只有那样，我们才能在这个看似矛盾的世界中找到我们的位置，实现真正的自我价值。

（二）坚持磨砺，锥之处囊中，其末立见

路遥在《平凡的世界》中铭刻下了如下的人生箴言："什么是人生？人生就是永不休止的奋斗！只有选定了目标，并在奋斗中感到自己的努力没有虚掷，这样的生活才是充实的，精神也会永远年轻！"

作为一名朴实无华的信息技术教师，我不仅身负着信息技术课程的教授责任，同时，我还承受着学校办公系统电脑维护、网络保护，以及帮助其他教师

提高信息技术水平的压力。在这个繁重的任务下，我却从未有过丝毫的畏惧和退缩。我选择了坚守，选择了不懈地努力。我积极投身于学习，旨在提升自我对电脑硬件维护的技术理解和提高与其他教师的社交能力。为了保障考试的顺利进行，我甚至常常通宵达旦地调试设备，修理电脑，专心修复主板，就是为了让每一台电脑都能在考试时稳定运行。同时，我也不遗余力地维护和修理教师的办公电脑，以确保他们的工作不受影响。

经过 7 年的时间，在磨砺和挑战中，我的技术、协调能力都得到了显著的提升，也因此得到了学校的赞誉和肯定，我荣升为信息技术科组长。每当回首这些年的奋斗，我坚信，正是那一份对工作的热爱和坚守，才让我在艰难的日子中光芒四射，每一滴汗水都在我人生的画卷上留下了独特的印记。

（三）天时地利人和，直挂云帆济沧海

自 2015 年以来，随着社会对科技创新的日益重视，我们渐渐看到，要求提高学生综合素养，包括科技素养等。这是我的契机，也是我的呼唤。

首先，站在国家的高度，2019 年 6 月，一项重要政策在中国教育史上刻下深深的烙印——国务院办公厅印发《关于新时代推进普通高中育人方式改革的指导意见》。这一政策的出台，像明亮的灯塔一样，指导我们的教育事业朝着更加科学、人性化的方向航行。在新时代的背景下，普通高中育人方式改革的内核，便是培养学生们的创新精神和实践能力。为此，学校需要积极尝试情境、问题导向的互动式、启发式、探究式、体验式等课堂教学，重视课题研究、项目设计、研究性学习等跨学科综合性教学的开展，认真开展验证性实验和探究性实验教学。这些措施就像是燃烧的火把，点燃学生的学习热情，提高他们的综合素质，为他们未来的发展铸就坚实的基础。

其次，从区域的层面来看，江门市人才培养计划的实施，成为推动我们教师专业发展的巨大推力。通过接受新的教育理论和视野开阔的机会，教师们能更好地应对教育教学的挑战。此外，学校领导同样发挥着无可替代的作用，他们为信息技术教师减负，将很多烦琐的维护维修工作外包，赋予教师们更多自由，这使得我们有更多的时间钻研信息技术专业，探索与其他学科的融合教学，并引领学生参与更多的竞赛。这种变革不仅提高了教师的教育水平和教学质量，同时也极大地激发了学生的学习兴趣和潜能。

再次，从学生的角度看，开平一中的学生们朴实纯真，虽然与外界接触不多，但他们犹如幼小的树苗，对新知识的渴望旺盛而强烈。这种对知识的渴望，是他们宝贵的品质，也是我心中无尽的力量。我带领学生，攻克难关，勇往直前，不断提升他们的综合素质。在省市举办的各类科技竞赛中，学生们通

过与其他同学的交流和竞争，锻炼自己的思维能力和团队协作能力。此外，学校还通过开展实践活动、社会实践等形式，使学生们将学习的知识运用到实际生活中，进一步培养他们的创新能力和实践能力。这些举措无疑是塑造学生未来的关键，为他们的成长奠定了坚实的基石。

● 三、学科教育观

我的教学主张可以概括为"简知易行"，这个理念基于对类比和归纳的深度研究。类比，作为一种逻辑工具，先是对观察到的事物进行整体框架化，找出最能代表其特性和特征的部分，然后再在大脑中搜索相关框架，找出与之相似的类别，从而实现两个不同类别的联系。这种联系的建立可以极大地促进我们的反思、想象和创新。

我们的中华民族传统思维模式有两大优势：强大的类比能力和对简洁的追求。这也正是我们文化中的精髓，如唐诗和宋词等。我们从中可以学习如何通过类比来激发无限的想象力，开启创新的空间。

当我们用类比来促进反思时，它就像一种调取知识的工具，让我们重新审视和理解已知的信息。同时，类比可以开启我们的想象空间，激发无限的创造力。比如，绘本通过图像，提供了构建类比的基础，从而激发了我们的想象力。在这个过程中，类比先行，然后通过简约、动态视频的技术，实现了丰富的学习。

在此基础上，我不断追问，深化学生对现象问题的理解，通过团队力量，不断拓展学生的感性认知素材，形成更深入的理性认知，这是形成简易思维的过程与方式。结果就是我们可以更简易地理解并行动，这就是"简知易行"。

（1）类比归纳的过程：类比的过程开始于对现象或事物的观察，我们需要先对事物进行一个总体框画，抽出我们认为最能代表该事物的特性、特征，这就是类。然后，我们在大脑中搜索相关的框架，找到可以和这个类进行对比的事物，如孔子的"余音绕梁，三月不知肉味"，这个过程是比。类比使我们能够将两个看似不相关的概念或事物联系起来，提供了一种全新的理解方式。同时，归纳是从具体的实例中提炼出一般性的规律或原则，有助于我们对事物的深层理解。

（2）类比的作用：类比有三个主要作用。首先，类比促进了反思。当我们在进行类比的时候，我们需要调用自己的知识库，这个过程鼓励我们对已知信息进行深度反思。其次，类比打开了人们的想象空间，使我们能够将已知的概念应用于新的情境中，激发出我们的创造力。最后，类比促进了创新，因为它可以帮助我们在看似无关的事物之间找到新的联系。

（3）简易思维的形成：形成简易思维的过程是通过不断的追问和反思，深化我们对现象和问题的理解。团队的力量使我们可以共享彼此的知识和理解，从而更深入地理解问题。在这个过程中，我们逐渐拓展感性认知的素材，从而形成更深入的理性认知。这样，我们就可以更直接地理解并行动，形成"简知易行"。

（4）简知易行的结果：当我们理解了事物的本质并将其归纳为简单的原则时，我们就能更容易地理解和采取行动。这就是简知易行的结果。这种思考方式不仅使我们能够更高效地理解和处理问题，而且还使我们能够以更清晰、更简洁的方式表达我们的思想。

四、育人故事

我记得那是个阳光明媚的下午，我的学生李明又一次沮丧地低下了头，他的机器人再一次没有完成预设的任务。看着他消瘦的身影，我心里不禁微微颤抖，我知道我需要做点什么。

我走到李明身边，坐在他的课桌旁。"李明，"我轻轻地说，"我知道你现在很困惑、很绝望，但你必须知道，失败并不可怕，它只是成功的一部分。只有经历过失败，我们才能更深刻地理解成功的价值。"

我看着李明，他的眼中闪过一丝惊异。那一刻，我看到了他内心的变化，他开始懂得失败的价值，开始接受失败，而不是逃避。他开始坚持，开始勇敢地面对自己的失败，而不再害怕。

每天下课后，我总能看到李明孤独的背影，他在实验室里默默地修理着自己的机器人。每经历一次失败，他都会静静地思考，然后继续尝试。他的坚持、他的勇敢，让我感动，也让我看到了他的成长。

那个阳光明媚的下午，我记得清楚，那是李明的机器人第一次成功完成预设的任务。看着李明眼中的兴奋与喜悦，我知道他成功了。他找到了成功的路，他终于知道怎么去面对失败、怎么去克服困难。那一刻，我觉得自己的努力没有白费，我为他感到骄傲。

李明转过头，向我深深地鞠了一躬："谢谢你，廖老师，是你让我明白，失败不可怕，只要勇敢面对，就一定能找到成功的路。"这是他对我最好的回报，是我教育生涯中最大的满足感。

我的教学风格，或许不能让每一个学生都取得显著的成绩，但我坚信，如果我能让他们明白失败的价值，明白坚持与勇敢的意义，那他们就一定能找到属于自己的成功之路。我要做的，就是引导他们在人生的道路上坚持走下去，用他们的方式去实现自己的梦想。

这就是我，开平市第一中学的廖老师，一名执着于教育的老师，一名愿意用自己的知识与热情去点亮学生人生的老师，一名愿意陪伴学生们走过人生起伏的老师。我以此为傲，也以此为动力，继续在教育道路上探索与磨砺。

五、教学现场与反思

（一）教学案例

运用轮式机器人在数轴中研究数量关系

上节内容我们介绍了如何用运算符号快速的计算或者记录机器人的移动，大家总结一下，你已经学到了多少种记录机器人移动的方法？比较一下，哪种方法效率最高？为何大家都不喜欢用效率最高的方法？可以从抽象会让人生畏的想法去考虑。

科学的方法基本的要求是观察、记录数据、分析数据、得出规律、验证规律、预测与解释现象。

1. 基础技能

记录机器人的移动过程。（观察一台正在移动的机器人，记录下机器人的起点位置和终点位置）

能力要求：首先绘制示意图，再进行机器人的实践操作。

（1）控制机器人从数轴的 3 点移动到 7 点的方法。

步骤：

①观察机器人的移动，用数轴图记录机器人的起点和终点。

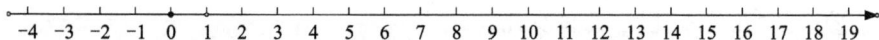

```
-4 -3 -2 -1  0  1  2  3  4  5  6  7  8  9  10 11 12 13 14 15 16 17 18 19
```

②列出从 3 点移动到 7 点这个算式，并计算结果。

③综合练习。

机器人从位置 3 出发，向正方向移动 3 个距离，再向反方向移动 3 个距离，再向反方向移动 2 个距离，再向反方向移动 1 个距离，再向正方向移动 5 个距离，再向正方向移动 2 个距离，再向反方向移动 4 个距离。请用数轴法、数据法记录机器人的移动过程。

（2）数的大小问题。

讨论：数轴右边的数和左边的数之间的关系是怎样的？（大于，等于，小于）

（3）探秘过程的方法。

当我们知道起点和终点，我们就会探究，到底这个结果是怎么得来的？

讨论：如果知道机器人起点在3，终点到达了5，请你思考并控制机器人完成这一过程。

你还可以控制机器人用其他方法做到吗？

（4）分配律的应用问题。

控制机器人向正方向移动3步，重复这一过程2次，再向反方向移动2步，再重复这个过程2次。请控制机器人完成这一过程，要求用两种方法实现。

（5）对比反思，建模"比"的问题。

比的关键在于多和少的问题。

如1号机器人从原点出发，走到7点；2号机器人从原点出发，走到12点，问1号机器人比2号机器人少多少点？2号机器人比1号机器人多多少点？

（6）和倍、差倍、和差问题。

①走出"倍"。

倍是两个量的关系。

1号机器人走2点，2号机器人是1号机器人走的2倍，请问2号机器人走多少点？

起点	终点	倍（重复几次）

②走出"几倍多几"，几倍少几。

2.综合问题的应用

轮式机器人可以模拟部分数学应用题的情境，通过观察、绘制数轴图、数据记录表等方式，引导学生观察、记录并找到问题的规律。我们尝试用这个方法，帮助一些抽象思维能力尚未成熟的学生。通过形象、动态、实物的方式呈现，引发好奇，触发兴趣，积极观察，仔细记录，验证比较，潜移默化帮助部分学生跨出学习数学的艰难一步。

植树问题

例题1：

一个轮式机器人位于数轴上的起点，它计划种植若干棵树。机器人每次向正方向移动固定的距离，并在每个位置种植一棵树。如果机器人从起点开始，每隔3个单位距离种植一棵树，当机器人种植了4棵树之后，它会停在数轴上的哪几个点上？

思路：

(1)观察机器人的运动并用线段图和数据表记录机器人的移动情况。

线段图	数据图

(2)设计程序并实现。

自然语言	流程图

(3)编写代码实现。

(4)观察机器人运动过程，验证。

(5)扩展思考。

如果从2点出发，那最终会停留在哪个点上？间隔变成2呢？怎么计算？怎么实现？更改代码太麻烦了，有没有高效的办法，做一点改动，就可以实现？请从间隔、距离、坐标点三者之间的关系进行思考。只要能够将三者建立数学联系，我们就可以快速地知道其中两个量，求第三个量。(联系所学的数学知识，尝试设计一个公式进行解决)

(二)教学反思

1.从教师的角度

知识需要阶梯，需要脚手架，因此在我的教学设计过程中，首要从学生的生活经验出发，然后引申机器人，再引申数学。这一从具象到抽象的过程，符合逻辑，符合教学理论，看上去似乎都合情合理。但是，新教师(附小黄老师)仅仅简单讲了一些机器人确定位置，然后就设计了一个机器人到3个地点的路径问题，然后让学生通过小组合作完成任务。而且，5个小组完成了全部任务，2个小组去到了一个点。这里究竟发生了什么？

2. 从学生的角度

第1小组有的学生用机器人进行一个固定长度的测量；第2组用平板做整个长度的测量。

在课程进行的过程中，我和黄老师进行交流，忘记观察学生，但是整个活动小组，20人中有19人积极参与且专注，会用各种各样的办法，有的学生用平板的测距功能，测量了每一个宝藏的数对点。这个任务的难点在于如何确定机器人从起始位置到达目的点的距离，由于地图经过特殊的处理，被分成 12×15 个正方形的小格子，学生可以用加法或乘法算出每个格子的距离，然后再用乘法，即可解决问题。但实际上学生解决问题的方式是多种多样的，正如上面所说的，用平板直接计算距离，而每个小组具体的方案需要明天上交才可以进行更深入的研究。但是教学观察的确是一种观察学生、观察学习发生的好途径。

以前研究教学方法，从布鲁姆到加涅，从行为主义到认知主义，到现在的学习科学。其中有一环，也是最重要的一环，就是观察学生。唯有观察学生，从学生的行为出发，推测、验证学生的认知模式，育人才会有意义。

灵动睿智，简约亲和

● 江门市教育研究院　田小华（高中语文）

● 一、导读语

>>>

　　田小华，男，中学语文正高级教师，广东省名教师工作室主持人，华南师范大学兼职教授，江门市十佳教师，现任广东省江门市教育研究院中学语文教研员。28 年来我一直致力于中学语文教研和教学融合的探索，以生为本，着意生成，注目生长，道法自然，实践浸渍，漫漫求索并逐步形成个人灵动睿智，简约亲和的教学风格。

● 二、名师成长档案——不断跨越，追求卓越

>>>

　　从荆楚大地黄冈来到南粤侨都江门，绵延大别山和奔腾珠江水赋予人以厚重和深沉，底蕴积淀，交相辉映，交融创新，生活于斯，工作于斯，追寻江水流畅清晰的线条和大山宽广厚实的胸襟。在 28 年生长生活和求学教学的工作历程中，接受四域风俗的吹拂和南北文化的对流，感受、认知、理解、内化、践行、创新，以生为本，注重生成，注目生长，励兹青年，蔚为伟器，致敬教育家精神，触摸大先生情怀，不断跨越，追求卓越。

（一）努力做学习型老师（1997—2003 年）

"余既滋兰之九畹兮，又树蕙之百亩。"

1997 年大学毕业后，我到湖北省黄冈市英山县长冲高级中学任教。庄子云："水之积也不厚，则其负大舟也无力。"从一名学生变成一名教师，我全身心投入教学，在激情四溢的教学中展现我的青春活力和对教学、学生的爱。我累并快乐着，但一年下来，我发现教学效果与自己的期望值存在较大差距。我重新审视自己，对自己"奉教参为圭臬"的教学做法进行了苦苦的反思，想做一名优秀教师仅有热情是不够的，还需要学习学习再学习。

我开始了教学取经、磋磨与朝圣之路，跟学生一样吃住在长冲高中土坯宿舍里，苦行僧般教学钻研：翻看教参，研究考点，原创命题，听课模仿，订阅刊物，无数个日日夜夜汇成跳跃不止的教学音符……我的苦心钻研结出了硕果：班级的教学成绩一跃名列校、县前列，高考成绩突出，我连续 3 年获得学校青年教师优质课比赛一等奖，被评为"英山县高考先进个人"和"湖北省香港澳门回归征文比赛优秀指导老师"……

五年磨一剑，学校一位资深老师对我说："田老师你教书真刻苦，就像读高三的学生一样。"是的，刚刚走上杏坛，初为人师，我以学生的姿态对待教学，做一名学习型教师，这是我当时教学的写照！

（二）全力做教研型老师（2004—2015 年）

"纷吾既有此内美兮，又重之以修能。"

教学展现一位教师的态度，教研决定一位教师的高度。2003 年，我来到广东省开平市开侨中学任教。在开侨，我以教研作为飞翔的隐形翅膀，以教学推动教研，以教研指导教学。人民教育家于漪说："教育的质量说到底就是教师的质量。"尽管教学非常辛苦，但我在教研上的追问与求索从未懈怠："基础知识""基本技能""知识与能力""过程与方法""情感态度与价值观""工具性""人文性"……我如饥似渴地与这些观念、理论"屈膝长谈"。苏霍姆林斯基、布鲁姆、夸美纽斯、杜威、叶圣陶、黎锦熙、朱光潜、钱梦龙、温儒敏……我努力学习这些教育大家的教学思想，我不再是教学的孤勇者，我的高中语文教学之路走得有方向。

我立足于一线教学问题解决，主持课题，编辑教辅，发表论文，开展讲座，基于理论建构、阅读写作、教学艺术等方面理论性与实践性并存的教研硕果累累。共计 101 篇教学教育论文发表在《语文建设》《语文月刊》《中学语文教学参考》《语文教学通讯》等全国中文核心期刊在内的期刊、报纸上；指导学生在《语文建设》《作文成功之路》《考试指南报》等报纸杂志上发表作文习作 160 多篇，我从一名学习型老师向教研型教师转化。

（三）奋力做教练型老师（2016年至今）

"冀枝叶之峻茂兮，愿俟时乎吾将刈。"

2016年，我调任广东省开平市中小学教研室担任中学语文教研员；2023年11月，我调任江门市教育研究院担任中学语文教研员。工作迎来新挑战，我要指导、引领全市中学语文教师开展语文教学与教研，履行"研究、指导、服务"的职责，为教育行政部门决策提供依据。为此，我必须成为一名教练型教师，再次突破，在新时代充满变化的教学发展里把握教学规律。对于"核心素养""真实情境""活动设计""单元教学""整本书阅读""大概念""质量评价"，夸美纽斯的大教学论、维果茨基的认识发展理论、叶圣陶的"相机诱导"、黎锦熙的"设计教学法"、魏书生的"自育自学"、李吉林的"情境教学"、余映潮的"板块教学"、孙绍振的"文本细读"等，我持之以恒地归纳、演绎。

听课、评课、教改、教研、指导中高考，我培养了一大批包括南粤优秀教师在内的优秀教师，并提供了系统性教研资源。我的专著《写作思维研究与高中作文教学》全景式系统性梳理了写作教学的思维理论，为一线教师提供教研资源；专著《高中语文新课标下备课、上课、评课整体优化策略与实践》呈现新课标教学指引，为新课改提供教学参考。我主持省市级课题8项；主编、参编出版教辅、教材15本；开展各级讲座、示范课100多场次；辅导、培养一批学生考入清华大学、北京大学、中山大学、武汉大学等著名高校；在《语文建设》《中学语文教学》《语文月刊》《语文教学通讯》《语文报》等期刊、报纸共计发表文章260多篇；我先后登上《中学语文教学参考》《教育教学研究》《教育管理》封面人物。

"如果你觉得自己嫩绿，你就会继续成长！"美国教育家丹尼斯·韦特利如此说，我的教练型老师层级转型是个人"生本、生成、生长"教学思想的客观需要和必然结果，个人也成长为中学语文正高级教师、广东省名教师工作室主持人。以师者情怀鞭策自己，以个人微光照亮别人，我深感欣慰，也体验到了教师的责任与价值所在。

在教师与学生构成的主要场域中，艺术、技巧地开展教学并在教学过程中形成师生彼此喜爱和有效的教学风格，做一名有学生喜欢的老师，培桃育李，立德树人，这是一名教师最幸福也最浪漫的事。新时代，新征程，新教改，赋予高中语文课堂新惊喜。我们教师当有时代跨越的豪迈与潮流不变的初心，成己达人，遵循科学发展观，注入教育家精神，在大先生情怀的召唤下，投身三尺杏坛，立德树人，培根铸魂，为中华民族伟大复兴培养优秀的人才。

三、学科教育观——生本、生成、生长

(一) 我的教学风格

在不断跨越的时空下的教学流场里，我逐步认识到：流水不腐，户枢不蠹，大道至简，情可动人。我以此酿造语文教学活性，凝练"生本、生成、生长"的教学主张，形成"灵动睿智，简约亲和"的教学风格。

1. 灵动：呈现动态的变化

灵活多变，动态参差，富有变化。教学内容、作业布置、个性辅导等要素张弛有致，灵活互动而不呆板，组织教学不拘泥固化，审时度势，随机应变。

我一直认为，波澜不惊、毫无动感的静止课堂是了无生机的，语文教学"字、词、句、篇、语、修、逻、文"的传授有其各自的教学形式，听、说、读、写、思、评也应出现在不同的教学布局中，灵活安排教学内容、作业及辅导，做到教学有梯度、向度，因课施教，组织教学不拘泥固化，而是审时度势，随机应变。这种教学，曲径通幽，层次分明，动态生成，教学的环节变式不时穿插于课堂，教学与学情动态契合，如同球王贝利最好的进球一样，永远期待"下一个"。教学张弛起伏、扬波荡漾，成为流动的风而不是凝滞的湖。

2. 睿智：彰显智慧的解决

教学不是知识的搬运，而是以智慧博弈来因应教学的痛点、难点、盲点，以机智来解决课堂生成性问题与生长性问题。教学在思维中进阶，师生以智慧来建构技术课堂、高质课堂，展现智慧课堂的特质。

语文教学需要智慧地开展教学、智慧地完成教学。记不住写作名言，可以采取与艾宾浩斯遗忘曲线相抗衡的情景式触点记忆法让学生牢记名言。教学的无限可能性需要教师用"一池水"智慧应对，发现问题睿智地解决，出现难点睿智地应对，让课堂满溢智慧因子。这种教学，有利于学生思维等核心素养的生成，并最终指向学生终身生长，使课堂有了文化的深度、生命的高度、智慧的亮度，成为思维"健美操"。

3. 简约：外显清晰的结构

简约不是简单，简约是删繁就简、去芜存菁，选取主干，目标清晰，结合教学需要与素养培养选择合适的教学点和清晰简单的流程环节，彰显一课一得，得得相连。

《道德经》云："万物之始，大道至简，衍化至繁。"如同特级教师余映潮的"课堂教学50讲"，课堂主干清晰，结构明了，有所讲有所不讲，"弱水三千我只取数瓢饮"。这样的教学，设计简明扼要，流程环节分明，目标清晰直接，脉络一目了然，呈现简约的风格，学生更易看见林中秀木而紧抓教学重点。

4. 亲和：氤氲情感的切近

教态亲切，教情和蔼，教语和气，以生为本，构建师生共情体。强调学生学习主体地位，营造"师生情"，彰显教学平等意识，激发学生主人翁学习内驱力。

"感人心者，莫先乎情。"亲和可以缩短心理距离，与学生建立教学共情体，像亲人一样帮助学生成长，教学开启有温度的闸门，教语如春风，课堂不生硬。在这种课堂氛围中，学生心情舒畅，乐于学习，在轻松愉快的笑声中获得学习效果，变被动为主动，亲和力带来的幽默随和与教学平视，让教学的生成性和学生主体生长性得到充分发挥。

（二）我的教学主张

王德清在《构建课堂教学管理学理论体系的思考》一书中认为"组织教学活动和调动学生的积极性，实际上是一种管理行为"。灵动睿智、简约亲和的教学风格，促使我将教学课堂视为一个共生系统：课堂是教师、学生、知识三元视域下知识习得、能力提升、人格完善的场域，让教学得以开花结果、拔节抽穗、延伸拓展，由此形成我"生本、生成、生长"的教学主张。

1. 生本赋予生命

《论语·学而》云："君子务本，本立而道生。"每个人都是一颗太阳，重要的是让他发光。湖北教育名家黎世法提出"异步教学"，我深有体会。新课改的第一立场是学生，学生是学习的主体。新课标提出"创设综合性学习情境，开展自主、合作、探究学习"，师生在课堂教学上不可"身份错位"，教师的目的是"指导学生学"，学生的目的是"学会学"。学生作为学习者，有必要展现自己的个性和创造性，释放出生命的活力和张力。教师要设计、引导、推进学生守住"主体"这个根，让学生展示个性、发挥创造性，在课堂上运用大脑，放出眼光，自己来学，若一直习惯于被"投喂"，则始终是飞不到高空且抓不到食物的雏鹰。

"生命语文"首创者熊芳芳说："新教育实验的宗旨就是让师生'过一种幸福完整的教育生活'。"我反对教学中学生被边缘化。印度电影《地球上的星星》告诉我们："每一个孩子都是独一无二的。"学生为教学之本，因此，教师要敢于真教学，远离喧嚣，立足语文核心素养，以学生为主体开展素养教学，始终以学生为本，还原"学生"作为生命体的基本特征开展教学，赋予教学生命力。

2. 生成形成活力

粤派大家陈白沙主张"身居万物中，心在万物上"，"自得""静悟""贵疑"，让学生学习拥有无限生成性，没有生成的教学是没有活力的教学。加德纳的多元智力理论认为个人的智力是多种能力的综合，每个人至少存在语言、数理、空间、节奏、运动等智力，不同个体智力元素的组合方式导致个体智力类型的差异，多元智力的客观性决定了教学生成的必然性。

新课改注重学生"建构""发展""提升""创造"，提出实践性教学、活动教学、合作探究，以教学方式变革推动学习方式变革，让学生在课堂上"活力四射"，生成无限。我注重在教学中设计诱发生成的教学问题，以便打开学生思维的窗口，形成探究交流的导索，让学生有生成、有创造。课堂生成与生成处理考验一位教师的备课深度、上课经验，是一名教师优秀教学水平和应变能力的体现，也是评价一节课是否成功的重要参照。

3. 生长开辟未来

加涅说："教学是以促进学习的方式影响学习者的一系列事件。"《普通高中语文课程标准（2017年版）》提出："构建开放、多样、有序的语文课程，适应社会对人才的多样化需求和学生对语文教育的不同期待。"语言、思维、审美、文化的四维核心素养培养让学生具有了自我生长延伸的能力。

就如粤派教育名家刘良华教授提出的"兴发教学"，我们的语文教学关注学生的阶段性生命发展，赋能生长，引导学生走向哲学、科学、人文知识的生长桥梁与纽带。"教是为了不教"，基于语文学科核心素养培养，授之以渔，通过对知识完整深刻的结构化处理，引导学生从自身出发走向学科知识认知和意义系统的掌握，最终导向学科素养生成，让学生真正生长，拥有无限的未来。

四、育人故事——以心换心，必有回声

2015年，我承担一节面向全江门的"高效课堂开放日"示范课，课题是"人间至情"，联读《背影》《陈情表》《项脊轩志》等文本。我设置了如下教学环节：概括感知；移情体会，进入他人情感世界；内省感悟，在文章情境中悟出适于自我的人生哲理和成长意义；评价鉴赏，提出创造性见解；挖掘赏析细节画面之美。

教室坐满了来自江门各市区的老师。我根据自己的结构化教学设计，带领

学生走进《背影》《陈情表》《项脊轩志》等文本中去……时而诵读，时而讲解，时而探究，时而展示，一切都在自然进行。但就在课堂进行到"这篇文章最打动你的是哪一处描写？请鉴赏其关联性细节描绘，结合自己经历，谈谈你的体会。"这个教学环节时，我点了最后排的张敏华回答，她却半天回答不出来，后来哽咽地哭了出来。在全体师生的注目下，我没有慌乱，而是细声地询问原因。她断断续续地告诉我们，她来自恩平市农村，父亲不在了，每次星期日来开平上学，妈妈都是目送她走得很远很远才转身，当看到文章里"举箸提笔，诸多不便，大约大去之期不远矣""吾家读书久不效，儿之成，则可待乎！"等段落描写，想起送自己上学的母亲，想到自己不够理想的成绩，她心中很难受……"老师，不好意思，我成绩很差，没想到您会点我……"

我内心深受震撼，引导全班学生宽慰、鼓励张敏华，让她慢慢回答了这个问题。课后，不少女老师跟我说，听到这个学生的话语，她们都流泪了，不少老师想起自己的成长经历，想起自己也有过的"亲情"往事，莫不戚戚。其实，我何尝不是呢？我来自湖北大别山区，求学艰辛，父亲早逝，太理解这个学生的情感了。我更震惊于"老师，不好意思，我成绩很差，没想到您会点我"这句话，看到的是"关心每个学生，公平对待每个学生"的重要性。在现实教学中，为了保"目标"，不少老师对尖子生倾心关注，可能忽略了一些后进生，"有教无类"的课堂逐渐偏离了公平的轨道，"尖子生"频频"出镜"，后进生慢慢"枯萎"。教学就是育人，育人需要平等，这也是老师们需要秉持的师者之心。

后来，我慢慢与张敏华谈心、交心，鼓励她战胜困难，拥抱生活，她慢慢开朗起来，高考还顺利考上了大学。我就此课与她的故事写了一篇教学反思《育人为本，呼唤因材施教的公平课堂》，这篇文章刊登在 2011 年 1 月《语文建设》头版。我想，教学是立德树人，公平对待每一个学生，应该算是课堂上的阳光普照吧！

五、教学现场与反思——搭好脚手架，埋下"三颗种子"

（一）课堂实录片段

生：说到小指，我觉得从外形上看，它是五指中最小最短最纤弱的，但一双完整的手仍然缺少不得，不知道可以写"呵护弱者""不可自卑"之类的立意吗？

师：可以，只要你言之成理能自圆其说。关注弱势群体，建设和谐社会，让世界充满爱，是一种很高尚的情操。

师：大家类比恰当，能自觉地从正反面剖析，看问题也比较全面，体现了辩证的思维，老师为你们的出色表现喝彩！

师：一鼓作气，大家根据自己最熟悉的立意角度，写一个小片段来论证你的观点！片段字数要求120字以上，时间是4分钟！

师：管中窥豹，下面，我随机抽取了1位同学的现场试笔片段，请同学们作评委，对他们的试笔片段现场评分！

片段1：

手有五指，五指并拢成拳，你就可以成为拳王阿里，看到人类命运共同体！"人心齐，泰山移"，团结的力量是多么强大。古代蔺相如与廉颇的千古美谈"将相和"，使赵国强大得令秦国生畏，中国人民抗击百年不遇的洪水，抗击突如其来的"新冠"，那众志成城的力量，生动诠释了"团结是钢"，是对古训"二人同心，其利断金"的具体说明！

师：看完这片段，请你们各抒己见作点评。

生：片段写得太好了，观点很鲜明，列举"将相和"与抗洪、人类命运共同体很准确，"十指连心"啊，还有恰到好处的引用，我觉得很有文采！

师：你能从扣题、内容和语言的角度去评判，评得很好！

师：你的第一感悟很敏锐。

师：大家看我示范片段。

五指同时分布在一双有力的手上是生命的杰作。大拇指粗壮有力，食指干活最多，中指是协调其他手指工作的能手，无名指固守着海枯石烂的爱情见证，一些灵巧的工作则非小指莫属！我们每个人都是智者手上的指头，各有所长，各有分工，没有贵贱高低之分。"冷落竹篱茅舍，富贵玉堂琼榭。两地不同栽，一般开"，人如手指亦如梅，在生命平等的视野里，如梅花一般，花色如雪，幽香高雅，让我们从手的五指中看到不同的光芒。

师：请同学们看完老师写的片段后，讨论一下，也给我打打分。

生：老师的类比运用得很好。从手指、梅花、人之间找到了共同的写作点。

师：是吗？写作文时比较注意运用联想的思维去揽材，从而不愁没内容可写。

生：老师的文段立意积极向上，我们写作文要像老师一样唱高调，这样高考作文就"思想健康"了！

师：我是真情实感不是唱高调啊，我也希望同学们不要把立意的健康看作是迎合高考标准唱高调，言为心声，老师更希望是你们真善美心灵的真实袒露。

生：我在老师的文段里学到了比喻论证，看问题要辩证，不要偏激片面。

生：还有，恰到好处的诗词的运用，也可以使文章典雅有文采。

师：是的！同学们，学会辩证全面地看问题，就不会说过头话。作文如果以偏概全，就难免偏激，就会引起评判者争议。写作若能全面、辩证、客观地看问题，作文就会立意高远，文采与思维齐飞，内容与思想一体。

(二) 教学反思

这节课我秉承"灵动"性思路进行设计，由设境(案例)导入，形成思维方法，依法确定立意、练笔、评析三环节组成。

富有张力的情境激活了学生的创造力。所选话题"手有五指"富有生活情境，教学又创设生活情境，恰当有趣，显现出了设计的睿智，激发了学生的参与性。

学生在实践中获得了真知。在"见仁见智"环节，学生点评老师作文，自己领悟，自己思考，整节课学生思维始终处于活跃的状态，教与学达到了和谐的境界。

在对话中培养素养。这节课我力争让师生对话、生生对话活跃，使思维的触须逐渐深入，渐入佳境，课堂上呈现学生思维火花频闪的可喜场面。

就读于清华大学的黄欣同学这样评价："田老师的课堂生动有趣又条理清晰，总能将抽象的文学之美变成容易理解并运用的知识。他像亲人一样关心学生的学习，常在课堂后对我进行耐心辅导，感谢老师让我拥有学习语文的自信和兴趣。"我想，好的语文课应该是能让学生悦纳、理解、思考、发现、建构，拾级而上，多维提升，全面发展。

从扎实出发，经朴实锤炼，至真实之境

● 开平市港口初级中学　方翠琴(初中语文)

● 一、导读语

>>>

　　方翠琴，女，任教于开平市港口初级中学，中学语文高级教师。江门市第三批基础教育学科带头人、江门市第五批名教师培养对象、开平市第三批名教师工作室主持人、开平市教科研先进个人。

　　从教26年来，我爱岗敬业，恪尽职守，扎根教育教学第一线。多篇论文在广东省、江门市、开平市获奖；在《广东教学报》《中学生作文指导》《中小学班主任》等教育杂志上发表文章5篇；主持过"初中语文课外阅读指导方法的探索与实践""初中语文古文经典有效阅读教学探究""阅读教学指导写作的策略研究"等开平市"十三五"规划课题；参与广东省教育教学"十三五"规划课题"初中语文经典文本阅读教学有效性探究"的研究。

● 二、名师成长档案——默默耕耘 求实求真

>>>

(一)钟灵毓秀，孕育纯真本性

　　潭江边，金山下，碉楼旁边就是我的家。碉楼之乡——强亚村是我生于斯、长于斯的故乡。难忘傲然矗立的碉楼、孕育我的潭江河，是它们见证了我生命的纯真与顽强。小时候，我常听小学语文老师讲碉楼的故事，谢维立、司

徒美堂等华侨如何爱国爱乡，不远万里，捐资捐物，一座座风格各异的碉楼拔地而起，像一个个卫士，傲然耸立，保家卫乡；乡民们如何团结一致，在碉楼放哨，奋起抗战。历经百年沧桑，不管风吹、雨打、洪涝，家乡的碉楼依然坚挺，默默守护；现在，碉楼重新焕发生机，走向全国，走向世界，向人民讲述碉楼精神。这一切，使我明白了什么是纯真、本色、包容、坚韧。碉楼，给了我人生启迪："要做一个堂堂正正的人，做一个有追求的人。"一方水土养一方人，钟灵毓秀的故乡，孕育了我的真性情；淳朴憨厚的家乡人，让我懂得了生命的珍贵，拥有一颗悲悯之心，呵护孩子，热爱孩子，自然而然地把孩子的生命成长转化为自己的教育使命。

（二）孜孜以求，成为教学领导者

1.初出茅庐，从扎实到朴实

1999年毕业后，根据教育局按属地分配原则，我被分配到了家乡塘口镇最边远的贵龙中学任教。初涉教坛，我对未来充满了憧憬，希望能在这三尺讲台上站稳脚跟。

然而理想是骨感的，现实是残酷的，我刚开始的工作并不顺利：一是自己是新手老师，与老师、学生，特别是家长沟通不畅顺；二是缺乏实践经验，在当教师之前没有任何实践方面的储备。所以，走上教学岗位后，我没有及时实现从学生到教师的角色转变，很不适应，上课紧张，精心打磨的课，在课堂上总感觉讲得不好。一节课下来，不要说学生，自己就很不满意。我曾一度怀疑自己不是当教师的料，产生了逃离的念头。但是随着工作的开展，我对教师职业的认识不断变化，这个念头逐渐打消。我不断鼓励自己，我也可以把书教好。我想：既然选择了教学，那么就要做一名好的教师。我坚信，只要努力，就一定会有成效。为了使自己能够尽快进入教师这一角色，成长起来，我多管齐下：

（1）一位名师的成长必然经历模仿积累、丰富实践、总结提高再实践的过程。观看名师的教学录像、整理教学实录是我起步阶段常做的功课。名师的举手投足、语气语调我都尽心观察，学习精髓。开平市前语文教研员刘晓曦老师是我从教路上的一位良师、引路人，她经常深入课堂听课，给我提出意见，指引方向，告诉我课堂上教师既是学生，又是高屋建瓴的设计师，她一路的引领，让我在教学路上稳健快速成长。

（2）我一边工作，一边学习，并常常挑灯奋战。每年我都会从有限的工资里，挤出一部分订阅多种教育以及语文教学期刊。我还到处请教，镇市教研室是我常去的地方。并且一听说有教学业务的学习和比赛，我都会尽力参加，有时还毛遂自荐。那些日子里我不仅出色完成了教育教学任务，还多次参加教学比赛，每一次参与都使自己的业务水平得到锻炼和提高。全身心的投入，让我在教学实践中不断积累经验，在积累中不断升华。随着时光流逝，我的教学水平悄然发生变化，逐渐能够游走于讲台，对教材能有一些自己的见解。慢慢地，我也成了镇、市里有名的"土专家"。现在想想，我平时的工作也是上课、下课、布置作业、单元测试，跟其他教师没什么两样，但在整个备课过程中，更新的教育理念、教学方式和对教材的理解，其价值要远远大于那仅有的 40 分钟的呈现。为此，我从文本出发，抓住这 40 分钟，多方培育学生的语文实践能力。学生除了"听和读"，还进行了"说和写"，换句话说，就是让学生的听、说、读、写真正落到了实处。

2. 教育、管理与研究：从朴实到真实

2003 年 9 月，我调入开平市港口中学任教，2009 年开始担任学校的行政工作，先后任学校的团委书记、政教主任、教导主任、业务副校长。角色的变化、任务的增加，使我面对学生的时间有所减少，我顿时感到了前所未有的压力。为了使自己的教学工作能顺利开展，在全体教师中树立威望及号召力，我总是从严要求自己。于是，我潜心钻研教材，从学生生活实际出发，精心设计每个教学环节，从听、说、读、写、品味、感悟等方面夯实学生的语文基础。同时，开展思维训练，提高学生的语文能力，培养学生良好的语文学习习惯。

此外，我开始带领教师们积极投身教育教学科研。我曾主持开平市"十三五"规划课题："初中语文课外阅读指导方法的探索与实践""初中语文古文经典有效阅读教学探究""阅读教学指导写作的策略研究"，参与广东省教育教学"十三五"规划课题"初中语文经典文本阅读教学有效性探究"；近几年先后在《广东教学报》《中小学班主任》等教育杂志上发表多篇文章。

默默耕耘，一路芬芳，我所做的点滴得到了各方的认可：学校先后被评为市教育先进单位、市五四红旗团委、江门市优秀语文科组；自己也被评为江门市第三批基础教育学科带头人、开平市第三批名教师工作室主持人、开平市优秀班主任、开平市师德标兵、开平市教科研先进个人、江门市第五批名教师培养对象。

3. 扎根课堂，从真实到智慧

开平市"三名工程"让我踏上了一个全新的专业发展旅程，成为市学科带头人和市名师工作室主持人，从研究型教师转变为教学领导者。角色的转变促使我从更高更广的视域考量自己的教育思想和行为：作为教学引领者，应该具备

哪些方面的专业素质和能力？应该怎样发挥应有的作用？诸多问题，再一次促使我深入思考。我扎根于课堂，努力学习和探索先学后教、以学定教方法，实践"自学自悟、交流展示、重难点强化、拓展迁移、反馈提升"阶梯式五步教学模式，争做一名智慧型教师。

我以名师名家研究成果为指导，清楚确立研究思路，以"联盟"方式，从高起点上构筑起工作室团队，发挥挂牌名师"示范、引领、指导和辐射"作用。我以开展课题研究为驱动，加强交流对话，始终坚持以先进的教育理论和专业知识技能引领人，以专业自信和教育理性说服人，用赏识和信任激励人，用尊重和理解去帮助人，用积极的态度和高尚的人格魅力去影响人，引领学校教师、工作室成员和学员"走到他们从未走过的地方"。

不管日常事务有多忙碌，我都不忘挤出时间并静下心来更新观念、钻研教材，着力于"扎实、朴实、真实的教学风格"的探索。

三、学科教育观

(一)我的教学风格——清水出芙蓉，天然去雕饰

回顾自己二十六年所走过的语文教学之路，我的课堂是让学生扎扎实实地识字、写字、读书、作文，每一节课都一丝不苟地把课文内容、学习方法真实地呈现在学生面前。没有激烈的争论，只是静静地读书、思考，扎扎实实，一步一个脚印地让学生得到语文知识和语文技能的训练。平平淡淡、简简单单、扎扎实实、轻轻松松，是语文教学的最高境界。

在语文教学征途中，我以学生的发展为本，培养学生听、说、读、写、悟的能力。我的语文课堂教学也初具以下三个特点：扎实、朴实、真实。

扎实，就是牢固、结实之意。课堂教学的目的，是要使学生获得学习技能，掌握学习方法，激发思维活力，提高认知感悟水平，形成再学习的能力。要实现这一目标，需要一步一个脚印地扎实教学，来不得半点虚、空。这种"扎实"不是死记硬背，不是照搬照抄，不是单纯的复制知识，而是应该体现课堂改革的精神，既要有知识与技能学习的扎实，还要有过程与方法训练的扎实，更要正确把握语文课程的基本特征。让学生通过对课文内容的理解、鉴赏，在读、写、说过程中自觉吸收民族文化的精华，继承优良的民族传统；还要使他们能够树立正确的世界观、人生观和价值观，从而增强他们在国际化开放性环境中的应对能力。

朴实，是指朴实无华。在朴实的课堂上，教师把知识娓娓道来，平和而不

平淡，从语言到行为都摒弃浮华，把概念和规律的教学落到实处。

真实，是指教学必须遵循真实性原则。教育要强化真实，只有真实，才有真知。在教学中，教师要做到信息源的真实、教学过程的真实、检测考评的真实。教师要真实地从学情出发、以人为本、以教材为本、以读为本，既要备教材，又要备学生、备自己，使教学符合教学规律，符合学生学习的实际。教师要用自己的真知灼见去启迪学生的真情实感，这样才能达到得意、得言、得法的目的，才能真实地提高课堂教学的效率。这样的语文教学才能回归本真。

（二）我的教学主张——自然浑朴，回归本真

本真语文，就是一种回归性教学，是教学的返璞归真，具有动态性、生成性、真实性等基本特点，它基于学生，为了学生，真正以学生的发展为出发点和归宿点，基本特点是"工具性与人文性的统一"。语文课程的基本理念是"全面提高学生的语文素养；正确把握语文教育的特点；积极提倡自主、合作、探究的学习方式；努力建设开放而有活力的语文课程"。这些年来，我一直在苦苦追寻扎实、朴实、真实的语文生态课堂。

1. 夯实基础，扎实有效

语文课就是教师引导学生学习语文的课，是学生学习理解和运用祖国语言文字的课，是学生听、说、读、写的综合实践课，是引导学生提高语文综合素养的课，说到底就是学习说语文、讲语文、读语文、写语文、用语文的课。纵观课改以来的语文课堂教学，曾一度出现了"乱花渐欲迷人眼"的趋势，有的充斥着超文本的对话讨论，沸沸扬扬、盲目扩张；有的充斥着表演、比赛及非语文课程的演绎，并美其名曰课程整合、语文综合课；有的仿佛在看电视剧，多媒体运用占用了多数时间，动态纷呈，热热闹闹，洋洋洒洒。殊不知，这样的课堂让学生失去了思考的时间和空间，学生的"智"只能停留在浅层次，停留在殿堂之外，无法深入地潜文会意。在我执教的"秋天的回忆"中，"自由读课文，画出细节，品味细节，同时写写感受"这一环节设计让学生记忆深刻。我让学生充分进行个性化阅读，赏玩文题，品味、发现文中的好词佳句，体会作者匠心独运的构思，熏染感动心灵、清洁灵魂的人文情思。在巡视时，我不时轻声地给学生予以个别指导，课堂是那样和谐和宁静。此时的孩子们思维在跃动，心灵的火花在碰撞。

2. 浑厚朴实，不玩"花活"

"一支笔，一本语文书"是以往教师对于本色语文的追求和肯定。随着信息技术的崛起，声、光、电等冲击着我们的语文课堂，并逐渐有取代教科书的倾

向，甚至出现了无课件不上课的现象。我拒绝表面的虚无与浮夸，追求更本真的阅读，始终把握住语文教学的根——文本。教学中，我注重让学生直面文本感受春风拂面，亲近文本感受淡雅清香，走进文本感受人文情怀，走出文本感受多彩生活。执教"安塞腰鼓"一课时，我没有补充资料和播放视频，而让学生通过语言文字去感受安塞腰鼓的蓬勃、力量、美好。在使用多媒体课件时，我始终保持着对文本的关注，如执教"黄河颂"一课时，播放黄河咆哮的情景，引导学生交流：视频中把书中所描写的哪些情景表现出来了呢？这既激发了学生的兴趣，又促进了学生对文本的深入品味。

3. 顺学而导，自然天成

要想让学生说真心话，教师首先要转变理念，让学生明白不能轻易地从教师那里知道答案，而是要有自己的思考和感受才行。教师的课堂提问要既有导向性，又有开放性。即在学生没有细细体会或根本没有注意到的地方进行引导，在对文章理解的难点处进行引导。在课堂上，我经常用这样的话：你感受到了什么？能具体说说吗？再读一读，看看这次你又有了什么新的感受？对于别人的话，你又有了什么新的想法？我们发现，这样的课堂提问几乎适用于每一节课，开放的问题给了学生自主交流的空间。当然，这样的教学对教师的要求就更高了，有时学生的感受产生于对内容的理解，有时学生的理解蕴藏于疑问中。这就需要教师有一双善于倾听的耳朵，要从学生的回答中了解学生对文章的理解程度。如果学生的感受有偏差或不准确，就说明学生对内容理解得不正确，这时就会出现教师引导与点拨的时机。

"自然浑朴，回归本真"是我的教学主张，也是我为之奋斗的目标，我知道自己距离它还很远，但我坚信：路虽远，行之将至。

四、育人故事——灯火阑珊处，师爱如光

>>>

教育是一项伟大的事业，需要用心去浇灌每一朵花。

（1）真诚——打开心灵的钥匙。王吉凯是转学到我班就读的，他给我的第一印象是不苟言笑，脾气很暴躁，神情怪异，喜欢一人独处，不乐意和老师交谈，回答老师的问题总是两个字——"不会"。于是在排座位时，我特意安排一位健谈、思想上进的同学和王吉凯同桌，希望带动他变得活泼起来。

开学两周后，学校开展"教学工作评价问卷调查"的时候，我班有一名学生在对所有科任老师的评价一栏中都选了最差的"D"项。更让我震惊的是，这名学生在对科任老师的评价和意见上竟然写着充满憎恶的脏话，有些话看起来令

人不寒而栗。这，是一个极不正常的评价。出于一个教育工作者的敏感和责任，我不得不根据书写笔迹反复对比判断，找出此人就是王吉凯同学。

"如此偏激因何而生""一名学生对老师的憎恶为何如此之深"，那一夜，我久久不能入眠，脑海里反复思考这些问题，分析王吉凯的一举一动。

如何去解开王吉凯心中的"死结"？心病还需心药治！

第二天下午放学后，我微笑着把王吉凯请到我的办公室。王吉凯跟着我来到办公室门前，突然停了下来。他低沉地问我："老师，是关于调查问卷的事吗？我承认那里边的脏话都是我写的，不用问我了，我什么都不想说，我要回家了。"

瞬间，我回过神来，强迫自己压住几乎要迸发而出的"怒气"，微笑着把手搭到他的肩上，轻声轻气地对他说："老师知道是你写的，所以今天特地把你请来，目的不是责怪你，而是要向你道歉，真的！"

当时，我的想法是"以退为进"。我接着说："从你所写的对老师的评语中，我敢肯定，从你的角度去想，我们老师肯定有做得不对的地方，不然你怎么会骂老师呢？所以，我今天另一个目的就是想请你把你认为老师们哪里做得不对或者不够好的地方告诉我，让我们知错改错，好吗？……"我说话的时候，一直低着头的王吉凯抬头看了我一眼，马上又低下头。后来，王吉凯的眼睛开始湿润了，许久他才开口说话。"你怎么不骂我？"王吉凯带着哭腔问我。"你是我的学生，如果你有不对的地方，那么我也有责任，最起码是我对你关心不够。"我对他说，我找不到骂他的理由。听我这么说，王吉凯的眼睛更加湿润了。"我现在比较激动，真的不知从何说起，晚上再给你写信吧。"他哽咽着告诉我。

王吉凯的信写得很诚恳、很动情。他告诉我，是我真诚的举动感动了他，是我的一番真心关爱的话唤醒了他。他还说，当时他哭是他有生以来第一次被老师关心而感动流泪。他向我保证，今后一定努力学习。

（2）真心——激发潜能的引擎。平常碰面，我尽量对王吉凯微笑。在他向我问问题时，我总是不厌其烦地给他解答。上课的时候，我注意多将视线投向他，让他感觉到我时刻关注他，感觉到亲切与温暖。

（3）真爱——照亮前行的路。我不敢说自己的做法就是弥合王吉凯心路历程裂变的唯一灵丹妙药，但是，王吉凯真的变了。一年后，他以优异的成绩考上了开平一中。

"师者，所以传道授业解惑也。"为人师者，解学子之"惑"，惑——知识之惑与做人之惑，使学生的人性不被扭曲，是不应忽视的责任。"我们老师的一次关爱、一个鼓励的眼神，一次次的包容，也许会拯救一个学生的一生。"

真诚、真心、真爱是感化教育的良剂，可以融化学生心中任何一座冰山。我坚信，谆谆教诲，自当时时铭怀！

五、教学现场与反思

(一)《阿长与〈山海经〉》教学实录

师：同学们，说起鲁迅，我想大家并不陌生，谁来说说鲁迅的相关知识？

生：鲁迅(1881—1936年)，原名周树人，浙江绍兴人，我国伟大的文学家、思想家、革命家。

师：大家还记得《从百草园到三味书屋》那个神秘莫测的美女蛇的故事吧，讲这故事的人是谁呢？

长妈妈是作者儿时的保姆，她知道很多事情，懂得许多道理，对于鲁迅来说，她可是一个有影响力的人物。今天，让我们一起走进课文，去感受作者对长妈妈的深情。(板书课题)

师：本文选自什么地方？

生：《朝花夕拾》，回忆性散文，大都是回忆童年、少年生活的。写这些文章时，鲁迅已40多岁了，所以取名为《朝花夕拾》，其含义是早晨的花晚上拾取。

师：老师先来检查一下大家对字词的预习情况。在你的课堂笔记本上给大屏幕中红色的字拼音，注意只写拼音，不写汉字。

师：现在根据大屏幕所给出的答案，自己订正一下，并齐读两遍。

师：阿长究竟是怎样的一个人，如何让鲁迅对她有这样的深情？让我们带着疑问，速读课文。结合出示的预习，并思考：

(1)根据我对阿长的情感变化，将课文划分为三个部分。

(2)独立完成下面的表格。

段落	内容	手法	效果
1~2自然段	介绍阿长身份、地垃、称呼由来	记叙	朴实美
3~29自然段	回忆阿长的为人处事	细节、动作、语言、神态	人性美 风俗美
30~31自然段	作者对长妈妈的怀念	抒情	情感美

(3)本文围绕阿长写了哪些事情？说说阿长在你眼中是个怎样的人？

生：全文可以分成三部分，1~2自然段为第一部分，3~29自然段为第二部分，30~31自然段为第三部分。第一部分主要介绍阿长的身份；第二部分回忆阿长和"我"相处的往事；第三部分写"我"对长妈妈的怀念之情。

生：文章先写了阿长切切察察的毛病。

生：阿长的睡态。

生：阿长给我讲各种"规矩"，比如吃福橘。

生：阿长给我讲长毛的故事。

生：阿长给我买《山海经》。

师：看来大家对文章内容掌握得不错，那么从这些事中，可见阿长是个怎样的人呢？

生：饶舌多事，爱唠叨；大大咧咧，粗鲁。

生：多事，喜欢切切察察；不拘小节；愚昧、无知、迷信。

生：心地善良。

生：仁慈。

生：关爱孩子。

师：很好，我们总结一下，阿长是一个很不幸而又热望一生平安的社会下层劳动妇女，她没有文化，粗俗好事，同时又善良仁慈，关爱孩子。（板书）

师：阿长的形象在作者的笔下栩栩如生，让我们如见其人，究其原因，是作者用了极其传神的描写，那么，何为描写？

师：

描写：是对事物作具体的刻画和描绘。

类型：外貌描写、动作描写、语言描写、神态描写、细节描写……

细节描写：指抓住生活中的细微而又具体的典型情节，加以生动细致的描绘，它具体渗透在对人物、景物或场面描写之中。

描写作用：使人物的性格鲜明，形象丰满，活灵活现，增强内容的真实性、生动性和感染力。

师：作者运用了以上一些描写方法来刻画阿长这一人物，请你找出来，并分析这些描写有什么作用。用"我认为_____这段话的_____描写写得好，生动形象地刻画了阿长_____的性格特征"的句式进行分析。

生：我认为"最讨厌的是常喜欢切切察察，向人们低声絮说些什么事，还竖起第二个手指，在空中上下摇动，或者点着对手或自己的鼻尖"这个细节和动作描写写得好，生动刻画出阿长爱唠叨、粗俗的性格特征。

生：我认为"一到夏天，睡觉时她又伸开两脚两手，在床中间摆成一个'大'字"这个动作描写写得好，生动刻画出阿长不拘小节、粗鲁的性格特征。

生：我认为"第二天醒得特别早，一醒，就要坐起来。她却立刻伸出臂膊，一把将我按住。我惊异地看她时，只见她惶急地看着我。她又有所要求似的，摇着我的肩。我忽而记得了——'阿妈，恭喜……。''恭喜恭喜！大家恭喜！真聪明！恭喜恭喜！'她于是十分喜欢似的，笑将起来"生动刻画出阿长顺顺溜溜、善良的性格特征。

师：同学们分析得不错，下面，看看老师的分析：

例：描写吃福橘，"第二天醒得特别早，一醒，就要坐起来。她却立刻伸出臂膊，一把将我按住。我惊异地看她时，只见她惶急地看着我。……'恭喜恭喜！大家恭喜！真聪明！恭喜恭喜！'"

我认为这段话的动作、语言、神情描写写得好，生动形象地刻画了阿长善良朴实的性格特征。

例："哥儿，有画儿的'三哼经'，我给你买来了！"

我认为这段话的语言描写写得好，生动形象地刻画了阿长关心爱护孩子的性格特征。

师：为了更好地巩固知识，请大家完成《新课程学习》20页第9题关于描写的习题。

师：总而言之，鲁迅的描写之所以特别出色，功夫在于能选择、提炼出最能表现人物特点的外貌、语言、动作、神情、细节等描写。

是啊，这样一个淳朴善良的人，怎能不让人产生敬意和怀念呢？这篇文章凝聚着鲁迅对长妈妈的全部情思。让我们也满怀感情地来读出作者的深情吧！

生：学生齐读最后一段。

师：对阿长的深情读出来了吗？

生：没。

师：作者对阿长有怎样的深情？那该怎样读？

生：这段文字表达了作者对阿长的怀念、感激、尊敬之情。（教师板书：怀念、感激、尊敬）

生：用低沉的声音读。

师：那让我们这样再读读。

师：很好，不同情感可以用不同语调、语速、停顿表现出来。

同学们，我们今天的学习之旅即将结束，能谈谈你在这趟旅程上的收获吗？

通过本节课的学习，我在手法和主旨方面的收获是：

生：我在手法方面的收获是用多样的描写方法可以使人物形象生动起来。

生：我在主旨方面的收获是对阿长的怀念之情。

师：布置作业。（出示投影）宣布下课。

(二)《阿长与〈山海经〉》教学反思

1.朴实风格的体现与反思

本节课，我以简洁明了的语言导入新课，没有过多花哨的导入方式，直接切入主题。同时，在提问和引导学生思考时，我也注重用平实的语言，让学生更容易理解和接受。这种朴实的教学风格有助于营造轻松愉悦的学习氛围，激发学生的学习兴趣和参与度。在部分环节，我的语言还可以更加精练和生动，以更好地吸引学生的注意力。

2.扎实风格的体现与反思

在初读课文和精读课文环节，我注重基础知识的落实和文本解读的深入，通过朗读、概括大意、细节分析等方式，逐步引导学生深入理解文章内容。这种扎实的教学风格有助于提升学生的阅读理解能力和表达能力。然而，在部分细节分析中，我可能过于注重知识点的讲解，而忽略了学生对文本的整体感受和理解。因此，在今后的教学中，我需要更加注重平衡知识点的讲解和文本的整体解读，以更好地培养学生的综合素养。

3.真实风格的体现与反思

在拓展延伸环节，我鼓励学生结合自己的生活经历谈谈收获。这种教学方式不仅加深了学生对文章情感的理解，同时，通过写作练习等活动，学生也能够在实践中运用所学知识，提升自己的写作能力。然而，在部分学生的分享中，可能存在内容不够真实或表达不够清晰的问题。这可能是因为学生在分享时缺乏足够的自信和准备。因此，在今后的教学中，我需要更加注重培养学生的自信心和表达能力，鼓励学生勇于分享自己的真实感受和经历。同时，也可以通过提供更多的分享机会和反馈指导，帮助学生提升分享的质量和效果。

有趣有效有魂

● 鹤山市第一中学　陈敬远(高中历史)

一、导读语

>>>

　　陈敬远，男，中学历史高级教师，现任鹤山市第一中学历史教师，全国优秀教师，广东省中小学百千万名师培养对象，江门市名师工作室主持人。17年来我坚守初心，爱岗敬业，恪尽职守，扎根教育教学第一线，主张贴近生活、问题链设计和价值引领，追求"学史启智，以史铸魂"，逐步形成了粤派教学风格——有趣有效有魂的"三有"历史课堂！

二、名师成长档案

>>>

　　我出生在鲁中的一个小山村，2008年华南师范大学硕士研究生毕业后，我来到了鹤山市第一中学。鹤山是江门的一个县级市，鹤山一中创建于1925年，是广东省国家级示范性普通高中，曾被誉为"江门市乃至广东省基础教育的一面旗帜"。

(一)从不会教到会教

　　初涉教坛，我对未来充满了憧憬，畅想能在这三尺讲台之上大展宏图。然而理想与现实有时候也会出现巨大的反差，我刚开始的教学工作并不顺利。我小时候接受的就是满堂灌的教学方式，教学的最初几年我也有意识无意识地继续采用了这种教学方法。我认为把教材分析得越透彻，讲解得越明白易懂，学生的疑问就会越少，学生对知识就会学得越深刻；教师讲得愈多，学生收获就愈多。当我在满堂灌的课堂教学中乐此不疲的时候，却蓦然发现自己努力的结果并没有带来学生的发展和飞跃。加上由于我缺乏经验，精心准备的课，在课堂上讲得干巴巴的。看着学生一点学习的兴趣都没有，不要说学生，我自己都很不满意。我深深知道要想当好一个老师，一定要让学生喜欢你的课。因此，我曾一度怀疑自己不适合当老师，甚至产生逃离的念头。一个校领导的话，至今仍然让我记忆犹新，他说："你是一个新教师，课上不好，没有人会怪你。如果接下去三年你的课还上成这样，我就感觉你不适合做老师了……作为一个年轻教师，最先要做的就是站稳讲台，把自己的业务水平、专业能力提上去。"我逐渐放弃了这个念头，安下心继续教书。为了使自己能够尽快进入教师这一角色，我一方面多听课，模仿和借鉴其他老师的教学方法，从优秀教师身上学习，学习他们如何备课、上课，如何驾驭课堂等；另一面我自己也仔细地研究教材、研究学生、琢磨考题等，并积极地参加各种比赛，促进了自己的专业发展，自己的教育教学成绩有了很大的提升。我将一大批学生送进了理想大学，同时自己也获得了学生、家长及学校领导的认可。

如何调动学生课堂上的积极性，激发学生学习历史的兴趣始终是我思考的一个问题。在工作的最初六年时间里，我深深地感到高中历史和初中历史的不同，初中历史的趣味性更强，高中历史的理论性更强，在高中历史教学中可以穿插一些历史故事的方式来提高学生上课的兴趣，还可以选择将历史照进现实，很多历史事件、历史现象都和现实甚至社会热点有千丝万缕的联系……当时，历史课程标准要求充分利用乡土资源，作为教材的补充。为了深化历史课程教学，我对鹤山和江门其他地区的历史做了简单的了解，发现江门有着丰富的乡土资源，这些乡土资源和历史有着紧密的关系，在课堂上运用这些资源会起到意想不到的效果。比如说，在上历史必修二"手工业的进步"时，我就将在新会出土的一个唐朝瓷器的图片展示给学生看，我问学生：这个瓷器是青瓷还是白瓷？你判断的依据是什么？然后又给学生展示了在开平和鹤山出土的同时期的瓷器，这说明了什么？学生对这样的乡土资料的课堂植入非常感兴趣，其一是有情境感，其二是有亲切感。在这个过程中，学生增强了对家乡历史的了解，培养了对家乡的自豪感。

（二）遭遇教学的瓶颈期

在接下来的几年里，我的教学始终没有大的变化，虽然教学成绩也还不错，但是始终找不到发展的动力。2014年，我申报了江门市"十二五"规划课题

"深入挖掘乡土资料，深化历史课程教学"，对江门的历史进行了详细的梳理，并思考如何与教材知识进行衔接，将乡土资源和素材用于课堂取得了较好的效果，学生对历史的学习也更加有兴趣。

恰逢此时，也就是在2015年，我去江苏太仓参加了一个"生本教育"的培训；2016年，我又去山东省的昌乐二中学习了他们的271模式。通过这两次培训学习，我重新定位了教师的角色，树立了新的教材观、教学观、学生观和评价观，由传统的灌输式教学转向成为学生学习的合作者、参与者和引导者，为教学指明了方向。进行新课改的尝试，在课堂教学中渗透新理念，以转变学习方式为主。一改过去主要由我上课先讲解基本史实—讲解重难点—布置作业的模式，转变为"先学后教，导引结合，变式训练，及时反馈"，即先由老师提出精心设计的问题，让学生带着问题去自学，寻求解决问题的办法，让学生在主动的情况下去讨论、去思考。老师发现学生解决不了的问题，再作指导，最后老师还要从学生的训练中发现问题及时指出，让学生去感受，使学生全身心地投入学习中去。这样便使学生具有充分的动力主动学习，培养了学生的自主学习能力，夯实学生"终身学习"的基础。

2017年9月，我参加了支教鹤山市薄弱学校的活动，为期一年。一年的支教生活让我了解了薄弱学校的教师生活和工作状况，更了解了学生的学习状态。2018年8月，我又开始了为期一年的援藏活动。两年的支教生活，让我更多地思考学生的学习状态，平时看惯了优等生的学习，当接触这些学困生时，对老师来说也是一种巨大挑战。这两年的支教生活，有利于我形成更加全面的学生观，站在学生的角度思考问题。两所支教学校的学生基础知识和知识接受能力都相对较弱。对于知识和能力相对较差的同学来说，就需要采取新的方法，我原先也在说因材施教，但是这个时候我才真正地体会到什么是因材施教。对这些学生来说，我应该采用的绝对不是原先的方法。这些学生也有很多优秀的地方，只是他们在学习上需要寻找一些更适合他们的方法和技巧。

"教"需善思，是每一位教师应具备的基础素质。为人师者，只有多思考、善思考，才能有所建树、有所发展。叶澜教授曾指出："一个教师写一辈子教案不可能成为名师，但一个教师写三年教学反思就有可能成为名师。"为此，我不断思考：什么样的课堂才是有效课堂？我认为原先的课堂更多是传统的有效课堂，而新的课堂则必须是以因材施教、充分考虑学情的课堂，同时又是必须发挥学生主体地位的课堂。

(三) 追寻真正的教学

2017年，新的课程标准颁布，对教师教育和教学提出了更大的挑战。我在继续思考和探索有效课堂的同时，也在思考新课程标准中提出的素养立意。如何培养学生的核心素养？如何贯彻立德树人的目标和要求？2019 年我被评为全国优秀教师，这既是荣誉也是鞭策，鼓励我在教学上有更大的进步，如此才能担负起这个荣誉。我 2020 年参加了江门市第五批名师培养对象项目，2021 年参加了广东省中小学百千万名师培养对象项目，接触了更多的专家、优秀的学员。专家们给了我更多的指导，学员们给了我更多的帮助，也让我深感自己的浅薄，立志向更优秀的专家和学员学习。在这个过程中，我发现自己的课堂和专家、大咖的课堂的一个很大的区别是他们的课堂不仅有趣和有效，而且还有灵魂、有主题、有思想。只有有灵魂和主题的课堂才能对学生的长远发展起到作用。于是，我开始思考应该怎么赋予一节课灵魂，一定要让学生从一节课中得到启发和启迪。

三、学科教育观——让历史教学"有趣有效有魂"

（一）我的教学风格

我的教学风格是"让历史学习既有趣味又有意义"。

所谓教学风格是指教师结合自己的个性特点，在教学实践中不断地"修炼""磨合"，经过一段时间对自己教学思想、教学艺术和方法的"沉淀"，形成一种既适应教学要求，又能展示自己个性特点，即独特之处的教学特点。我在漫长的教学中逐步形成了让历史课堂既有趣味又有意义的教学风格。

学生对历史故事感兴趣，却未必会对历史学习感兴趣，因为历史学习，尤其是高中阶段的历史学习趣味性和故事性减少，而理论性增强。学习历史仅仅是考试的需要，学习的方法也更多地是背诵和记忆，人们对历史的印象就变成了纯粹记忆性的学科。此外，历史是人文学科，一定要发挥其思想育人功能，要赋予历史知识主题和核心价值。

因此，我力图让我的每一堂课有趣味有意义。我坚信只有这样的课堂，学生才能乐学，学习也才能发挥其价值和意义。

（二）我的教学主张

1. 贴近生活让历史学习更加有趣

历史是指人类社会过去的事件、活动以及对这些事件和活动的系统记录、研究和诠释。要使学生喜欢历史课并学有所成，就必须使学生对学习历史有兴趣。心理学家夸美纽斯说："兴趣，是创造一个快乐和光明的教学环境的重要条件之一。兴趣是一个人爱好某种事物的稳定趋向，它具有动力作用。"什么样的知识才能引起学生的兴趣，才能更容易被学生理解和接受，才能将死知识变成活知识呢？新高考给出了答案，即以情境为载体的知识。在《普通高中历史课程标准（2017年版2020年修订）》中，"情境"一词出现20余处。在《中国高考评价体系》仅2万多字的篇幅里，"情境"一词出现的频率更是多达40余处。

那么应该创设什么情境呢？相关研究表明，给学生创设一种贴近生活，在某个维度上为学生所熟悉的情境，更加有利于学生对新知识的学习和理解。在教学过程中，我通过多种途径创设学生熟悉的情境，比如说，家乡是学生认识社会的开始，家乡历史是祖国历史长河的支流。爱家乡，是爱国的起点，更是中华民族自信的源泉。乡土资源是同学们熟悉的身边历史。因此，深入挖掘和多角度利用乡土历史资源，不仅可以激发学生学习历史的兴趣，加深学生对知识的理解，而且有利于培养学生的家国情怀。以江门为例，梁启超、陈垣和陈献章等，他们的人生履历、思想观点等都可以用于我们上课，透过一个家乡人物的剖析来达到对历史的深层次解读，如在讲维新思想的过程中，我就通过剖析梁启超的成长历程和思想观点的变化，带领学生理解近代资产阶级的进步性和局限性。陈献章是明代著名的思想家、教育家，南粤先贤，其思想开明代心学之先河，通过对他思想的剖析，学生加深了对于明清时期的思想文化领域重要变化的理解。除了历史人物，历史事件也是一种重要资源，在二十世纪三四十年代，几乎整个中国都处于日本的侵略和奴役之下，在教学的过程中恰当引入日本侵华给当地带来的灾难和当地人民英勇反抗日本侵略的事件，更能激发学生的情感共鸣，比如，我在上课的过程中引入当时日本在鹤山投放糜烂性毒气瓦斯而使雅瑶镇老百姓钟佑脚烂掉的照片和回忆录，使学生对日本使用化学武器给中国造成的危害有了更具体的认识。改革开放是中国当代史上的重大历史事件，给亿万人民留下了深刻的印象，每个经历过或在经历这段历史的人都对其有着自己的理解。我将鹤山改革开放前后的变化展示给学生，让学生通过问家里爷爷奶奶，然后将这些变化写成故事，上课再进行分享。如此学生对改革开放给人们生活带来的变化理解得更加到位，学生罗梓颖通过写奶奶的故事（其习作在中学生报发表），向人们展示了中华人民共和国成立后尤其是改革开放时代的历史变迁；解剖一个在改革开放中发展起来的企业（如美雅），让学生理解中国企业改革和发展的缩影。类似的事件像科举制的废除、新中国的成立等，都有着丰富的乡土资源，只要对其恰当利用，都能起到很好的效果。

2.问题链设计让历史学习更加有效

思维能力是历史学习的核心，而问题则是思维的起点。相关性强的问题链，更能帮助学生形成完整的知识体系，挖掘知识深度，深入理解历史现象的本质，提升逻辑思维能力和激发批判性思维，引导学生层层深入思考，培养他们的深度思维能力。

因此，在教学中我注意问题链的设计。以"辛亥革命"教学为例，我将本课主题定义为"走向共和"，分别从背景、过程和影响等角度设置环环相扣的 4 个小主题"构想共和""浴血共和""缔造共和""反思共和"，每个小主题下又各设置两个小问题，如下图所示。

走向共和

一、构想共和

1. 20 世纪初的中国，革命是不是唯一的选择？

2. 为了革命，革命派进行了哪些准备活动？

二、浴血共和

1. 在走向共和的道路上进行了哪些斗争或起义？

2. 在这些走向共和的道路上涌现出了哪些可歌可泣的人物？从他们身上我们学到了什么品质？

三、缔造共和

1. 孙中山为何让位于袁世凯？

2. 孙中山为巩固民主共和采取了哪些措施？

四、反思共和

1. 辛亥革命的社会有哪些变化？哪些维持不变？

2. 如何看待这些"变"与"不变"？

这一系列问题链，环环相扣，引领学生不断深入探究辛亥革命背后的本质和规律。在解决问题的过程中，学生学会了运用归纳、概括、比较等思维方法，从不同角度分析和解决历史问题，提高了批判思维和逻辑思维能力。

3. 价值引领让历史学习更加有意义

历史涉及人类生活的方方面面，日常的历史教学容易陷入碎片化的境地。碎片化的知识像杂乱无章的房间，里面东西很多，但真正需要时却无法找到，自然也就无法真正培养学生的核心素养。而没有主题和价值的知识是没有意义的，不符合人文学科的价值导向。为避免这一点，我们教学一方面要帮助学生构建完整的知识结构体系，另一方面要赋予历史一定的主题价值和意义。历史作为人文社会学科，其课堂一定要发挥价值引领作用，因此，在每一节课或每个单元中都要贯穿对学生的价值引领，如学生通过这节课学到了什么知识？要学生树立怎样的价值观？一堂课或一个单元也许有多个主题可以归纳，以什么为标准构建呢？以社会主义的核心价值为标准，核心价值主要包括政治立场和思想观念、世界观和方法论、道德品质和综合素质三方面的内涵，以政治立场和思想观念为例，其主要涵盖了"理想信念""爱国主义情怀""以人民为中心的发展思想""法治意识"四个方面。以爱国主义情怀为例，其是中华民族精神的核心，要求学生认同中华人民共和国，坚决维护国家尊严与利益、维护祖国统一；认同中华民族，自觉维护民族团结、社会稳定，具有强烈的民族自豪感和实现民族复兴的使命感；认同中华文化，自觉弘扬中华优秀传统文化，继承革命文化，发展社会主义先进文化；具备爱党、爱国和爱社会主义相统一的爱国主义精神。不同的课在主题价值方面会有不同的体现，同一课也有可能体现不同的主题价值，我们就要根据具体的课例，赋予其不同的主题价值，比如说"抗日战争"一课可以提炼的主题价值较多，以"民族团结赢得中国人民抗日战争的伟大胜利"这一主题为例，其体现了爱国主义情怀里面的维护民族团结，具有强烈的民族自豪感和实现民族复兴的使命感。以该价值为引领，构建本节课的知识框架，学生通过学习本节课，不仅学习了抗日战争知识，更构建了完整的知识网络体系，培养了爱国主义情怀。

（三）他人眼中的我

陈老师参加工作十多年，坚持教学一线工作兢兢业业，任劳任怨，刻苦探索，大胆尝试创新教学理论，为学生创设民主、和谐、宽松的教学氛围，将地方史和历史课堂结合，教育教学效果显著。他教学方法多，因材施教，大大拓宽学生眼界；实践教学经验丰富，善于拓展学生思维。总的来说，他严肃而不失亲和，严谨而独有变通。

——鹤山市教研员　易锦燕

陈老师是我们的年级组长，同时他也是我专业成长路上的引领者。课堂上，他给学生自主学习的时空，让学生畅所欲言；然后再引导点拨，显示出民主平等，贴近生活，价值引领的教学风采。因此，学生们都喜欢上陈老师的课，他所执教的班级成绩也总是名列前茅。

——同事　罗天保

高三历史是陈老师教的，活泼的课堂，详细的笔记，至今都让我难以忘记。他在我的记忆中，总是一个严肃而不失亲和，逻辑清晰而有条理的形象。

——高三学生　温碧燕

四、育人故事——多方努力，真心关爱，静待花开

高一16班邱文娜，原生家庭破裂，父母均再婚，跟随父亲生活。初中时她曾因同学关系受过伤害。一天晚自习时，有学生跑来告诉我，说邱文娜一天都没有吃饭，看上去很不舒服。另外，她的胳膊上有新的划伤痕。我赶忙带她到办公室，给她拿了一些吃的，让她先吃点东西。待她吃了一些东西之后，我问她才得知，她忘记带饭卡，一天都没有吃饭；最近宿舍同学间关系紧张，她左右为难，感觉心情很压抑，下午用美工刀割了手臂。她能够将这些东西讲给我听，说明她对我是信任的；已经有自伤行为，说明她可能存在情绪障碍或心理问题；能主动表达，说明还不至于很糟糕。鉴于此，我对她进行了开导，告诉她如何正确处理同学之间的关系，并立刻联系了她的家长，并建议尽快带她去看心理医生。后来，医生诊断结果为邱文娜是中度焦虑和中度抑郁症状，患有青少年情绪综合征。医生建议邱文娜在家调整两个星期后再上学。

学生出现心理问题的原因是多方面的。通过从邱文娜的家长、初中班主任（正好是我认识的）以及邱文娜的同桌等处了解，我认为邱文娜出现心理问题的原因至少包括以下三个方面：

首先，家庭原因。邱文娜父母离异，她跟随父亲生活，继母又生育了一个弟弟，她感觉自己在这个家里是个"多余"的人。她的母亲也再组建了家庭，上一次见她母亲已经是两年前。情感缺失，是她出现问题的一个重要原因。

其次，个体原因。邱文娜性格较内向，一朝被蛇咬，十年怕井绳，在与同学交往的过程中，她害怕再次受到伤害而将自己封闭起来。

再次，班级原因。女生之间容易出现一些矛盾和冲突，如本案例中宿舍之间分成不同的派别，导致学生之间关系紧张。对于邱文娜这种比较内向和敏感的学生来说，就更容易左右为难。

为此，我主要采取了以下五方面措施：

1.真心关爱，开出信任之花

信任是班主任做好工作的前提和基础，尤其是对于像邱文娜这样因为朋友的"背叛"而受过伤害的同学。邱文娜在家期间，我几乎每天都发信息了解情况，关心她、鼓励她积极配合医生治疗，有事情及时告诉老师和家长，并给她线上辅导功课，推荐一些她可以阅读的书目和学习视频，肯定她每天取得的进步……渐渐地，她开始主动发信息跟我说一些心理困扰，比如说她告诉我，她想回到学校又怕回到学校，尤其是怕回到宿舍；她仍然不愿意麻烦别人，哪怕

是自己的父母；家长的一句话会让她的情绪跌到谷底。看着邱文娜痛苦的样子，我暗下决心：一定要帮助邱文娜渡过难关，让她回到学校正常生活和学习。

2. 集体教育，化危机为契机

我跟邱文娜的舍友沟通，教育她们要建立和谐的宿舍关系，将之前的一些矛盾搬上桌面，公开地讲明白，理清楚。不论是对邱文娜，还是对其他同学，都要友好对待。我时时关注她们宿舍的变化，包括跟邻近宿舍和舍务老师了解她们宿舍有无明显的矛盾和冲突，向她们宿舍同学了解她们之间是否还有一些不和谐的地方。及时了解，及时干预，为邱文娜回校建立良好的宿舍环境。

同时，我还委托心理老师利用心理课时间给班内学生安排了一次心理团建活动，给邱文娜宿舍同学做了一次团体辅导。心理老师还教会了同学们如何及时化解摩擦和矛盾。

3. 家校携手，走出心理"沼泽"

邱文娜目前存在的问题，很大程度上和家庭关系不和谐有关，该问题的解决需要家长更加关注邱文娜，给邱文娜更多的爱。于是我联系了邱文娜的父亲，将邱文娜的情况给他不厌其烦地分析，希望能引起他的重视。这个时候我才得知，不止一次过年都是邱文娜一个人在家，而父亲、继母和弟弟则回老家陪爷爷奶奶过。听到她的父亲这样说之后，我感觉不可思议，他的父亲太粗心了，完全将这归结为小孩不愿意回家，而不去想深层次的原因——因为她感觉不到自己的存在对周围人的意义，好像是空气一般，所以她宁愿自己一个人在家里。和她父亲聊后，他也感觉自己做得不足，并承诺一定多陪陪孩子。后来我通过邱文娜了解到，父亲确实比以前更加关心她了。家人的关心是邱文娜走出心理困境的坚强后盾。

4. 专业指导，抚平心灵创伤

邱文娜目前状况的另一个重要原因，是她初中因同学关系变化受过心灵创伤，而对人与人之间缺少了基本的信任，所以将自己封闭起来，不愿意和人分享自己的喜怒哀乐。对于这个问题的解决，老师和家长也许能起到一定的作用，但是我感觉更主要的还是依靠专业的心理辅导机构的帮助，因此我建议家长带小孩去专业的机构进行心理咨询，并且无论是家长还是邱文娜都要相信心理医生，只有建立在信任的基础上，后面的心理疏导和辅导才能起到效果。事实也确实如此，邱文娜定期去医院进行心理疏导，情况逐步得到了改善。

5. 持续关注，及时化解新问题

即便前期做了很多的准备工作，邱文娜回到班集体之后，也还是要面对一系列的挑战。这个时候就需要老师多关注邱文娜心理和行为的变化，了解班级和宿舍同学之间关系的走向，及时发现问题，并干预和解决问题。比如，邱文娜刚刚回来的第二天，就找到我，说感觉同学对她太客气，她有点不适应。我就跟她谈，一方面可能是因为她已经长时间习惯了一个人的生活，即便是一些正常的一些交往她也会感觉不适应，要慢慢地尝试和同学、老师交往，克服自己心理的障碍。另一个方面，我又去找她身边的同学，让他们帮助邱文娜的同时不要显得太刻意，最高境界的交往是自然，无论是给自己还是他人都要有一种舒服的感觉。

　　一个学期过去后，在家长、心理老师、专业心理辅导机构、全班同学和邱文娜自己多方的共同努力下，邱文娜朝着好的方向不断转化，已经没有了消极的想法和行为，与同学也产生了一些信任和交流。我相信持续关爱，静待花开，未来的邱文娜一定会更加自信和阳光。

以爱为擎，以美育人：续写爱的教育篇章

● 鹤山市沙坪街道第二小学　蔡莹莹(小学音乐)

一、导读语

蔡莹莹，女，小学音乐高级教师，现任鹤山市沙坪街道第二小学音乐教师，江门市名教师工作室主持人，从教20多年爱岗敬业，默默奉献在教学第一线。以"爱"为引擎，关爱每一个学生，努力点亮孩子们艺术梦想；以"爱"贯穿于整个音乐教育生涯，让孩子在音乐学习中感受爱、体验爱和奉献爱，逐步形成了"亲切、活泼、灵动"的教学风格，在平凡的岗位书写着自己的教育事业，谱写一曲曲优美的爱的乐章。

二、名师成长档案

爱的旅程五部曲：从萌芽到收获的成长历程

教书育人、诲人不倦，春去秋来、花谢花开。弹指间，我在教师岗位上已默默耕耘了20多个春秋。从乡镇小学到县城小学，我从初出茅庐的教学新兵成长为学校音乐科科组长，到"鹤山市音乐学科带头人""鹤山市优秀青年教师""鹤山市名教师""江门市名教师工作室主持人""江门市年度优秀教师""广东省优秀少先队辅导员"等，顺利通过了高级职称评审，2023年和2024年我先

后被遴选为鹤山市和江门市名教师工作室主持人，成长为"江门市（三）级高层次人才""广东省音乐教育专家委员会会员"，一路风雨，一路欢歌，收获满满。我深深为自己感到幸运，得到良师益友的帮助，引领我奋力向前，谱写出一曲曲追梦成长的教育乐章。

（一）萌芽——探索教学风格，感受爱的阶段

1. 树立信念，从心出发

我成为一名音乐教师之前有一段小插曲。千禧年初，国家对艺术类学科还不是非常重视，音乐教育专业在当时还是鲜有听闻的一个专业。记得当初高中选择报考科目的情景，当时我的文科类成绩拔尖，家人都建议我报考政法专业。但儿时就喜欢唱歌跳舞的我，自幼对教师这份职业的向往，让我深深感受到对教师这份职业的爱。我心中的天平还是向师范方向倾斜，因此我在高考填报志愿时，毫不犹豫地坚定选择了报考音乐教育专业。

2. 守住初心，无悔青春

2004 年，我以优秀毕业生的身份从师范院校毕业了，并取得了中学音乐教师资格。毕业后，我如愿成为一名人民教师，在鹤山市共和镇中心小学任教。鹤山市共和镇中心小学是一所乡镇小学，作为教育小白的我，尽管对职业充满热爱，但在教学上还是懵懵懂懂、一窍不通，感到束手无策。庆幸校领导对音乐教育的重视以及对我的关爱和培养，在良师益友的引领下，我开始对教育教学有初步的思考：应该呈现怎样的课堂才能让学生体验艺术教育的魅力，感受到爱的教育呢？基于这点思考，我追求的理想课堂是欣赏、练习、表现、创造，这也为我日后形成课堂教学风格奠定了根基。

2006 年，对我来说是一个重要阶段，我调入了现在的学校——鹤山市沙坪街道第二小学。沙坪二小，是我小学阶段就读的学校，让我倍感亲切。同时，也是一所城区老牌小学，是广东省德育示范学校，市教育的窗口单位之一。我的工作量倍增，工作节奏加快。一开始，我有点无所适从。在校领导和同事们的帮助下，我深深感受到了爱的力量。我克服困难，迎难而上，先后担任班主任、音乐科组长和少先队大队辅导员工作，在音乐教育、学校工会、宣传、档案、困难助学、德育、少先队、创文等各方面的工作都用心去完成，从而得到了更广阔成长锻炼空间。

记得从那时起，我市引进"生本教育"实验项目。我校作为试点学校，经常承办县、市级的"生本教育"教研活动，"生本教育"的先进理念使我对课堂教学有更深的思考。"生本教育"倡导"以生为本"，学生探究式自主学习，老师点拨

起引导作用，把课堂还给学生，让学生成为课堂的主人。罗杰斯曾说："自由愈高的学习，身心投入程度就愈高。"我深深体会到只有真正触动学生的心灵，才能引发他们的感应，激发他们的学习。因此我的课堂开始注重与学生拉近距离，以亲切自然的课堂气氛与学生交流，一起探讨音乐知识，同时活泼的课堂气氛促使学生更加投入体验音乐学习，可以起到很好的教学效果。在鹤山市新课程改革课堂比赛中，我以亲切、活泼的形象完美地呈现了一节优秀的展示课"迎春的节日"，得到在场评委们的一致好评，最终荣获一等奖。这次的课堂比赛，促使我对教学有了更深层次的理解，自然亲切、轻松活泼的教学氛围成为我不断前进的追求。

（二）成长——形成教学风格，理解爱的阶段

1. 锐意进取，学术引领

三尺讲台，道不尽酸甜苦辣，三尺黑板，写不完人生风景。我结合少先队的工作特点，做到理论与实践相结合，当好学生健康成长的引路人，努力地用自己正确的思想、优良的品德、良好的行为、渊博的学识、炽热的爱心为学生树立学习的榜样。同时，在教学之余，我钻研和研究、探索教学的新方法，多次主动承担音乐教研公开课和比赛任务，常和有经验的同行互相切磋教法，活跃于小学音乐学科教研工作的最前线，教学风格在此阶段逐步形成。

2012年，我校教育分集团成立，一所龙头校和四所成员校共同凝练了"灵动宜学"的教学理念，其中"灵动"就是指灵巧、生动，活学乐学的生动课堂。那一年，我代表鹤山市参加江门市现场课堂教学比赛，执教的课题是"十个小印第安人"，与学生们在上课前是从未见面的。我首先化身为印第安当地的小朋友邀请学生们参加当地的篝火晚会，用亲切自然的肢体语言拉近与学生的距离，再以生动活泼的教学形式融入我校"灵动宜学"的教学理念中，激发学生对歌曲学习的兴趣，最后取得了江门市二等奖的好成绩。那次以后，我不断钻研课堂教学的各种方法，努力把亲切、活泼和灵动的教学风格演绎得更加淋漓尽致。

2. 持之以恒，理论实践

我在"爱"的一路陪伴、鞭策下，执着于教育的初心，努力成为一名研究型教师。作为鹤山市名教师和音乐学科带头人，我注重学习和运用，将平时的工作经验和教学实践上升为理论，把亲切、活泼、灵动的教学风格融进个人的教育教学理念，这成为我课题研究的重点方向。同时我坚持撰写教学笔记、教学随笔；主持或参与9个省级或市级课题研究；坚持撰写教育教学论文，所撰写

的论文共有28篇获得省级、市级的奖励或发表，形成独具一格的课堂缩影和课堂生成，确立了亲切、活泼、灵动的教学风格。

(三)蜕变——实践教学风格，体验爱的阶段

重视教育，投入为基。我幸运地多次参与了学校及市教育局组织的教育教学培训，令我有更广阔的成长，教学有质的飞跃。2018年，我被遴选加入广东省谢国刚名师工作室，再次成为一名学习者和探索者。在工作室，大家都是来自各区域、学校的优秀教学骨干，我获得了与专家、同行交流的机会，促进了自己专业知识的提升。特别是工作室主持人、广东省特级教师谢国刚老师，他用自己的亲身成长经历告诉我们如何做人做事做教育，他耐心地毫无保留地给工作室学员灌输很多先进的教学思想和理念，用实际行动教会我们"为人师者要有大爱，为人师者要志存高远，为人师者要从心做起"；他躬耕教坛的奉献精神、钻研业务的精益求精都深深地感染着我。印象最深的是他教会我们：爱自己就要好好地"栽培"自己，以满腔热情投入学习和工作的同时，也要定好奋斗的目标和方向，责任与热爱并存，做最好的自己，才能享受教育的幸福，才能为音乐教育事业的发展多作贡献。

在谢国刚老师及多位专家的指导下，我"亲切、活泼、灵动"的教学风格得到进一步诠释。我在音乐教育成长的道路上有质的飞跃，先后承担了鹤山市中小学名师大讲堂活动、新会鹤山两地音乐美术优质课展示交流活动、江门市五邑名师大讲堂活动，我那亲切、活泼、灵动的教学风格让同行们印象深刻，得到一次又一次的完美呈现。我积极把实践教学经验上升到理论，把亲切、活泼、灵动的教学风格在实践教学研究中充分体现，有3篇教育教学成果获得了广东省德育科研成果一等奖和江门市教育教学成果一等奖，成为有力的理论支撑；之后，我还顺利通过小学音乐高级教师职称考核，成为"江门市音乐家协会会员""江门市(三)级高层次人才"；被聘为"广东省中小学教师发展中心音乐教育委员会专家委员""广东省基础教育精品课评审专家""江门市名教师工作室主持人""鹤山市名教师""鹤山市名师下基层带教帮扶导师团成员"，被评选为"广东省中小学名教师工作室省级'优秀学员'""江门市第五批名教师培养项目'优秀学员'"等。

(四)飞跃——诠释教学风格，奉献爱的阶段

2023年1月，我迎来了职业生涯中的一个重要里程碑——鹤山市蔡莹莹名教师工作室的成立。这一平台不仅让我有幸与众多学术大咖和良师益友相遇，更促使我的专业素养迈上了新的台阶。在这段旅程中，我深刻感受到爱的力

量，它如同灯塔一般引领我前行，让我倍感幸运。

借助名师工作室这一宝贵平台，我致力于多渠道、全方位地引领教师们实现专业成长。我坚持工作室主持人、成员和学员三位一体的合作模式，鼓励大家协作研究、共同探讨、结伴互助、合作交流。在这一理念的指引下，我们探索并建立了一套既有利于提升教师队伍专业能力，又有利于优秀教师脱颖而出的培养培训体系。为了将这一体系付诸实践，我扎扎实实地开展了各项工作。通过带徒和团队研修等形式，我定期组织教师学习，带领团队潜心研究教学问题。我们采用线上和线下相结合的活动方式，开展丰富多彩的学科教学教研活动，不断深化对教育教学风格的探索，并加大教学反思的力度。此外，我们还开展了形式多样的团队实践活动，以激发教师们的创新精神和团队协作能力。

工作室的辛勤付出得到了回报。2024 年 5 月，我再次通过遴选，荣幸地成为江门市名教师工作室主持人。这一荣誉不仅是对我个人工作的肯定，更是对我们整个团队努力的认可。我继续秉承着爱的教育理念，毫无保留地为大家进行专业指导，把我的所思所想所得，以及"亲切、活泼、灵动"教学风格分享给我工作室的学员们，让他们从中领悟爱的诠释，感受爱的奉献。我扩大工作室影响力的同时，进一步发挥了我工作室名师示范引领和辐射带动作用，引领更多的教师在教学道路上不断飞跃，培养一批"教学方法能示范、教研教改能带头、教学风格有特色"，推进艺术教育教学改革发展的高水平的创新团队，共同为教育事业贡献我们的智慧和力量。

（五）收获——展现教学风格，传承爱的阶段

独行快，众行远。在江门市第五批名教师培养对象 3 年的培养期内，我先后赴湛江市、肇庆市、潮州市、韶关市以及本市、县等地进行送教帮扶活动，累计达 20 多场，共计上公开课 12 节，公开讲座 5 次。我把多年来凝练的"亲切、活泼、灵动"教学风格充分地展现在送教帮扶活动中，得到同行们的一致肯定和赞赏。我还积极参与省内外各种教研活动，深入探讨音乐教育教学策略。比如：2020 年 12 月，参加由广东省教育厅、肇庆学院省级中小学教师发展中心举办，东源县教育局协办的省级名师工作室赴"三区"支教帮扶活动（河源东源县专场），为当地近 100 名教师做专题讲座，反响热烈；2021 年 12 月，参加由新会区和鹤山市教师发展中心联合举办的"共研·增效"新会鹤山两地美术音乐优质课展示交流活动，执教示范课"加伏特舞曲"，获得广泛好评；2022 年 10 月，在鹤山—龙州教育协作活动中进行研讨课"单簧管波尔卡"展示，并举办经验交流"基于核心素养下音乐生活化教学模式的探究"专题讲座，效果良好；2023 年和 2024 年连续两年参加了由江门市教育局主办、江门市教师发展中心、

蔡莹莹名教师工作室承办的"五邑名师大讲堂",邀请了广东省教育研究院音乐教研员杨健、沈阳师范大学教授王英奎、星海音乐学院副教授彭珂等省内外专家出席,我在活动中分别作了"猫虎歌""生日快乐变奏曲"示范课课例展示,并与专家们围绕"立德树人,以美育人,注重学生全面发展""探索情趣课堂在小学音乐课程改革中的价值和意义""如何运用'亲切、活泼、灵动'的教学风格激发学生音乐学习的兴趣,提升学生创意实践素养"等问题,从不同视角为教师们答疑解惑。两次活动全国有 22 个省区市累计 3 万多名教师观看了直播,同时,通过我市驻广西支教教师推送和同步研讨,为江门—崇左两市教育协作提供了优质资源,起到非常好的示范引领作用,推动区域教育教学高质量发展。同行的肯定,让我更加坚定"亲切、活泼、灵动"教学风格的追求! 我在传承爱的同时,专业上不断进步,走得更远更坚实。

路漫漫其修远兮,吾将上下而求索。一路走来,我心怀感激,坚守着爱的初心和梦想。我将努力与付出静心反思,也将收获与感动细心收藏,充分展现亲切、活泼、灵动的教学风格。相信有了不断的积累与沉淀,在以后有爱的逐梦路上,我会锲而不舍,与更多的同路人一起续写爱的篇章!

三、学科教育观

>>>

音乐课堂爱的乐章:教学风格与教育主张

(一) 我的教学风格

亲切·活泼·灵动,我的教学风格三重奏

苏霍姆林斯基说过:对美的感知和理解是审美教育的核心,是审美的要点。音乐教育,不是培养音乐家,首先是培养人。因此,我坚持"学生为主体、教师为主导、审美为主线,育人为核心"的教育理念,致力于做"温暖生命的音乐教育"。从教 20 多年来,我始终坚守在音乐教学第一线,对教育事业执着地追求。我对学生全身心倾注无私的爱,带领学生在快乐的音乐海洋里遨游,逐步形成了"亲切、活泼、灵动"这种个性鲜明的教学风格。

1. 亲切

在教学中,我亲切自然的教学语言,构建出平等和谐的师生关系,让孩子们跟我维持着"亲密无间"的伙伴关系。课堂教学中,我关注课堂生成,用心倾

听学生的需求与心声世界，关爱每一位学生，把握他们的共性与个性，及时捕捉学生迸发的思维火花，给予学生更多自主探究学习的"主动权"，最大限度地让孩子的兴趣爱好得到释放。

2. 活泼

优美动听的音乐，能拨动人们的心弦，触及人们的灵魂。我根据学生身心发展的规律，在音乐课堂中把全体学生的普遍参与和发展不同个性有机结合起来，以丰富多彩的教学内容和生动活泼的教学形式，激发学生对音乐的兴趣，为学生发展音乐、才能提供空间。课堂成为孩子们"欢乐的海洋"，孩子们尽情演唱、舞蹈和演奏，通过"乐学—会学—学会"的学习过程，真正达到"学中玩""玩中悟""悟中得"。学生能充分展示自我才华，获得美的享受和成果愉悦的同时，提高音乐素养，丰富精神生活，树立自信心和正确的价值观、人生观、世界观。

3. 灵动

培养德智体美劳全面发展的社会主义建设者和接班人的教育方针的有机组成部分，"灵动宜学"多变的教学方法能促进学生更好地学习音乐。在平时的课堂中，我提倡灵动的教学方法，通过音乐教育培养，能陶冶情操，发展个性，启迪智慧，丰富和发展形象思维，激发创新意识和创造能力，全面提升学生的素质。对于一个致力于小学音乐教育"制高点"的"追梦者"，我一直在为学生能快乐地发现美、鉴赏美、表现美、创造美和享受美而努力。为了上好每一节课，我潜心研修音乐新课程标准，掌握最新的教育教学理念动态，引领教育课程改革潮流。我的音乐教学活动坚持"以学生为主体，以音乐为线索，以核心素养为中心，以灵动为目标"，通过让学生感知、体验与创作，倾心打造出孩子们最美的音乐课堂，让孩子在亲切、活泼的氛围中快乐享美。

(二) 我的教育主张

以人为本，让音乐课堂成为孩子们"成长的乐园"

新艺术课程标准的教学理念指出："坚持以美育人，重视艺术体验，突出课程综合。"我的教学主张是"以人为本，让音乐课堂成为孩子们成长的乐园"，一切音乐教学活动，均围绕调动学生学习积极性、主动性，充分发挥学生的主体地位，让孩子们乐学、会学、趣学。在音乐教学中，我注重激发学生的情感、思维和兴趣。我认为，在音乐课上学到的不只是音乐符号、唱歌技巧，还有音乐情感、音乐语言、音乐生活，能感受到音乐的旋律和节奏所透露出的活泼的生活气息和生命气息，这样学生才能真正享受到学习音乐的幸福。

1.结合年龄特征，培养学生的好奇心和求知欲

兴趣是最好的老师，离开了对音乐的兴趣和感情，就达不到音乐教育的目的。在音乐课堂教学中，我通过营造愉快和谐的教学气氛，经常把上课地点由音乐室移到舞蹈室，让孩子们不仅学到音乐知识、技能，同时也受到美的熏陶。"好动"是孩子的天性，我的教学经常以律动的形式，来激发孩子学习音乐的兴趣。如我将音乐中节奏、音色、音高等元素渗透到活动中去，使学生在"玩"中感知、理解音乐，符合小学生好奇心强、好玩、活泼好动和想象力丰富的年龄特征。同时，我还非常注重让孩子自由表达自己对音乐的感悟体验过程，让他们大胆地"说""唱""跳""演""奏"。我在教学过程中，通过合理地设置教学难度，循序渐进，激发学生的好奇心和求知欲，逐步走进音乐殿堂。

2.凸显学科特点，重视音乐实践和鼓励音乐创作

音乐学科的特点之一就是需要学生参与，无论是对歌曲演唱的学习还是对一些音乐知识的学习，都需要学生积极地参与进来。学生在参与的过程中才能真正地掌握知识，能够更快、更深刻地掌握所学内容。同时，教师也能及时地发现学生所存在的问题。因此，在教学中，我大胆地鼓励学生展示自己，尽量让每一名学生都有亲自展示自我的机会，真正让学生成为课堂的主人。

立足音乐元素，我积极培养学生的创新能力、想象力，让学生在学习音乐知识的过程中真实体会出音乐的情感内涵，同时，也表达出自己对音乐理解的情感。探索在生活中取材，创设教学情景，增加教学情趣。明确"音乐就在我们身边，生活中处处有音乐"，使学生热爱音乐、热爱艺术、热爱生活。我还将音乐与舞蹈、音乐与身体律动结合在一起，引导学生积极思考并进行创编。倡导以小组为单位，让同学上来展示自己的创编成果，通过搭建这个学生展示的平台，学生在律动中充分感受创作的成功感，也为孩子创造了展示自我的舞台。

3.丰富情感体验，培养乐观积极的生活态度

音乐是听觉、情感和时间的艺术。音乐中节奏、节拍、速度、旋律、和声、音色等各种音乐要素，都是围绕塑造音乐艺术形象而服务的。在教学中，我将丰富学生情感作为核心进行教学设计，以学生的生活经验为线索来组织学生学习音乐。我坚持以审美为核心，在教学过程中，我通过鼓励学生大胆发言、积极参与、主动提问等方式，注重学生的生活体验和情感体验，引导他们对音乐表现形式和情感内涵的整体把握。

4. 面向全体学生，尊重学生音乐学习个体差异

在音乐教学中，我既做到面向全体学生的健康发展，也十分注重挖掘每个学生的音乐潜能，注重学生的个性发展，促使学生的知识、能力、情感等方面在各自原有的水平上得到发展。尊重每一个学生的个性差异，鼓励其以自己独特的方式学习音乐，享受音乐的乐趣，参与各种音乐活动，表达个人的聪明才智。将面向全体学生的普遍参与，与发展不同个性的教育方法有机结合起来，创造生动活泼、灵活多样的教学形式，为学生提供发展个性的空间。在我的音乐课堂中，我善于发现每位孩子的闪光点，哪怕是很小的优点，也尽可能与音乐联系起来进行表扬，让同学们在老师不断的鼓励和赞扬中树立自信。同时，我关注课堂生成，鼓励和及时有效的评价有利于学生了解自己的进步，发展和发现音乐潜能。

（三）他人眼中的我

1. 学生对我的评价

我喜欢上蔡老师的课，课堂上可以尽情地歌唱跳舞。她的每一节课总有不同的小游戏，我们能学到很多音乐知识，我们都很期待每周音乐课的到来。

——2017届四（3）班学生　冯韵熹

2. 同行对我的评价

蔡老师的课堂轻松活泼，学生置身于课堂，如沐春风。她用鼓励的眼神关注着每一位学生，用亲切的话语打开孩子们的心扉，动情于境，让孩子快乐地在音乐的世界里翱翔。

——江门市范罗岗小学音乐老师　梁夏婷

3. 专家对我的评价

蔡老师的音乐课不依赖教材，她将多种教学形式有机组合，让学生在最优化的音乐教学中获得自由。蔡老师在多年的音乐教学中不断努力，形成了自己鲜明的教学风格，让学生在享受音乐的同时，收获更多的智慧。

——江门市教育研究院（市教师发展中心）

教师发展研究室负责人　丁玉华

四、育人故事

师爱化春雨，滴滴润心田——我和"熊孩子"的故事

《国家教育事业发展"十三五"规划》提出：把立德树人作为教育的根本任务，培养德智体美劳全面发展的社会主义建设者和接班人。　　　——题记

落实立德树人根本任务，体现育人价值追求是我们教师应有的责任。在教育教学实践中，要以学生为主体，创新育人模式，培育和践行社会主义核心价值观，让学生成为德才兼备、全面发展的人才。从教 20 多年，我遇到过不少存在各种问题的"熊孩子"，在他们当中，有的是缺少关爱，有的是缺乏规则感，有的则是教养的缺失，尽管如此，但每一个"熊孩子"都有自己独特的地方，有着自己的闪光点。我在不断与他们周旋的过程中，始终关爱、爱护学生，尊重学生的人格，与学生建立朋友般的师生关系。我以师爱化作春雨，浸润孩子的心田。

教育家丁有宽的教育思想"没有爱就没有教育"闪烁着深刻哲理的光辉，让我时刻铭记于心。面对"熊孩子"，我没有采用体罚等强硬的方法，而是从朋友般的关怀中找到了工作的突破口。记得那是我入职的第二年，我执教三(4)班时有一个学生名叫张 X 楠，他几乎有所有"熊孩子"的毛病，常年沉迷打游戏机、喜欢挑事打架、小偷小摸、逃学等，却唯独对学习没兴趣。所有任课老师都不愿去搭理他，常常放任自流，其家长也断言要放弃。我刚开始接触他时，他傲慢、蛮横，对我的苦苦相劝一点也不以为意，还处处与我作对。课间与他谈心时，他还振振有词地说："你管得着吗？我就爱这样，反正做什么事，所有人都认为是我的错……"听了他的"控诉"以后，我深切反思，其字字句句里，无不流露出渴望得到大家的关注，得到老师的公正对待。面对如此幼小心灵受到的"创伤"，我要如何去抚平呢？我立刻意识到问题的严重性，对孩子的未来负责，这是教师的神圣职责。我下定决心，一定要挽救这个孩子。

为了教育张 X 楠这位学生，我决定用朋友般的关心来感化他。一有空，我就主动接近他。通过与他交谈，我发现他很喜欢追星，特别是一些偶像歌星。因此，我因势利导，跟他聊一些积极向上的偶像乐队、例如 BEYOND 乐队、TFboys 等组合，给他举一些耳熟能详的例子，激发他向善向上，树立向偶像学习的决心。通过一段时间的努力，他渐渐地消除了对老师那种疾恶如仇的态度，也慢慢地喜欢接近我。这一切我看在眼里，暗自高兴，心想：这不是迈出了成功的第一步吗？我因势利导，让他当文体委员，并不失时机地给予他适当

的表扬，平时也对他特别关注。记得有一天，天气突然转冷了，我走进教室，看见他只穿一件单薄的衣服，便走过去一边把他放在椅背的外套给他披上，一边轻声地对他说："天气转冷了，要注意身体着凉。"这时，我发现他眼里闪动着泪花，隐约地听到他小声地说："谢谢老师。"我会意地点点头，又继续讲课了。那一节课他听得特别认真，还不时地举手发言，这是以前从没有过的表现。我知道他会有所改变的，于是，我在这节课结束之前，在全班同学面前大力地表扬了他，班上的同学都不约而同地报以热烈的掌声，那一刻我看到他高兴得热泪盈眶，这是我第一次看到他软弱的一面。

那一节课下课后，他主动走到我面前，第一句话就问："老师，我以前做的错事太多了，我想改正，现在才开始努力学习，能赶上吗？你能帮助我吗？"我真诚地回答他："只要你肯努力，一定能赶得上，而且我会竭尽全力地帮助你的。"于是，我趁热打铁，和他一起制订学习计划，给他提出要求：上课必须认真听课，每天放早学、晚学后都要认真复习。从此以后，不管事务多么繁忙，我都坚持每天督促他认真学习，并跟其他主科老师及时沟通，了解他每天的学习动向，一发现问题就找他谈心进行疏导。最后，他并没有让我失望，他的成绩有质的飞跃，期末考试还跃居班级前20名。皇天不负有心人，在他的刻苦努力下，在全体师生的共同帮助下，这位"熊孩子"终于被感化了。

时隔数年后，我收到一封从上海寄来的信，让我惊讶的是，这是张X楠同学写给我的一封信，字里行间流露出对老师的感激之情。信里记录着我当年辅导他的一些片段，我清晰记得有一段提到："蔡老师，您没有高高在上、趾高气扬的霸气，没有严肃木讷、没有温度的说教，在我们心中，您就是真诚关爱、平等相待的朋友。那时，我最喜欢上的就是音乐课，你最喜欢以亲切的口吻扮演不同的故事角色，以活泼的教学风格教授歌曲，我最怀念跟您一起唱歌跳舞的时光。以前我是班里出了名的最调皮的学生之一，每次做错事，您不但没有责骂我，还经常鼓励我，一次一次地帮助我战胜困难，让我树立学习的信心。您经常说'做事先做人，做人先立德'，我一直把您的教导铭记心中。现在我在上海一家企业工作，工作忙碌却非常充实，我会好好工作，不让您失望的。谢谢您，蔡老师！"我当时看完就感动得湿了眼眶，那一刻的我感到非常幸福，这种幸福感源自身价值的实现，源自学生对我的真情回报。想想自己多年来育人的一些点滴，这坚定了我在育人路上走下去的信心。赠人以玫瑰则手留余香，我想教师这个职业就是时时给予爱、收获爱的职业。

五、教学现场与反思

>>>

爱的教育实践与感悟——从《柳树姑娘》教学现场到课后反思

(一)教学内容

人音版小学音乐第四册第3课歌曲《柳树姑娘》。

(二)教学目标

(1)审美感知：通过对《柳树姑娘》的学习，从歌、舞、诗、画中感受柳树的形象，用优美的声音、喜悦的心情歌唱。

(2)艺术表现：运用"意境"方式，通过唤柳树、赏柳树、唱柳树、咏柳树等音乐实践活动，引导学生进行简单的二声部合唱练习，让学生在多次聆听、探究、合作中学会歌曲。

(3)创意实践：感受、体验顿音、渐强记号，丰富学生对音乐的感受。初步体验感受二声部歌曲。

(三)学情分析

三年级学生学习态度积极，思维敏捷，对于新事物有很强的兴趣，对音乐知识探索欲强，节拍感较稳定，非常乐于通过自身的音乐实践表现其音乐审美体验与文化领悟能力。

(四)教学重、难点

二声部合唱教学。有感情地演唱《柳树姑娘》。

(五)教学准备

钢琴、多媒体课件、响板。

(六)教学过程：

片段一：唤柳树——活泼、灵动的教学风格

师：同学们好！欢迎大家来到今天的音乐课堂。这节课我们请来了一位朋友，下面请大家认真看，留心听，猜猜她是谁？

老师以展示舞蹈导入。

生：柳树姑娘。

师：同学们真聪明！她就是柳树姑娘。

师：我们以舞蹈迎接这位好朋友吧。

师生一齐起舞。

【设计意图】老师以优美活泼的教学风格导入，用灵动的肢体动作模仿柳树姑娘，然后与学生一起置身于歌曲的情景当中起舞，激发学生对音乐的兴趣，为学生发展音乐、才能提供空间。同时也为随后孩子们尽情舞蹈奠定了情感基础，使学生能在"学中玩""玩中悟""悟中得"，充分展示自我才华，提高音乐素养。

片段二：喊柳树——亲切、灵动的教学风格

师：这堂课我们学习《柳树姑娘》。请让我们一起把她呼唤出来吧！我来喊，大家用"啦啦啦"配合回应，怎么样？

师唱："柳树姑娘"，生应："啦啦啦"，师唱："辫子长长"，生应："啦啦啦"，师：咦，我听见有的小朋友唱"啦啦啦"，有的小朋友唱"啦啦啦"，你们更喜欢哪一个呢？生："啦啦啦"。

师：老师也喜欢"啦啦啦"，它运用了我们上一节课里学过的一个记号，还记得吗？对！就是顿音记号，我们见了它要唱得短促、跳跃、有弹性。那好，我们一起来吧。下面咱们用这么好听的声音，短促、跳跃、有弹性的声音再来回答一次。

【设计意图】老师以喊柳树的方式进行教授，一下子把学生的距离拉近，让孩子在亲切自然的活动中体现歌曲要表达的情绪。而让学生分别聆听不同演唱方式来分辨顿音记号的方法，则是灵动教学风格的体现，用巧妙的方法把难点化难为易，达到良好的教学效果。

(七)教学反思

1.课程资源开发与教学设计

在《柳树姑娘》的教学中，我依据《艺术课程标准》的要求，设计了旨在提升学生艺术表达和审美感知的教学活动。通过师生合唱小活动和唐诗《咏柳》的导入，有效激发了学生对春天的热爱和对音乐的兴趣。同时，我创新了符点四分音符的教学方法，采用竞答小游戏的方式，让学生在轻松愉快的氛围中掌握这一知识点。

2.课堂教学对话与教学生成

我注重引导学生在音乐活动中主动探寻和领悟，通过多样化的教学方式，如生巧画旋律线、呼唤柳树姑娘等，促进学生的审美体验和音乐理解。同时，我积极与学生进行课堂对话，关注他们的学习需求和思维火花，及时调整教学策略，以满足学生的学习需求。

3.教师教学风格与教学艺术

我坚持"学生为主体"的教育理念，运用亲切、活泼、灵动的教学风格，与学生建立亲密的伙伴关系。在模仿柳树姑娘梳头洗头的动作时，我给予学生更多自主探究学习的机会，让他们在音乐活动中充分释放自己的兴趣爱好。这样的教学风格不仅提高了学生的学习兴趣，还有助于培养他们的审美情趣和人文素养。

4.课堂中的不足与优化

在本课教学中，我意识到预设内容过多导致上课过程略显匆忙，部分细节未能充分展开。同时，我对学生的演唱技巧和发声位置的指导不够及时和细致。为了改进这些不足，我将精简预设内容，注重细节处理，确保每个环节都能充分开展。同时，我将加强对学生的演唱技巧指导，及时纠正他们的错误，帮助他们准确掌握歌曲节奏和旋律。此外，我还将更加注重倾听学生的需求与心声，及时调整教学策略，以更加灵活和高效的方式进行教学。

倾注以情，"疯"趣语文

● 鹤山市沙坪街道第一小学　李秀欢(小学语文)

● 一、导读语 >>>

李秀欢，女，小学语文高级教师，江门市优秀教师，现任鹤山市沙坪街道第一小学语文教师。30年来，我矢志不渝，躬身笃行，坚守育人使命与担当。从初入教坛时如"初生之犊"般探寻教学方向，到在教学过程中不断努力与积极探索，我紧跟教育改革的步伐，深入钻研教材教法与新课程标准，积极学习先进的教育理念和教学方法，并将其融入日常教学中。在擦出的智慧火花中，师生情溢课堂，我形成个人"倾注以情，'疯'趣语文"的教学风格。

● 二、名师成长档案 >>>

(一) 执着追求情意绵绵

在日出的庄严、云霞的璀璨、星月的素雅清光中，我以三尺讲台为伴度过了30个春秋。平凡的日子里静谧清澈，回望来时路上的脚印，或深或浅，都是满满的故事。

1. 初生之犊，初探教学寻方向

1995年，初出茅庐的我来到全校不足百人的隔朗小学任教。这里即将退

休的老教师倾囊相授，让我收获了人生第一批宝贵的教学经验。

1998 年 9 月，为求锻炼，我自荐到镇内山区小学——上南小学。彼时，这里的学生写作状况不佳。2020 年县里举办现场写作比赛，我花一个月训练学生，竟有两人获一等奖，创造了学校的辉煌，也让我尝到教学的乐趣。

2003 年，我进入镇中心小学宝瑶小学。在这里，身为镇教研员的师父杨连仲老师大力推行课堂教学改革，涵盖信息技术与教学整合、课内外阅读结合、作文教学等。我兴趣浓厚，积极参与。我执教的《可爱的草塘》获县二等奖，课外阅读探究论文获奖，作文教学公开课获高度肯定。师父还带我听名家课，让我领悟到用情教学的重要性。此后，我多篇相关论文发表获奖，学生在作文比赛中也成绩斐然，2007 年就有 15 人次得奖。

2. 坚定信念，深研写作教学之法

2008 年，我调入鹤山市沙坪街道第一小学，这一年满是挫败。与优秀同事相比，我深感自身渺小，他们的教学各方面都很出色，学生作文水平也远超我所教学生。

为提升自我、更好指导学生写作，我开启广泛阅读，钻研《小学创意写作》等诸多作文教学书籍，还常读高中作文书，渴望学生能写出佳作。

我边读边学，将书中方法引入课堂，从照搬逐步走向创新。2008 至 2016 年，我全身心投入作文教学研究，依据不同学段要求和学生特点，实施多样有效指导。其间，我上了 6 节作文教学比赛课、7 节展示课，课例"写一个物"获广东省三等奖。学生在征文比赛中屡创佳绩，我结合实践撰写 10 篇作文教学论文，5 篇在《江门教研》等刊物发表。

(二)情到浓时自然"疯"

1. 与时俱进，书香养心御风而行

苏霍姆林斯基说过："尽可能了解每个孩子的精神世界是教师的首条金科玉律。"浇树浇根，育人育心！育人才是教育的关键。一名好教师既是知识的传授者，也是爱的化身，要用爱去感召学生，为党育人、为国育才。

星移斗转，岁序更新。2015 年，骄阳的脚步已扣响了秋日的心弦。又一个新学期来临，我又接了一个新班，怀着激情与梦想，又走上充满希望的教育征程。

第一次家长会上，我坚定不移地阐述自己的教学理念——育人先育心，我要用专业和智慧为学生打造聚集正能量的蓄水池。会后，两位家长一直在教室门口等我。黄浩恩妈妈（幼儿园的园长）说："李老师，我太认同你的理念了，

我在幼儿园里也要这样去做，去要求我们的老师……遇见你真是太好了。"（后来我们的班歌就是《最好的遇见》）王之聪妈妈（在鹤山侨刊工作）说："李老师，你这个育心功能如果通过阅读来实现是不是更好？我愿意当你的助手。"与两位家长谈话后，我们都有一种相见恨晚的感觉。

2015年9月，鹤山市第一个名著陪读群诞生了，每个周日晚上7：30—9：00，成了我最长情的守候。在这里我惊奇地发现学生与课堂上截然不同的表现，他们似乎要把蕴藏的潜能彻底地释放，徜徉于名著分享中，纵情享受阅读之乐。

2016年，我与教研组老师精心规划学校"海量阅读素质提升"工程，制订"六年影响一生"的阅读规划，在全校范围内推广"阅读计划"。

2017年，我在班上开展"我是朗读者"视频展示活动。学生通过朗读精美的文字，感悟其丰富情感，做到自信表达。

为了解决学生阅读中书籍不足的问题，我率先在班上进行"悦读"小书包漂书活动。40多个"悦读"小书包，形成了丰富多彩的世界，学生天天徜徉在它们的怀抱中，结为"挚友"。我还带领学生与宅梧镇中心小学（山区小学）举行手拉手"悦读"小书包赠送活动。

为了推广阅读，我读透了八本厚厚的相关书籍，先后主持了两个与阅读相关的区级课题，撰写了多篇相关论文，其中两篇获得省级奖励。阅读活动进校园，让每个家庭处处弥漫着书香。它带给我的不仅是"小荷才露尖尖角"的欣喜，更是"映日荷花别样红"的享受。

2021年，当接过广东省"最美图书馆馆长"的证书时，我深刻地感受到：一路阅读，一路成长，在奔向阅读的征程中，索然的平凡岁月漾起诗潮，我和学生的心灵都在御风而行。

2.点亮心灯，追"疯"赶月莫停留

2016年评上副高级教师后，我开始有些迷茫了，心中曾燃烧的事业熊熊烈火似乎熄灭了。当国家开放二孩政策之时，我勇气十足成功地登上高龄产妇的列车。带娃的日子忙碌、充实，但我老觉得灵魂的某个角落空虚孤寂。在教育的路上，我的追求在哪里？

2018年——我人生具有里程碑意义的转折点。当张桂梅这个带着芳香的名字，萦绕心头，品读着她的事迹时，我眼噙泪水。"燃灯校长"用那脱俗的气质阐述着生命的真谛，展示着生命的广阔，也在为我点亮心灯，她是我的挚灯女神。我雄心再起，2019年经过层层选拔终于成为江门市名师培养对象。在广东第二师范学院培训期间，我有幸得到了熊焰院长的鼓励："省'百千万人才工

程'培养对象肯定要去冲啦! 40多岁刚好, 还年轻, 放手去吧!"熊院长的鼓励就是那"点亮生命, 唤醒灵魂"的声音, 始终指引着我一路前行。2021年5月, 在过五关斩六将的一轮轮选拔后, 我有了柳暗花明又一村的惊喜——成为广东省"百千万人才工程"小学名班主任培养对象。在这里聆听专家们一场接一场的讲座, 得到导师的智慧引领, 向省内顶尖级的优秀老师学习, 此刻我才真正领略到时代浪潮的奔涌不息。我始终以一个求索者的姿态去面对每一次的研修, 用精力去弥补经验与实践的不足。

2022年语文新课程标准落地, 我精神百倍地去学习、研究。在努力地拾级而上中践行新理念, 向青草更青处漫溯。我成功申报了江门市级课题"古诗文教学中培养小学生文化自信的实践研究", 参与了省级铸魂工程课题"小学古诗文教学与学生人格培养相融合的实践探究", 紧跟时代, 强调育人为本, 依据"有理想、有本领、有担当"时代新人培养要求, 以课题为引领, 深入贯彻落实新课标精神。按照新课标要求, 我要摒弃常规的教学思路, 创设多个恰如其分的情境教学活动, 从情境中引发问题、解决问题, 使学生在完成任务的过程中领会和建构知识, 化被动学习为主动学习。在参与市组织单元作业设计比赛中, 我主要负责六年级上册第八单元, 如何做到情境命题, 促进学生思维能力的提升呢? 我把早已无比熟悉的第八单元以陌生的眼光重新审阅了多次, 创新性地设计题型, 荣获江门市作业设计一等奖。

三、学科教育观

(一)我的教学风格解读

教学风格是教师人格和个性特征等在其教学上的全面综合反映。教学风格直接影响学生思维、品德、审美、个性、学风等发展状况。在二十多年的教学生涯中, 我逐渐形成了自己倾注以情、灵动风趣的教学风格。在教学过程中, 师生关系、生生关系如春风, 催生出课堂学习更多的生成, 滋养着知识与情感的生命。

倾注以情, 在工作岗位上我一直满怀激情, 追寻育人的真谛。不同时期, 不同教育政策下, 我都如初恋般醉心于教学研究与实践。语文是一门表情达意的学科, 教学中我以情育人, 以情激情, 让语文课堂更加充满活力, 提高学生文化品位和审美情趣。

灵动风趣, 立足岗位, 目视前方, 以梦为马, 我一直在做一个平凡的追梦人。"桃李满天我所望, 秀才辈出国栋梁, 欢心求学勤向上, 写就人生新辉煌。"这是我与每一届学生见面时送上的打油诗，也是我教学风格的体现，课堂上妙语连珠，风趣幽默，教学方法、教学组织形式灵活，善于创新教学方法，善于改变教学方式进行教学，使学生享受语文课堂的魅力，与我一起"疯"狂学语文。

（二）我的教学主张

我的教学主张是以生为本，用真情语文育真人。教育应如清泉滋养生命，要将学生置于首位，尊重学生，视其为教学资源，"以学定教"，拓展学生发展空间，提升学生综合素质。多年来我推行"小组合作学习"，营造智慧合作氛围。

语文书中作品充满生活、语文和发展味。教育要解决"培养什么人、怎样培养人、为谁培养人"的问题，教师应用真心引领学生，师生共历真实情感历程，践行"千教万教，教人求真；千学万学，学做真人"，以教师修养和专业成长为依托，用真情贯穿教学，培养学生健全人格。

在教学风格形成的过程中，不同校长对我影响颇深。1998 年进入上南小学，李强校长的风趣幽默让我学会用此风格与学生交流。2005 年进入宝瑶小学，胡浩明校长的课堂妙语连珠，我向他请教后，教学风格变得风趣多变，教学方法灵活创新，让学生爱上语文。

二十多年来，我专注课堂艺术及学生语言表达与运用研究，通过多种方式打造魅力课堂。

1. 课堂可以这样"玩"

歌声嘹亮，笑声回荡，玩到情动辞发。

音乐老师近来特忙，我们班已有两周没有上音乐课了。在吹拉弹唱中，吹拉弹我是门外汉，唱功自我感觉良好，中学时曾在学校舞蹈队待过，我决定给学生上一节特别的音乐课，让他们好好玩上一把。我带着手提电脑走进教室，说："这堂课上音乐，把书拿出来！"语文老师上音乐课？他们脸上似乎写着个大大的"奇"字。

我选上的歌曲是《军民大生产》，节奏坚定有力，表现边区军民的乐观精神，富有劳动特色。聆听歌曲，感受旋律，演唱歌曲，学生很快就掌握了节奏。这时好戏上演了——我掏出红手帕，随着音乐在讲台上跳起了秧歌舞。学生们简直不敢相信胖乎乎的老师会扭出这活灵活现的舞姿，不断变换的手势，丰富的表情，让小鬼们看得心花怒放，眼珠子都快掉下来了。随着那久违的掌声，教室里气温骤然飙升。火候到了，我在黑板上画上"十"字，先教他们掌握秧歌舞"十字步"简单的律动。他们嘻嘻哈哈，踢踢踏踏，一番左扭扭，右摇摇后，再配上几个简单的手势，教室里简直成了"群魔乱舞"的世界。笑声不时爆发，跳着，笑着，唱着，每个孩子都跟着我有板有眼地动起来，乱而有序。带着扩音机唱着歌，边舞边走的我就是这里的"魔头"。我们在这玩玩闹闹的欢乐气氛中感受音乐，有了美的体验，也享受了快乐。对了，下一节是语文课，我让学生们提起笔把刚才的音乐课写下来。让我意想不到的是学生笔下的情景比我课堂上所见更胜一筹。

学习"搭石"一课时，我们就玩河上走搭石，感受乡亲们的美好情感；"草船借箭"以小组为单位，以笔盒为船，在弄懂借箭的过程中，领略诸葛亮的神机妙算……

2. 课堂可以这样"赛"

六年级上册第三单元要学习作者如何借环境、人物心理描写抒发美好情感。面对不太主动表达的学生，我想了个办法。学"穷人"时，我一改常规，没做铺垫就直接开课，让学生读完全文。之后，我从容地拿出钱包，抽出五元钱举在空中，宣布比赛：谁最快在文中找出除题目外的"穷"字，钱就归谁。学生瞬间来了精神，紧张地寻找。一分钟过去，无人找到，我又抽出五元，称最快找到可拿走十元。这下教室里热闹起来，大家争分夺秒。两分钟后，有同学开始议论，甚至同桌合作寻找。最后，小何大胆发言：文中没"穷"字。我肯定了他，并点明这正是文章精妙之处，虽无"穷"字，却处处显"穷"。

学生虽有些失落，但得知我把钱捐作班会费后，还是鼓掌表示认可。为奖励他们的积极投入，我送了他们一节活动课，条件是记录找"穷"字的过程。如此一来，学生的情感被调动，写的作文也有了真情实感。

3. 课堂可以这样"疯"

备六年级下册"学会生存"习作课时，日本大地震等灾难新闻给了我灵感，我决定开展地震演练逃生课。

课上，我先以地震画面引入，询问学生地震应对方法。趁他们说得兴起，我用麦克风模拟地震声响，大喊"地震啦"。起初教室一片沉静，随后有人反应过来，同学们状态各异，有紧张的、嘻哈的，动作也是千奇百怪。我指挥大家安静，保持原状互相观察，还对个别同学进行指点，之后让学生回味小结。没想到他们兴致高昂，强烈要求再来一次，我便满足了他们。

经此体验，学生有了真切感受，习作时素材丰富，描写生动，情感真挚。如描述同学避震姿态的话语，尽显他们的观察入微与灵动睿智。

(三) 他人眼中的我

1. 学生眼中的我

李老师，您还记得吗？开学您作自我介绍的时候说："我姓李，意思就是教的学'子'精通'十八'般武艺，优'秀'的我能带领大家'欢'天喜地过日子的意思。"我听后惊讶地瞪大了眼睛，心里就对您产生了好感，因为我还从来没听过这么有趣又与众不同的介绍方式。您还以自己的名字写了一首诗送给大家作见面礼，这么博学风趣的"限量版"老师，谁会不爱呢？因为有您，我逐渐喜欢上了语文，上课的时候注意力也集中了，减少了以前三心二意的现象，作业质量也比以前好得多了，这些都多亏了您的功劳。

在接下来的日子里，幽默博学的您让我们知道，世界是如此缤纷多彩；您让我们知道，想要放烟花并不难，但难的是那精彩的一瞬间永远无法定格；要想鼓起一时的勇气并不难，难的是将燃烧的斗志维持一生。

您以"望、闻、问、切"的方式教我们写出真情实感习作，"五指作文"更让我们轻而易举地掌握了习作的结构。新年过后，您发现班上出现了不少不良风气，您手握粉笔，潇洒地在黑板上画了一幅荷花图，说这是送给大家的年画。在同学们的惊叹中，您语重心长地告诉我们：要学习荷花的"出淤泥而不染，濯清涟而不妖"的精神，池中的荷花簇拥在一起，代表着同学必须团结合作，才能让五(3)班香远溢清。一幅图竟有如此深远的寓意，恐怕在方圆十里，也没有第二个像您这样的老师了！

——2018 级五(3)班学生　赖家进

2. 同行眼中的我

李秀欢老师将对教学的热爱和追求融于对学生的关心、教导和期望之中。她的课堂生动形象，机智诙谐，妙语连珠。课堂上她能调动学生学习的积极性和主动性，使学生心情舒畅、乐于学习。讲到动情之处，她往往情绪高涨，慷慨激昂，滔滔不绝，扣人心弦，给人以震撼人心的力量，引起学生强烈的情感共鸣，师生之间在理解、沟通的前提下，共同营造出一种渴求知识、探索真理的热烈气氛。听课的老师也常被她带动。

李老师讲课精于教学的技巧，充满机智，各种教学方法、技巧信手拈来，运用自如，恰到好处，并丝毫不带有雕琢的痕迹。整个课堂教学的结构就像一种设计好的程序，过渡自然，组织严密，搭配合理，有条不紊。针对学生的实际情况，她照顾到学生的心理特点和接受能力，体现出教师对学生的透彻了解、对教学方法的合理运用和对知识重点、难点的准确把握。学生在这样的教师引导下，所获得的不仅是知识的训练价值，还包括人格、情感的陶冶价值。

——教师 何敏贤

3. 专家眼中的我

李秀欢老师是鹤山市沙坪第一小学的语文科组长，她业务水平高，教研能力强。她与时俱进，以孜孜不倦的求索精神，积极探索课堂教学改革的策略，形成了生动、激情的教学风格。

生动：她努力钻研自己的课本，找出重点、难点和突破的方法，用心设计课堂，尽量让自己的课堂生动、有趣……总能把平淡的东西讲述得生动有趣。

激情：她上课声音洪亮、铿锵有力、抑扬顿挫且神采飞扬。她上课总是那么激情满满，听课的老师也被感染了。

李秀欢老师总会通过生动、激情的演绎把学生带入情境，尤其是情景作文教学，必定令学生如身临其境，从而文思泉涌，教学效果好。她在课堂上用知识和智慧点燃的精彩，照亮了学生的心灵。她为学生打开语文世界的窗口，教给学生语文学习的方法、策略，让学生在语文课堂得法，在课外获益，让学生学会学习。

——广东省特级教师，江门市教育专家 冯婉霞

四、育人故事——春风化雨，真情滋润

>>>

"丹心化春雨，师爱亦无声"，我爱自己的每一位学生，用真情去关怀滋养他们，在荒芜的土地上长出一片片美丽的园林，在校园里传播着一个个动人的故事。

课堂上，我正讲得津津有味，突然发现思颖同学低着头，心思完全不在课堂上。我走过去，见她在看一本漫画书。我当即就把书收了上来，想不到她一下就急了，马上冲上讲台。我还没回过神来，她就一手把书抢了过去。我一下子蒙了，从来没有学生这么大胆，老师没收的东西还敢抢回去，何况是个女孩子。我冲着她大声嚷道："马上把书交上来！"她不但不听，竟然还跟我犟，把漫画书翻开继续看。其他学生还在看着呢，岂能让你骑到老师的头上？以后的教学工作还怎么开展？我走到她面前，把书抢了过来，放在了讲台上。她竟然一下子把桌子推翻在地，文具散落了一地，两手交叉抱在胸前，看也不看我一眼，神情桀骜。这堂课在弥漫的硝烟中结束。

课后我了解到，思颖同学对漫画情有独钟，她爱得如痴如醉，我的"粗暴"对她简直就是一种"侮辱"。现在的孩子都有个性，他们所受的教育也不仅是来

源于学校、老师，还有父母、社会、媒体等。学校，成了他们彰显个性的地方。现代社会动漫以其独特的魅力像强大的磁场一样深深地吸引着青少年，我的孩子也是动漫迷。新课程理念中，提倡教师的角色应由"领导者"转变为"参与者"，这就注重了"平等"。于是我摒弃传统意义的师道尊严，不再遵循"学生听老师的教诲"这一潜规则，放下架子，把自己放在与学生平等的位置上进行交流。当思颖同学在课堂上再次沉醉于漫画世界时，我悄悄地走到她的身边，给她一个暗示。课间，我把从女儿身上了解到的漫画世界与思颖同学交流：谈漫画风格，谈二次元，谈角色扮演……有时我还给她看女儿的作品。她的目光从未如此闪亮，充满兴奋与崇拜。我以一个"狂妄少年"的心态走进了她的内心世界，很快我们就成了知心朋友。我再适时引导她：喜欢二次元的孩子都是乖孩子，看漫画书、玩动漫要分时间场合……"亲其师，信其道。"此时一切都山自青青水自流。

去年，思颖同学给我来电话，说她考上了华农美术系。我为她实现了心中的理想而高兴。

严谨简约，朴实自然

● 恩平市第一中学　钟　超(初中化学)

◉ 一、导读语　　　　　　　　　　　　　　　　　>>>

　　钟超，男，华南师范大学教育硕士，中学化学高级教师，现任恩平市中学化学教研员，恩平市名教师。曾获得"全国化学园丁奖""全国化学竞赛江门市优秀辅导教师""恩平市教书育人先进工作者""恩平市教育系统优秀共产党员"等称号。24年来，我在教育的田地里，勤奋地耕耘着、实践着、思考着……一路走来，既有成功的快乐，也有挫折的迷茫，在长期的教学磨炼中逐渐形成了自己的教学风格——严谨简约，朴实自然。

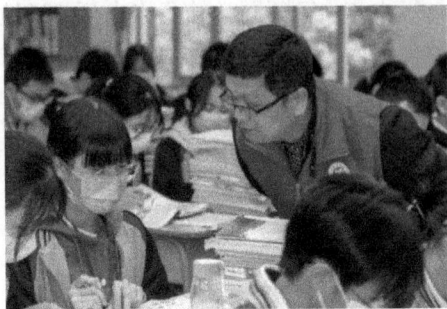

◉ 二、名师成长档案——做学生喜欢的老师　　　　>>>

　　记得小时候，母亲常常问我长大后做什么工作，随着年龄的增长，我的答案有好多版本，做售货员、吊车司机、电影院的工作人员、医生……无论我的答案是什么，母亲听后总是很满意地点点头表示自己也喜欢，因为在母亲的心目中，我的理想就是她的希望。然而，在高考填报志愿时，我所有的志愿都填报了师范专业，母亲仍然支持我的选择。今天，如果有人再问我：你的理想是什么？我一定会坚定地回答：做学生喜欢的老师。

　　二十多年的教学生涯，有过艰辛，有过快乐，留给我许多美好的记忆，让我获得了无限的幸福。

（一）初出茅庐，追逐梦想

我出生在一个偏远的农村家庭。父亲是个乡村教师，20世纪60年代的中专生，热爱教育事业，在三尺讲台上奉献了一生，做事极其认真严谨、一丝不苟，在村里很受尊敬。母亲性格豪爽，心直口快，做事干净利落，教育我要诚实做人、踏实做事。温暖友爱的家庭环境让我从小就懂得要做一个正直、善良、真诚的人，对待学习要认真执着、严谨踏实，对待生活要充满热情、积极阳光。这种家庭氛围也深深地融入了我以后的职业生涯，让我一生受益。

2001年的9月，大学毕业的我带着对理想的憧憬，夹杂着对现实的迷茫来到江门市最偏远的山区之一——恩平市黄角中学做一名化学老师。

黄角中学是由黄角附近十几个村庄联合办的一所农村初中学校。全校共有6个班，初一至初三各2个班，有15位教师，其中还有一部分是代课教师，而我是当时学校唯一的化学专业教师。学生全部是本地农民子弟或外省来的农耕户子弟，家庭环境很差，孩子多数是无心向学。面对这样的孩子，我必须付出更多的努力。凭着年轻人不怕苦的干劲，我拼尽全力去做，课余时间，我深入学生中间，与学生们沟通、交流，成为学生的朋友……那个时候，学校没有速印机，我就学习了最原始的办法刻蜡纸油印练习题，开始时常弄脏衣服。要印好一份试题，刻蜡纸需要半天，油印差不多需要一个小时，且油印时非常讲究技巧，要均匀用力按、拉油刷几百回合，累得腰酸手疼。为了增强学生对化学的兴趣，我还自制教具和模型等，尽量创造条件进行演示实验、分组实验。记得演示氢气爆炸实验时，爆炸的巨大响声把学校领导引来教室察看，得知是做实验时，大家才算是放心了。那时候的我似乎总有使不完的力气，在我的努力下，学生们第一学期期末调研的成绩竟然是全市第二名，即除了重点中学是第一名，校长为此在教师大会上表扬了我……教学之余，我喜欢到学校楼梯间的小图书室阅读《外国教育史》《教育学》《给教师的一百条建议》等，也积极撰写教育教学心得，水平不高却也能评上二、三等奖，偶尔也有小文章发表在当地报纸，于是我满心欢喜，更是渴望优秀。

从农村来到农村，虽然条件很差，但我从来没有后悔，因为这段艰苦而又自在的时光，更加磨砺了我坚韧的性格。

（二）前辈引领，砥砺前行

虽然我在从教的第一学期取得了较好的教学成绩，但是第二学期却是直线下降，无论我怎样努力，学生的学习兴趣都提不上去，课堂只是我的"独角戏"，教学成绩可想而知。为了走出困境，我进行反思，逐渐认识到，如果依赖学生对老师、对学科的短时新鲜感，那是不可能长久的，也是教不好学生的。我必须向教育理论学习，必须向优秀老师学习，探索属于自己的教学之路。

在我的教学生涯中，影响我教育思想和教育行动的有好几位优秀老师。

岑敏明老师是黄角中学的一位代课老师。我发现她讲课有种与众不同的魅力，她上课情绪特别饱满，表情生动，肢体语言恰到好处，讲到动情之处，往往情绪高涨，慷慨激昂；她创设的情景，扣人心弦，给人以震撼人心的力量，课堂上总能引起学生强烈的情感和共鸣。我被深深地触动了：岑老师的课是那么和谐，又是那么有趣，可以感受到师生互动中她带给学生的关爱、帮助与鼓励。我内心迸发出一个强烈的愿望：我能否成为一名这样的老师？我从她那里吸取了很多宝贵的经验和做法，从激发学生兴趣入手，鼓励学生大胆参与，同时注重培养学生的自主学习能力。渐渐地，我的课堂教学开始得到学生的喜欢。

郑秀浓老师是恩平市教研室化学教研员。记得第一次见郑老师，是在我参加教学工作的第一次公开课上，市教研室教研员集体下乡调研。郑老师五十多岁，身体略显单薄，面容清瘦，精神很好，笑声爽朗，和蔼可亲，普通话不是很标准。俗话说"初生牛犊不怕虎"，尽管是在校长及教研室众多老师面前上课，但我也没有胆怯。在课堂中，我努力营造平等、协作、民主和谐的教学氛围，让学生在充满关怀、鼓励的状态中，心情愉快、积极主动地参与教学，享受成功的乐趣。课后，郑老师非常开心，认为我未来可期。郑老师充分肯定我的教学优点，也提出了中肯的修改意见。此后，郑老师常常带我参加各类教研活动，并赠送教学资料给我学习，他从课堂教学、论文撰写、试题分析等方面对我进行耐心的指导。

此外，还有冯健文、何兆明、饶向明、冯慧燕、谭博健等老师对我也有深远的影响。

我在优秀教师的帮助和指导下，不断学习，快乐成长，从一名新老师成长为成熟的老师。

(三) 分享辐射，交流共进

2005 年 8 月，我竞聘到恩平市实验中学工作，这是我成长历程中的重要一站。我开始了新的教育教学探索之路。

德国教育家第斯多惠说："教学的艺术不在于传授本领，而在善于激励、唤醒、鼓舞。"在教学中，我认真钻研教材，研究教法，积极寻求最佳教学方法，在课堂教学中慢慢凸显"严谨简约，朴实自然"的教学风格。我充分发挥学生的主体作用，让学生参与教学活动。在多年的教育教学实践中，我摸索出"自主导学→重点突破→限时训练→交流分享→互动评价→质疑解惑"的教学模式，有效提高学生的阅读、分析与表达等多方面的能力；把相关的社会热点事件引入课堂，引导学生用化学知识解释、理解生活、社会现象，充分体现"化学来源于生活，服务于生活"的学科特色，使学生意识到学习化学知识的价值，体验到学习化学的乐趣，在不知不觉中有了自主学习的行为，极大地激发了学生的学习热情。

为了提升教育教学水平，2010年我考入华南师范大学攻读教育硕士学位，在刘良华、何广平、钱扬义等教授的悉心指导下，我的教学理论得到提升，收获丰硕。同时，我深入反思自己的教学实践，撰写多篇论文在《江门教育》《中学化学教学参考》等杂志发表或获奖，参编的教学资料在恩平市推广使用，我还成为《中学生学习报》特约作者。我积极承担各类教研任务，每年开设校级、县级以上的公开课1次以上，或送教下乡，都获得同行的一致好评。我参加江门市教师优质课比赛获一等奖；主持省级课题研究2项，市级课题研究1项。2012年5月，我还担任江门市"国培计划"——义务教育骨干教师远程培训项目的辅导教师，与江门市部分青年教师进行网络交流、学习，对推动全市新教材改革、培养青年教师起到积极的作用。2023年，我被聘为恩平市名师工作驿站沙湖中学、年乐夫人学校站的指导老师，以及恩平市教育先锋班的专业成长导师，与年轻教师们一起研修、学习，对教材、教法、课改、论文、课题等进行深入探讨，共同进步！

随着岁月的推移，我深深地认识到，单凭自己的热情和干劲是远远不够的，教育必须有自己的理念，要有自己的追求，要有自己的主张，更要有自己的风格，才能让自己的教学之树常青。

三、学科教育观——为学生学科思维发展而教

(一) 我的教学风格

我的教学风格是"严谨简约，朴实自然"。我所任教的学科是化学，化学是在分子、原子层次上研究物质性质、组成、结构与变化规律的科学。严谨既是学科教学的要求，也是我对化学教学的一贯态度。简约是简洁精练，单纯明快。简约不同于简单，是摒弃一切不需要的奢华与作秀，从而使课堂变得更为简洁、深刻，进而达到优质和高效。

朴实也是一种美，不需要华丽的多媒体课件，我的课堂几乎没有设计热闹的讨论场面，只追求引导学生认真地听、静静地想，师生间、生生间有着平等的互动、清晰的争论。自然，是师生在课堂保持和谐的一种状态。我的课堂亲

切自然，没有矫揉造作，也不刻意渲染，师生是在一种平等、协作的气氛下进行情感的交流。我将对知识的渴求和探索融入真实的教学情境之中，让学生在思考中获得知识。

"严谨简约，朴实自然"教学风格的形成，与我自身的个性特点和成长历程息息相关。

(二) 我的教学主张

在长期的教学实践和反思中，我逐渐形成自己的教学主张：为培养学生化学学科思维而教。

德国教育家第斯多惠说："一个坏教师奉送真理，一个好教师教人发现真理。"奉送真理，只能使学生记忆一大堆"死知识"，而教人发现真理，则使学生在发展能力的教学过程中获得理解深刻的"活知识"。2020年，我有机会参加江门市第五批名教师培养对象研修班的学习，在这三年的学习中，在广东第二师范学院专家教授的指引下，通过同伴互助、参观学习，我才真正接触前沿教育教学理论知识，领会新课标的实质。特别是听了专家的报告后，我思考得更多，思考得更远。

化学是一门以实验为基础的学科，学科的核心是思维。我们教师在教学过程中，不能只教给学生知识，即专家结论，更要教给学生专家思维，即我们平常所讲的"授人以鱼，不如授人以渔"。要学好化学，最重要的是学会"学科思维"。新课标明确指出，化学课程要培养的核心素养主要包括化学观念、科学思维、科学探究与实践、科学态度与责任。化学学科思维的培养，要改变死记硬背的方法，化学知识的繁、杂、乱是学生学不好化学的原因之一。多元智能理论指出，学习需要充分发挥学生的多种智能，而多元智能的核心就是思维，只有学科思维得到了培养，智能才有可能得到提高。从另一个角度说，我们培养的人，是要学会思考、学会做事的人，是学生通过课程的学习逐步形成适应个人终身发展和社会发展所需要的正确价值观、必备品格和关键能力。爱因斯坦说："我们所创造的世界，是我们思维的产物，不改变我们的思维，就无法改变我们的世界。"因此，我们在教学中，让学生掌握基础知识的基础上，更加重要的是发展学生的思维。把知识转化为能力，就是依靠学科思维。

学科思维要落实到课堂教学中，必须培养学生的问题意识。问题意识是学生面临需要解决问题时的一种清醒、自觉并伴之以强烈的困惑、疑虑、想要去探究的内心状态。正是这样的心态促使学生主动积极地思考，不断产生解决问题的方法，不断地提出新的问题。爱因斯坦曾说："提出一个问题比解决一个问题更加重要。"在问题的思考中培养学生的思维，在问题的提出中发展学生的问题意识和创造性。

我们的课堂教学中，问题主要来自教师提出的问题，还有的是学生提出的问题。两种问题对教学提出不同的要求。教师的提问，使学生处于思维的应急状态并快速地在头脑中寻找解决问题的方法。因此，为了改变"满堂灌"的教学模式，进行有效的师生对话，专业课教师的课堂教学必须是用有效的问题进行有意识的启发。为了发展学生的学科思维，教师需要进行有效提问，所提出的问题应该有思考性、启发性。学生的提问，在平常的教学中，其实学生很少有机会进行提问，多数情况是围绕教师提出的问题进行思考，这样就会造成另外一种情况，即学生被教师设置的问题"牵住"，是一种被动状态。所以，若希望学生真正主动学习，教师应该引导学生自己发现问题、提出问题、解决问题，这样对培养学生的学科思维有很大的促进作用。

比如，在复习"气体的制取"时，一般采用的教学方法是教师从原理、发生装置、收集装置、检验装置等一步一步讲解，学生会觉得枯燥无味。因此，我打破思维定式，拿出一瓶"可口可乐"饮料，提出问题：瓶里有什么气体？如何检验？实验室可用这种方法制取气体吗？然后，我安排学生分组讨论，展示，师生总结归纳，构建出实验制取气体的一般"模型"，同时复习了装置气密性检查的原理，推广所有装置的气密性检查。这样的施教让学生觉得耳目一新，让学生知道知识不是抽象的，而是与身边的生活密切相关的，感受到化学对生活的作用，觉得这样的学习是有意义的，易记忆、易明白。这样的课堂，让学生的学科思维得到自然的释放，可以引发出更多有意义的思考，对化学核心素养的培养有重要的作用。

（三）他人眼中的我

我是钟超老师的教育硕士导师。钟超老师硕士毕业近十年了，我们一直保持着联系。这么多年来从我们之间的交流，他发表的相关教育、教学文章以及对与学生互动过程的想法与讨论中，我觉得钟超老师是一位优秀的人民教师。他敬业，热爱教育事业，喜欢和专注教研，他爱学生，亦师亦友，愿意从学生发展的本质去关注学生的成长并渗透在日常的教学与教研中，他也享受教师这一职业。在华师读书期间，钟超同学自律、踏实，学习非常勤奋。在职教育硕士工作繁忙，但他一直很努力，整个论文研究和写作过程中我们交流得很好，我看到了他对教育事业的热爱和责任心，表现出教师职业所应具备的热情、专业和坚持，这些是成就其事业的根本。希望他一直保持对教育的热情，享受教育工作的快乐！

——华南师范大学化学与环境学院教授　何广平

钟超老师师德高尚，为人师表，热爱教育事业，对治学永远充满激情，在家长、学生心中有着良好的教师形象。

钟老师善于学习，学习国家的教育政策、先进的教学理念、与时俱进的教学方法技术，以新思路、新方法来指导工作；在课堂中能以各种教学方式营造轻松、活泼、上进的学习氛围；在向学生传授科学知识的同时，更以自己的言传身教，对学生进行思想品德教育，促进学生的健康成长。钟老师是一位恩平名教师，在教育科研方面走在其他教师的前面。多年来，他承担各级各类教育教学课题，有多篇论文发表或获奖，探索并实施行之有效的教学方法，逐步形成了自己鲜明的教学特色，教学成绩突出。钟老师积极参加教研活动，主动承担全市教研示范课，在每次教研活动时都发表自己的意见和建议，与其他老师一起探讨教学上的问题，深受老师们的好评。

——恩平市教师发展中心主任，化学教研员　冯健文

亲爱的钟老师：有没有意料之外我给您写信了，哈哈！其实面对您我有很多想说又说不出口的话，所以给您写封信啦！虽然您九年级才接手我们，和您相处的时间并不长，但我真的很喜欢您，您做实验很有趣，课讲得很好，很负责任，一次次监督我们的听写。（虽然我上课老走神），但在您这里我真的学到了很多，不只是课本上提到的高锰酸钾制氧气，还有很多。我真的很喜欢听您讲道理，不知道您还记不记得，体育中考那天您安慰我只投了两个球："很好啦！要是我的话我一个都投不到！"您说得对，要向前看，向好处看。

我很荣幸成为您的学生，也谢谢您能成为我的老师。一日为师，终身为父。说句很客套但很真心的话：我会永远记住您的，在高中，甚至以后更远的学习、生活中！老师，谢谢您！

——恩平市第一中学学生　陈嫣然

● 四、育人故事——让学生"活"在希望之中

二十多年的教育教学实践，让我深深懂得教育需要讲究技巧，需要耐心和机会。

有一次，我上课时发现俊贤同学讲话，于是叫他站起来回答问题。结果，他一脸茫然地站起来。等了好久，也不见他吭声，全班的同学等急了，纷纷"声讨"俊贤同学。一位同学大声说："老师，我来！""我也知道，他就是不认真，当然是什么也学不会！"旁边的同学补充道。"他上节课也被数学老师批评了！"后边的女同学小声说。顿时，教室里"乱"了，显然，俊贤的"不会回答"激起了同学的"愤怒"。而我的心里布满了乌云，郁闷至极，痛心不已。我痛心的不是俊

贤同学不会回答问题，而是同学们完全不顾及自己的同学，肆意伤害！更可怕的是，俊贤同学竟然低头不语，完全没有抵抗能力！我马上严肃地声明——在老师的心目中，每个同学都是一样的，都是最棒的！当我让俊贤坐下时，分明看到了他眼角想忍住却无法控制的泪珠。下课了，我离开教室向办公室走去，他一路悄悄地跟在我的身后，我停下等他走近，他小声地说："老师，谢谢您，我一定会改正缺点，一定会努力学习的！"几天后的一个晚自修，俊贤显得异常高兴，一会儿与同桌小声说话，一会儿又和别的同学手舞足蹈，还不时地用眼睛瞟我几眼。我断定他心里肯定有什么事，于是我就把他叫过来，问："你是不是有什么小秘密，能不能跟老师分享一下？""嗯。"他眨着小眼睛，点点头，然后靠着我的耳朵，悄悄地说："老师，昨天我见过你和一个小男孩，那小男孩是你儿子吧，好可爱哟！"我好奇地用惊讶的眼神看着他："真的？"他一字一顿地说，还不时伸出手来比画着："我在国庆节那天看见你们一家在湿地公园散步。"他脸上露出得意的样子，顿了顿，又接着说："老师，我很喜欢上你的化学课。"我故作惊讶地说："真的吗？俊贤，其实你真的是聪明的孩子，如果用心学习，一定可以学好知识的。"他似乎明白了，微微点头。在这亲切而又平常的交流中，俊贤向我敞开心扉，主动交流。这不就是教育追求的真谛吗？我心头的乌云渐渐散去，我看见了阳光在对我微笑！

晚读课，我安排同学背诵基础知识。班级其他同学大多数能背出来了，我也悄悄地查了俊贤。真没想到，他竟然也能背大部分了。我看到了希望，决定再冲刺一下。我知道，要恢复他内心的尊严，必须让他得到同学们的认可。于是，我悄悄地找到他并告诉他："我明天晚上检查背诵，你要认真复习，准备好我会提问你。你是老师的好朋友，我只把这个消息告诉你。请你保密，好吗？"他一个劲地点头。第二天晚上，我检查大家的背诵情况。我随机抽查，大部分同学都能顺利通过检查。这时候，我点到了俊贤，我看到了他眼睛中的慌乱和紧张，也看到了其他同学的不屑一顾。我充满自信地望着他。"他能背出来吗？"大家都在期待着。最终，他都背出来了，而且背得很流利。看到其余孩子们伸脖、侧目、惊奇……，我偷着乐。我趁机说："同学们，其实俊贤很聪明。不信？我们再来试试！"我又点了几个他会的问题。结果，当他回答完后，教室里掌声雷动。俊贤将头昂得高高的，陶醉在幸福之中，那一刻，我看到自信爬上了他的笑脸。

其实，每个学生的智力是差不了多少的，后进生只不过是没有得到挖掘，如果我们善于肯定、欣赏、表扬学生，给予每位学生实实在在的"辅导"，学生就会"活"在希望之中，其心灵的天空也一定会似阳春三月般灿烂，如晨曦般泛起光亮！

"趣""智""情"共生

● 恩平市恩城街道办事处第三小学　郑巧玲(小学数学)

● 一、导读语

>>>

郑巧玲,小学数学高级教师,现任恩平市恩城第三小学教师,恩平市名教师、恩平市十大教学能手。从事教育工作27年,我始终恪尽职守,深入教学一线,积累了丰富的经验。我秉持"以学生为中心,激发智慧,滋养心灵"的教育理念,引导学生积极学习、合作交流,培养孩子们乐学创新的能力,共同创造生动课堂,逐渐塑造了具有粤派教学风格——"趣""智""情"共生。

● 二、名师成长档案

>>>

(一)邂逅教育

我出生于恩平市大槐镇,父母均是农民。我从小没有怎么接触过外面的世界。小时候,家里的一台黑白电视就是全村人的宝贝,每天天还没黑,大人、小孩都自带凳子来串门,它成了我了解世界的一个窗口。我的小学学习是在大槐镇中心小学完成的,那是一所农村小学,就在我们村边上。校舍很简陋,周边没有围墙,连着村的农地,下课还可以看到在地里干活的乡亲们。那时候,很多小学老师都没有接受过正规专业的学习，然而，他们却给了我最好的教育。正所谓，农村娃是老师带着在飞的。小学二到五年级，我们的班主任都是黄老师，黄老师慈祥、质朴，对我们的学习、生活处处关心。六年级的班主任岑老师是一名正规的师范生，她性格开朗，待我们像朋友，经常和我们一起玩，带我们到学校阅览室看各类书籍，为我打开了认识世界的大门。在老师们的培育下，我的成绩一直很优秀，初中还考上了恩平市的重点中学——恩平一中……受老师们的影响，我喜欢上了教师这一职业，初中毕业，毅然报读了新会师范学校。

（二）投身教育

1998 年 7 月，我毕业了，被分配到恩平市恩城第三小学。初涉教坛，我对未来充满了憧憬，畅想能在这三尺讲台之上大展宏图。然而，理想与现实有时候也会出现巨大的反差。初登讲台，由于缺乏实践经验，我没有及时实现从学生到教师的角色转变，很不适应，上课紧张，精心准备的课在课堂上讲得干巴巴的，一节课下来，不要说学生，自己都很不满意。与此同时，1998 年恩平市百年一遇的特大洪灾，使人民的财产、生命都遭受了严重的损失。我刚参加工作的几个月，恩平市教师没能如期发出工资，一些老师纷纷下岗找别的工作。我也曾内心犹豫过：自己还要不要继续当一名老师？然而在接下来的日子里，同事们的热情与关爱温暖着我，孩子们的天真与真挚打动着我，不知不觉我爱上了教师这份职业，在教育这条道上继续前行。

恩城第三小学是恩平市一所占地面积最小，却有近两千名学生的学校，因此班额大，师资紧缺，教学任务很重。当校长问我想上什么课时，我脱口而出："学校需要什么老师，我就上什么课。"于是，我被安排上了四年级两个班的数学课，还兼任一些其他的课，一周的任课课时是 20 多节。当时，在三小这个大家庭里，正好也有几个和我年纪相仿，同样受过专业学习的年轻教师，我们年轻好学，工作不久便成了学校的骨干。为了使自己能够尽快融入这个队伍，成长起来，我采用的方式主要有两点：一是重视课前备课。认真制定课堂教学目标。备课前，认真阅读教材、教师用书，结合学生的实际制定切实可行的教学目标、教学方法、教学过程。二是多听课，模仿和借鉴他人所长。我从优秀教师身上汲取经验，学习他们如何备课、上课，如何驾驭课堂、处理课堂上的突发事件，如何选用教学模式和教学手段进行教学，如何充分利用现有的课程资源生成新的课程资源，然后结合自己的实际去消化，在实践中不断摸索。随着时光流逝，我的教学水平悄然发生变化，逐渐能够轻松自如地行走于讲台，对教材有了一些自己的见解。

(三)扎根教育

学海无涯,教海无边。对于业务的学习,我从未停步,主要通过以下四个方面扎根教育。

(1)精于教学。上好数学课的基础是要有好的教学设计,教师要有扎实的教学基本功支撑。我坚持多听课,珍惜每个外出学习的机会。特别是网络发达后,有了国家教育资源公共平台以及各种网络研修后,我经常上网听课,吸收别人的长处,博采众长,改进自己的教法。我亲自上公开课,参加赛课,认真打磨每一节课。我2011年参加恩平市青年教师数学优质课竞赛获总决赛一等奖,2012年参加江门市小学数学教师说课比赛获二等奖,2014年参加恩平市教育局举办的小学数学同课异构辩课比赛获一等奖,2021年录制的精品课"质数与合数"被评为广东省基础教育精品课。

(2)善于解题。学习数学就意味着要善于解题,为了落实"双减"政策,教师不能采用题海战术。而要引导学生学会解题,教师首先要跳进题海里,长于解题,在解题的基础上为学生选好题,根据学生的学业质量标准设计利于发展学习核心素养的习题。为此,我经常刷题,并设计学生喜欢的练习题。同时,我参加恩平市的命题比赛屡次获奖。2018、2020、2022我连续三年参加江门市的中小学教师教学基本功比赛均获一等奖。

(3)勤于科研。在做好教育教学工作的同时,我有空就去阅读,静心阅读优秀教师专业书籍,不断慢慢沉淀。我主动地接受新的教育教学理念,端正教育教学思想,努力提高教书育人、为人师表的专业知识和技能的水平;不断坚持理论学习,并将理论运用于教学,通过反思、实践并开展课题研究;主持和参与的省级课题8个,江门市级课题2个,恩平市级课题35个;撰写的教学论文、教学设计、多媒体课件制作等有15篇分别在广东省、江门市、恩平市获奖,其中在省级以上报刊发表论文有3篇。

(4)名师引领。2021年我幸运地加入广东省丁玉华名师工作室这个温暖的大家庭。三年的名师工作室研修,既忙碌又充实,让我感受颇深。通过聆听名师讲座、送课下乡、读书分享、评课辩课等活动,工作室小伙伴相互吸纳群体间各自的精华,我的教育智慧、理论认识、教学技艺均得到了提升。同时,在丁玉华老师的引导下,结合自己的性格特征,我逐渐形成了自己的教学风格。

三、学科教育观

（一）我的教学风格："趣""智""情"共生

（1）"趣"，指的是富有趣味的教学方式，让学生体验学习的乐趣。

成功的教学需要的不是强制，而是激发学生的兴趣。我在教学管理、教学方法等方面采用富有趣味的方式，唤起学生强烈的求知欲望，充分调动学生的学习积极性和主动性，让学生感受到数学学习的乐趣。

（2）"智"，是用智慧启迪学生的智慧，引领学生进行积极的探索。

教师是教学过程中最直接的组织者，在课堂教学中发挥着主导的作用。作为课堂教学的组织者，我善用各种生成资源，用智慧启迪学生的智慧。以有效问题为导向，引领学生进行积极学习，合作交流，有效地培养他们乐于学习、敢于创新的能力，共同演绎生命的课堂。

（3）"情"，指关注学生的情感发展，做学生喜欢的有温度的老师。

情感态度是影响学生学习和发展的重要因素。课堂中，我把落实情感态度的目标作为己任，关注每个学生的学习情感，帮助他们树立信心，磨炼克服困难的意志，认识自己的优势和不足，养成乐于与他人合作、健康向上的品格。

（二）我的教学主张

追寻孩子们喜欢的有趣的数学、有数学思考的数学、有情感的数学就是我的教学主张。

1. 有趣的数学

小学生的思维特点是形象思维能力强，抽象思维较弱，身心发展处于初级阶段，也是黄金时期。这一阶段的小学生社会认知能力较弱，对不熟悉的事物充满好奇和新鲜感。针对这一特点，我喜欢在教学中用富有趣味的教学方式激发他们探究知识的兴趣。

（1）情境引趣。

情境导入是我教学的一个鲜明特点。根据具体的教学目的、内容、学生的实际情况等，设计出最恰当、最生动的导入环节，或是合理有效地创设导入情境，或是充分利用故事的魅力导入新课，或是巧设悬念进行导入，或是联系生活实际进行导入，或是通过直观感知的方法导入新课，使学习内容变得更为真实、生动、有趣，以期达到最佳的导入效果。

如，在"认识百分数"这节课的开始，我让孩子们观看"学习强国"学习平台上的恩平丰收短片，引入恩平发布的信息：今年恩平市晚造水稻播种面积约19.96万亩，较往年同期略增0.06万亩，水稻良种覆盖率达97%。当前，已收割晚稻约11万亩，超江门全市晚稻种植面积的50%。预计11月中旬将基本完成收割任务。让学生感受数学与生活的密切联系，了解百分数就在我们的身边。

（2）直观生趣。

小学生的思维特点，是以具体形象思维为主要形式，也就是说其思维具有较大的直观形象性。在教学中，如果能充分利用教具、实物等引起学生注意，激发其兴趣，往往会收到很好的效果。如一年级数学"加减法"，一年级学生由于本身年龄较小，对于数字的概念比较模糊，对于加减法的概念更是难以掌握。针对这种情况，教师可以在课堂上运用实物演示，比如拿出5颗糖果，给某位学生3颗，然后让学生算算自己还有几颗。之后，再从这位学生那里拿回2颗糖果，再让学生算算自己还有几颗糖果。学生在根据教师糖果增减的直观表现下，更加形象地了解加减概念就是事物增多、变少的情况描述。当学生对基本概念有所了解，教师再引导学生用手指头、铅笔、本子等实物模拟计算简单的数学加减题，具体化数学运算的基本概念。学生学得饶有趣味，都纷纷举手发言，课堂气氛非常活跃。学生学习的兴趣就这样被激发起来了，"加减法"的概念也就在学生的脑海里牢牢扎根了。

（3）操作尝趣。

小学高年级数学教学的主要矛盾是数学概念的高度抽象性与学习的具体形象性的矛盾。因此，在教学中要重视引导学生通过看一看、摸一摸、摆一摆等实践活动，在操作和实验的基础上进行观察、比较、猜测、讨论，感知抽象数学概念，理解和掌握数学知识。我在教"长方体的认识"一课时，先让学生用手摸一摸长方体的各个部分，说出摸后的感受。学生会说出：平平的、直直的、尖尖的，从而总结出：平平的是面，直直的是棱、尖尖的是顶点。在认识了长方体的各组成部分后，让学生拿出学具，小组合作制作一个长方体框架，并讨论：在制作的过程中发现了什么？学生会说出：长方体的12条棱可以分成3组，相交于同一个顶点的三条棱的长度不相等。

这样，让学生动手操作，自主探究，制作长方体，使学生进一步理解长方体的特征，体会长方体的形状，认识长方体的长、宽、高，并感知长方体的大小是由长方体的长、宽、高决定的。于是，学生在头脑中建立起一个直观的立体图形，为以后解决一些实际问题奠定了基础。学生自己动手制作模型，是一个自主的探究过程，操作的成功感也让学生尝到了学习的无穷趣味。

(4)练中续趣。

练习是巩固所学知识，形成技能技巧的必要途径，是教学的一个重要环节。但呆板的练习形式、乏味的练习内容，往往会把学生在学习新知识中激发出来的学习兴趣无情地淹没，使学生愉快的心情、振奋的精神受到严重的扼杀和抑制。因此课堂练习要设计得当，教学中教师应根据所学内容，设计不同形式的练习，让学生把学习的兴趣延续下去。

①练习形式要注意小步子，多台阶。

设计不同类型、不同层次的练习题，从模仿性的基础练习到提高性的变式练习再到拓展性的思考练习，降低习题的坡度，照顾不同层次的学生，使学生始终保持高昂的学习热情。比如"三角形内角和"中在运用规律解题时，先已知两角求第三角；再已知直角三角形的一锐角求另一角，感知直角三角形的两锐角之和是90°；最后已知三角形的一角，且另两角相等，求另两角的度数，或已知三角形三个角的度数均相等，求三角形的三个角的度数。以上设计，通过有层次的练习，不断掀起学生认知活动的高潮，让学生学起来饶有兴趣，没有枯燥乏味之感。

②练习形式要注意科学性和趣味性。

布鲁纳说过："学习的最好刺激，是对所学材料的兴趣。"教学时可适当选编一些学生喜闻乐见的、有点情节又贴近学生生活经验以及日常生活中应用较广泛的题目，通过少量的趣题和多种形式的题目，使学生变知之为乐知。比如，在教学了减法的性质之后，部分学生对"$a-(b-c)=a-b+c$"这个算法不能理解。我出了一道这样的题目：郑老师带了302(3张100元和2张1元)去书店买书，结账的时候发现一共是99元，买完书后，郑老师还剩多少钱？我让学生自己思考，体会并且交流自己的想法。果然，对这样贴近学生生活情节的习题学生很感兴趣。平时数学课堂不是很活跃的浩鸣给大家分享他的体会：付钱时要给收银员100元，找回1元。这就是多给了，要找回1元，原来剩下的钱加上找回的钱共203元。列式就是$302-99=302-(100-1)=302-100+1=203$，"找回1元"这种说法学生一下就明白了。这样联系生活的命题方式，提高了练习的趣味性，发展了学生的实践能力，提高了解题技巧，也增强了教学效果。

2.有数学思考的数学

数学学习不应停留在单纯的知识学习上，而要通过学习促进学生思维的发展。作为课堂教学的组织者，我精心打造深度学习的数学课堂，促使学生努力学习、学会学习、享受学习，最终达到深度学习的最佳状态，使学生在数学学习上得到真正的发展。

首先，注重问题的设计。

在课堂教学中，需要教师进行良好的师生互动，这时课堂提问便是最显著的互动方式。有效的课堂提问能促进教学有序地开展，并能培养学生分解问题、解决生活中数学问题的能力，同时能帮助教师更充分地了解学情，便于教师及时调整自己的教学方法。

如在"百分数认识"这一课中，当学生初步理解什么是百分数后，我适时问学生：地球上陆地面积大约占29%，能理解这个百分数的含义吗？透过这个百分数你能知道陆地面积到底有多大吗？学生：不能。我接着追问：那通过这个29%，究竟告诉我们什么？从而让学生展开讨论，引出：百分数不能表示具体数量，只能表示两个量之间的一种关系，所以百分数也叫百分率或百分比。接着，我出示表1。

表1

食物	蛋白质含量
鸽肉	84%
鸡肉	23%
牛肉	20%
羊肉	18%

提问：如果有人特别需要补充蛋白质，那么你会选择哪一种肉？如果想吃肉，但又不想摄入特别多的蛋白质，又应该选择哪一种？你们是怎样快速选择的？

接着把蛋白质含量的改写成用分数表示（表2），提问：如果你是一个消费者，到超市里买肉，你希望在包装袋上看到蛋白质含量是用分数表示还是用百分数表示？为什么？让学生在比较中明白：百分数不仅表示两个数的关系，它还有便于比较的好处！通过层层的设计，让学生深度认识百分数。

表2

食物	蛋白质含量
鸽肉	$\dfrac{21}{25}$
鸡肉	$\dfrac{23}{100}$

续表2

食物	蛋白质含量
牛肉	$\dfrac{1}{5}$
羊肉	$\dfrac{9}{50}$

其次，善用错题资源。

在教学中，学生的一些问题、一些错解常会暴露出来，这些错误具有不可预见性，而这样的错误又往往是学生思维的真实反映，蕴含着宝贵的教学财富。教师要本着以生为本的教育观，探求其产生错误的内在因素，让学生在纠错、评错中明晰思路，吸取教训，深化理解。如期中限时作业试题当中有一道这样的数学题：从甲地到乙地，一辆汽车去的时候用了5小时，回来的时候提高了速度，每小时行驶120千米，返回的时候用了3小时，去的时候每小时行驶多少千米呢？这道题看起来很简单，但很多学生都答错了。大部分学生的列式是5×120÷3。原因就是这道题条件呈现的顺序跟课本以及平时的练习稍有不同，课本习题的描述是：从甲地到乙地，一辆汽车每小时行80千米，5小时可以到达，回来的时候只用了4小时，那么回来的时候每小时行多少千米？平时的练习题目的呈现，大多数也跟课本的一样，学生习惯把去时的速度乘时间求出总路程，然后用总路程除以回来的时间求出回来的速度。很多学生都知道速度乘时间等于路程，平时讲课的时候没有注意速度必须跟相对应的时间相乘才能求出路程，所以才出现以上错误。针对这种情况，我举了一个简单的例子：钢笔每支五元，小红买了五本练习本，问学生可以求出总价吗。学生豁然开朗，虽然这两个条件分别是单价和数量，但是这个单价和数量是不对应的，通过这两个条件，我们并不能求出总价，所以条件必须显示相对应的。学生明白算理，知其然才能真正掌握知识的要领。

3.有情感的数学

有情感的数学教学指的是关注学生的情感发展，做有温度的老师。义务教育数学课程目标之一是让学生在数学学习过程中，体验获得成功的乐趣，磨炼克服困难的意志，建立信心。课堂中，我把落实情感态度的目标作为己任，努力把情感态度目标有机地融合在数学教学过程之中。

（1）接纳学生的意见，诱发学生的积极情感。

心理学研究表明：人人都有希望自己被人赏识的欲望。这就是一种情感。

学生是一个独立的个体，他具有独立的思维方式，对事情有独到的见解，因此，教师要善于接纳学生的意见，让学生感觉到自己被重视，从而诱发学生积极的情感，主动学习，培养创新能力。

例如：教"三位数乘两位数"时，我刚出示课题，有一个学生就说："老师，我会做了，能不能不学？"我征求其他同学的意见，他们也表示赞成。于是，我同意了，并且问："你们是怎样学到的？"学生抢着说："我们上学期学过两位数乘两位数，计算方法是一样的，只不过这学期要求我们乘多一位数，我们通过预习已经会做了。"原来学生能触类旁通，利用原有的知识经验解决新问题。这种解题策略、这种思维过程，看似简单，但对于小学生来说，确实是一种创新思维、创新能力的表现。于是，我采纳了学生的意见，调整了教学计划，让他们独立完成作业，他们个个都美滋滋的。这节课，让学生充分领略到学习主人的角色感，体验到了获取知识，迈向成功的喜悦之情，促使他们产生积极创造的情感。

（2）善待学生的错误，欣赏学生的想法。

教师只有在学生犯错的时候给予他精神的鼓励，当他在学习过程中产生了不同的想法时赏识他，他才有信心掌握知识，迸发出创新的火花，到达成功的彼岸。例如，在认识了路程、速度、时间这三种量后，我给孩子们出了一道这样的判断题：一艘轮船的速度是 340 千米。我先让一个平时不怎么出声但很爱看科普知识的同学小茗作判断。小茗说是错的。我有点意外，表扬了他，继而问道："你知道怎么错了吗？"小茗有点为难，支支吾吾地回答："改为一艘轮船的路程是 340 千米。"大家都说："不对。"小茗失望地低下了头。这时，我笑着说："不错，有自己的想法。你再仔细想想应该怎么样改。"同学们都笑了，他也笑了，大家都没想到老师能以轻松的语言善待学生的失误。课堂沉闷的空气被打破了，大家都着急地想表达自己的看法。几个成绩不错的学生都认为应该把单位千米改为"千米/时"，我环视全班，说道："同意的同学举手。"几乎全班同学都举手了。意外地，我发现小茗没有举手。我笑着问他："你还有别的想法吗？"他犹豫着站起来："轮船的速度不可能这么快，高铁才是 250 千米/时左右。这个答案也不正确。"我心里不禁赞叹，为他鼓掌。真是个聪明的孩子，如果每个孩子都会结合自己知道的具体生活常识去把握数的大小，就能估算出正确的答案。果然，他认为答案应改为：一艘轮船的速度是 340 米/分。教室里爆发出雷鸣般的掌声，同学们纷纷为他喝彩。对于四年级的学生来说，能如此回答问题，思维如此深刻，真不简单。欣赏学生的想法，巧妙地借助学生的智慧解决问题，升华知识，这岂不是让学生经历了一次愉悦的情感体验吗？

（3）激励评价学生，让学生得到成功的体验。

《教学学习评价方法》指出："对数学学习的评价要关注学生学习的结果，更要关注他们学习的过程；要关注学生数学学习的水平，更要关注他们在数学活动中所表现出来的情感与态度，帮助学生认识自我，建立信心。"数学材料本身感情色彩较少，难以引起学生的直接兴趣，如果数学教师能在教学语言、语速、语调和语气上风趣一些，幽默一些，对学生的答问、作业的评价上恰当地赋予一点情感味，那么，学生在学习数学过程中可因自信心倍增而积极参与学习活动，乐学不疲。例如在教学"圆的周长"过程中，当学生发现了圆的周长和圆的直径之间的关系特征时，我立即表扬："你真能干，你是咱班第一个发现这个真理的数学家"；又如当学生发现了圆周长的求法时，我对他说："你真聪明"；在发现个别胆小的学生在小组学习中能乐于与他人合作时，我则鼓劲说："幸亏有你的合作，你们小组是最棒的"；在学生解题终于成功时，我又说："祝贺你，成功了"等，用以激发学生的求成心。另外，在对待作业完成得不是很好的同学时，我总是用一些深情的惋惜语，如"真遗憾""差一点就对了""想得不错，但说……""没关系再说一次""下次肯定会更好"……这些尊重、期盼、惋惜的用语对中差生来说，其作用不仅是情感上的补偿，而且是心理上的调整，可以帮助学生认识自我，建立信心，还能让他们相信自己能学习、会学习。这样，每个学生都有可能在原有的基础上得到理想的发展。

（二）他人眼中的我

1. 学生眼中的我

郑老师的教学方法新颖独特，富有创意，使得我们在学习中不仅能掌握知识，还能够训练自己的创造力；她关注每一个学生，给予我们关爱和指导，让我们能够获得充分的成长和发展。

——恩城第三小学学生　陈烨茗

我的数学老师上课非常有趣，她经常利用神奇的方式让我们记下知识点，当我们遇到不会的题时，她便会用画图大法轻松地让我们理解题目。

——恩城第三小学学生　吴承恩

2. 同事眼中的我

郑校长的课堂最大的特点就是条理性强、思路清晰，同时又能很好地调动学生的积极性，真正地做到了让学生在快乐的学习氛围中发现数学的美。在课后，她又能和学生"打成一片"，也是学生的好朋友和大姐姐。

——恩城第三小学教师　梁咏仪

在郑巧玲老师的课堂上，她总是用富有趣味的方法唤起学生的学习意愿，利用各种资源循循善诱，引导学生积极探索。

——恩城第三小学教师　陈敏仪

四、育人故事

在注重学科知识教育的同时，我关注每个学生的身心健康发展，采用"以心育心，以情动人"的方式，让学生小步前进，走向优秀。

几年前我任教的班级中有一位叫小昌的同学，他在四年级的时候学习比较认真，成绩优秀，但在五年级寒假时突然迷上了网络游戏，作业不按时完成，晚上还偷偷玩游戏，上课不能集中精神，成绩急剧下降。小昌的妈妈非常着急，运用了各种手段都不能奏效，小昌反而有更加叛逆的情况，连老师的话也当作耳边风。小昌原本是一个有潜质的孩子，在六年级这个关键时刻，我看在眼里，急在心上，网络游戏对于小孩的吸引力是非常强的，严重地影响了一个小孩心理健康，有什么对策呢？通过查找资料，我发现只能通过转移兴趣的方法。小昌喜欢打篮球，他的偶像是当时在篮坛如日中天的科比，而我对篮球的兴趣也不少，这一点是学生不知道的。于是，在一节体育课上，我特意组织班里举行了一场男女篮球比赛，体育老师做裁判，我就加入女队，男队由小昌做队长。所有的男生都以为胜券在握，他们哪想到那个只有155厘米高的数学老师会打篮球呢，比赛的结果令男同学大吃一惊，女队以10比8赢了男队，而那10分竟然是我一人所得。全班的男同学对老师的表现大吃一惊，我趁热打铁，对小昌说，老师已经跟他妈妈说好了，放学回家完成作业后允许他到附近打半个小时的篮球，游戏只能周六、周日在家玩一个小时，并约定一个月后老师再跟男队比一场。小昌是个好胜的小孩，为了给自己的男队争一口气，他严格按照老师的要求来做。我也时常跟他妈妈联系，加强对他心理动态的了解，时不时地跟他讲一点道理，有时还与他一起打打篮球。一个月过去了，小昌的男队终于赢了老师的女队，而小昌也在不知不觉中彻底改掉了自己的毛病，并以优异的成绩被推荐到了实验中学就读。后来，小昌随家庭移民到美国去了，现在，他在美国一所名牌大学就读。小昌的父亲和小昌前年回到恩平时特意找到我，小昌对我说："老师，谢谢您，您是我最好的老师!"只是一句简单的话，但我不知道为何还是激动地流下了眼泪，这眼泪是甜的，是幸福的。

五、教学现场与反思

课题

"图形的运动——旋转"(人教版五年级数学下册第 5 单元)。
授课班级:恩城第三小学五(1)班。
时间:2023 年 5 月 26 日。
教学内容:五年级下册数学第 83~84 页内容。
学情分析:五年级的学生在二年级时已初步感知了生活中的对称、平移和旋转现象,有一定的知识经验和生活经验。其形象思维在其认知过程中仍占主导地位,普遍具有求知欲高、思维多依赖于具体直观形象的特点。学生很难意识到生活中的旋转与平面图形的旋转之间的区别。根据经验,学生能对旋转进行粗略的描述,但不精准。学生对学习顺时针、逆时针的必要性,之前学习方向能否描述旋转都存在疑问,对旋转中心的了解不深刻。

教学目标

(1)进一步认识图形的旋转,明确含义,感悟特性及性质,会运用数学语言正确描述旋转运动的过程。

(2)经历观察实例、操作想象、语言描述、绘制图形等活动,培养学生的推理能力,积累几何活动经验,发展空间观念。

(3)体验数学与生活的联系,学会用数学的眼光观察生活、思考生活,感受数学的美,体会数学的应用价值。

教学重点:通过多种学习活动沟通联系,理解旋转的含义,感悟旋转的特性及性质。

教学难点:掌握旋转现象的特性和性质。

教学准备:课件,有关旋转的图片、视频。

学具准备:学习单。

教学过程

(1)创设情境,引入新课。(开启研学之旅)
①呈现研学出发实例,从道闸的运动引出研究的问题:旋转。
②学生举例:在生活中你还见过哪些旋转现象?
③对比风车和钟面,认识旋转方向:顺时针方向和逆时针方向。

【设计意图：从学生已有的数学经验等方面入手，围绕教学任务，创设轻松愉快的教学环境，直奔主题，使学生感受数学在现实世界的广泛应用，体会数学的价值。】

（2）探究旋转的特征，认识旋转三要素。(打卡研学基地)

活动一：指针的旋转。

①观察钟面上指针的运动，提出问题。

②出示学习要求，小组合作交流。

③组长记录并展示。

④教师对比，评讲。

⑤理解旋转的意义。

⑥明确旋转三要素。

⑦练习：研学打卡活动。

⑧做一做，强化对旋转中心的把握。

【设计意图：由指针的旋转、拦车杆的旋转再抽象出线段的旋转，通过观察、描述、比较、操作等系列活动，让学生进一步认识图形的旋转，明确含义，感悟其特性及性质，学会运用数学语言正确描述旋转运动的过程。】

（3）动手操作，感悟旋转性质。

活动二：图形的旋转。

①香港特别行政区区徽、风车引出图形的运动。

②从图1→图2，▲AOB是如何旋转的？

③学生操作，合作交流。

④图形的运动转化成线段的运动描述。

⑤引导观察，感悟旋转性质。

⑥学生操作，并描述从图1→图4，▲AOB是如何旋转的？

⑦练习：从图1→图4，▲AOB是如何旋转的？

⑧讨论交流：观察▲AOB的旋转，你有什么发现？

⑨小结旋转的性质。

⑩回顾风车的运动。

【设计意图：通过观察、动手操作、讨论等活动，放手让学生大胆去想去说去做，使学生的空间观念、观察能力、想象能力和动手能力得到了进一步发展。同时，把旋转的知识和研学基地打卡活动结合起来，让学生既可富有趣味地学习知识，又进行了爱国等思想教育。同时，在这一过程中，学生经历对现实生活中图形运动的抽象过程，认识旋转的特征，体会运动前后图形的变与不变，感受数学美，培养了空间观念和几何直观。】

（4）谈收获，鼓干劲。

【设计意图：让学生为自己的课堂表现打分，谈收获，使本节课的知识形成网络，体现了新课标理念下教学评的一致性。】

（5）旋转的应用。

【设计意图：利用美丽的图案和视频，让学生体会数学与生活的联系，进一步培养学生学会用数学的眼光观察生活、思考生活的能力，感受数学的美，体会数学的应用价值，培养学生的应用意识。】

（6）课堂总结。

（7）板书设计。

图形的运动——旋转

三要素：**旋转中心**　　　**旋转方向**　　　　**旋转角度**

绕点 ___O___ 　　$\begin{cases} 顺时针 \\ 逆时针 \end{cases}$ 　　　___30°___

特征：　　不变　　　　　相同　　　　　相同

图形的形状大小不变，位置变了。

教学反思

"图形的旋转"是培养学生思维能力，树立运动变化观点的好素材。本节课我本着以观察为起点，以问题为主线，以培养能力为核心的宗旨；遵照教师为主导，学生为主体，训练为主线的教学原则；遵循由特殊到一般，由具体到抽象，由浅到深，由易到难的认知规律。课堂上通过创设生动、有趣的学习情境，开展观察、比较、操作等系列活动，在活动中帮助学生积极主动地进行探索性学习。同时我还注重从学生已有知识经验的实际状态出发，大胆地引导学生在探索、验证、交流中学习数学。

1. 创设情境，引人入胜

我首先以学生感兴趣的研学网上打卡活动引入，激发学生的好奇心，接着播放了一组学生熟悉的有关旋转的画面，极大地吸引了学生的注意力，进而引入课题，最后让学生列举身边有关旋转的例子，并说出它们的共同点激发学生探索新知的兴趣，为新课的开展创造良好的教学氛围，同时培养学生从数学的角度观察生活并思考问题的能力。

2. 过程凸显，紧扣重点

旋转概念的形成过程及旋转性质的得到过程是本节的重点，在教学中突出概念形成过程和性质探究的教学。通过列举学生熟悉的例子，从生活问题中抽象出数学本质，引领学生观察、分析归纳，帮助学生把握概念的本质特征，再引导学生运用概念解决问题并及时反馈。同时在概念的形成过程中，着重培养学生观察、分析、概括的能力，并引导学生从运动的、变化的角度看问题，向学生渗透辩证唯物主义观点。

3.亲历操作体验，激起思维火花

为了突破学生在方格纸上把简单图形按顺时针或逆时针方向旋转90°这个难点，我先让学生想象下旋转后的三角形会在什么位置，再拿出三角形纸片转一转，摆一摆，验证一下自己摆的位置和想象的位置是否一致，为后面整个图形的旋转做好铺垫。当学生的思维向更深层次发展并且趋于一致时，我及时表扬了学生，大家都参与了知识的形成过程，因此所有的学生都体验到了成功的快乐。

4.动态显现，化难为易

在导入新课时，引入生活中的旋转现象及旋转在实际生活中的应用，我都使用了多媒体手段，特别是在探究图形旋转的性质时，在学生经历了实践、观察、总结后，再通过多媒体反复动态演示，帮助学生形象、直观地理解旋转的性质并加深印象。这样，在教学活动中利用有声、有色、有动感的画面，不仅打开了学生的思维之门，也打开了他们的心灵之窗，使他们在欣赏、享受中，在美的熏陶中主动地、轻松地、愉快地获得新知。